U0112618

走向世界的挫折

郭嵩焘与道咸同光时代

汪荣祖

著

岳麓書社 · 长沙

目 录

新版自序 …………………………………………………… 001

初版弁言 …………………………………………………… 012

第一章 湘阴郭家的麟儿 …………………………………… 001

第二章 亲身体验鸦片战争 ………………………………… 007

第三章 与太平军作战 ……………………………………… 016

第四章 咸丰五年的江南之旅 ……………………………… 026

第五章 郭翰林在北京 ……………………………………… 036

第六章 巡访津沽鲁东 ……………………………………… 051

第七章 黯然南归惊闻国变 ………………………………… 072

第八章 应李鸿章之请赴沪任职 …………………………… 090

第九章 到广东去当巡抚 …………………………………… 098

第十章 粤东攻防与左郭交恶 ……………………………… 114

第十一章 荔湾话别前后 …………………………………… 133

第十二章 寒波塘山居 ……………………………………… 143

第十三章 伤逝 ……………………………………………… 155

第十四章 城南书院 ………………………………………… 167

第十五章　海疆多事奉诏入京 …………………………… 173

第十六章　重游京师与新任命 …………………………… 185

第十七章　出使前的波折 ………………………………… 195

第十八章　郭大人出洋 …………………………………… 202

第十九章　首任驻英法公使 ……………………………… 208

第二十章　置身西欧文明 ………………………………… 230

第二十一章　激赏严又陵 ………………………………… 249

第二十二章　坚决请辞的底蕴 …………………………… 262

第二十三章　辞行　观光　归程 ………………………… 288

第二十四章　初返春申追诉《申报》 …………………… 301

第二十五章　自沪返湘不愿北上 ………………………… 308

第二十六章　定居省城长沙 ……………………………… 315

第二十七章　不忍不谈洋务 ……………………………… 331

第二十八章　晚年心境 …………………………………… 362

第二十九章　走向世界的挫折 …………………………… 380

参考书目 …………………………………………………… 390

《走向世界的挫折》 自题

汪荣祖

遥念湘阴介士魂，深寻旧梦素心存。

惊涛岸拍千堆雪，定海谋开百道门。

欲挽狂澜徒有志，洗磨折戟已无痕。

当年远见人间变，隔世方知郭叟尊。

新版自序

二十世纪我久居北美,学界同仁常言:一本学术著作能有五年的生命力,已经可称幸运。这本《走向世界的挫折:郭嵩焘与道咸同光时代》于1993年在台北初版,三十年后,享有盛名的湖南岳麓书社,认为拙著所述湘贤郭嵩焘,仍有可取之处,购得东大版权,在大陆再版,使更多的读者能够看到此书。作为作者,自然十分高兴,欣然应岳麓郑龙先生之嘱,撰一新序,略作回顾与再思。

此书缘起,始自1981年,那年我于流寓海外三十五年后,初访祖国大陆,该年秋天到访武汉大学,得以拜识久仰的唐长孺教授。唐先生雍容长者,和蔼可亲,我与其相谈甚欢。他言及正在研究吐鲁番文书,忽然提起近年发现大量的郭嵩焘日记,并已由湖南人民出版社出版,是难得的上好史料。我听后印象深刻,很快购得四大厚册的《郭嵩焘日记》。披览之下,内容之丰富,令我大感兴奋。记得曾在清华大学教外交史的蒋廷黻,后来参与外交事务,对其乡贤郭嵩焘的外交长才,敬佩有加,特于1950年代,希望台湾南港中研院的近代史研究所撰写郭氏传记。多年后由尹仲容创稿,由郭廷以编定,再由陆宝千补辑，于 1971 年完成《郭嵩焘先生年谱》。因当时不知有郭日记，年谱缺漏甚多。后来宝千兄利用日记再补辑年谱，出版续编一厚册，足见这部日记所能提供的材料，是何等重要。

　　名人日记多矣，但价值参差不齐，罕见如郭日记之翔实完备，他一直记到生命的最后一天。更重要的是，他的日记未于生前或身后披露，百余年后无意中被发现，可见他原无意公诸于世，完全是他的私密空间，实话实说，真情流露，少见隐晦，自是可贵而难得的史料。所以我搁下其他工作，于课余之暇，全力撰写此书。郭嵩焘留下的文献不少，诗作也多，但丰富的日记提供了难得的生活面向与感情世界。我不是偶尔引用日记，而是做地毯式的扫描，以铺陈郭氏生平的脉络，其中有不少惊喜的发现，例如从日记得知，他是如何从湖南旅行到上海的。他多半走水路，自雇一舟，船上有人照顾，有书可读，犹如"水上旅馆"（boatel），与现代的"汽车旅馆"（motel），相映成趣。我也从日记惊喜地看到郭与陈宝箴、三立父子的真挚友谊，以及赏识留英的后辈学子严复，正如严复后来悼郭挽联所说："平生蒙国士之知。"可见他知人之明。我在书中有专章论述郭大人如何"激赏严又陵"。亡友李国祁教授曾说，拙著颇能"深入郭嵩焘的内心世界"，这多半要归功于精彩的郭嵩焘日记。郭海行四万八千里，深入西欧，提到许多人名、地名、府名、学名，无不用他的湘音来拼，难以辨认，如将理雅各（James Legge）译作里格；将牛津鲁道夫旅馆（Randolph）译作兰多甫；将牛津大学的万灵书院（All Souls College）译作阿勒苏尔士；将怀特岛（the Island of Wight）译作歪得岛，诸如此类。我追寻郭氏行踪，参照地图，将郭译一一复原，以便读者。最近岳麓书社出版卷帙庞大的《郭嵩焘全集》，日记收在第八至第十二册。

日记之外，诗作也是绝佳的史料。传统中国的读书人，几无不能诗，故而留下的作品难以数计。郭嵩焘的诗作也极为丰富，且是高手。诗言志言情，从诗中也能深入作者的内心世界。鸦片战争那年，郭正在浙海，森严门户已被摧坏的感受，见诸于诗。郭于咸丰年的鲁东之行，在诗中透露"浩劫干戈满，驰驱益自伤"的心情。同治收复天京，太平天国覆灭，郭以"撑起东南一柱天"，肯定曾氏兄弟"重开日月新"的功勋，且在含蓄的诗意中，表达功高不赏的弓藏之惧："谁似功成身早退，味回好在梦醒时。"郭不讳言，曾国藩一生谨慎，对至亲好友如刘蓉与郭自己，从不荐引。他也于诗中直言，曾公晚年"精意消失"，不复进取。诗也最能触及灵魂的深处，长子郭刚基，也是曾国藩的女婿，英年早逝，郭嵩焘在诗中透露了哀伤的真情："晨昏已断门闾望，霜雪何心天地春。"他在毁谤中辞去驻英法公使，即将回国，道出"去住两随松竹健"的孤怀。他回到湖南老家，乡友朱克敬字香荪，劝郭"肯容疑谤道才尊"；不过，郭仍难以释怀，还是要"提防醉语更传讹"，直到垂死那年，依然"回首人间忧患长"！

郭嵩焘（1818—1891）与曾国藩、左宗棠、李鸿章，都是至亲好友，与曾还是亲家，但没有曾、左、李三大人物的功勋。郭曾中进士，成为翰林院编修，在学问上颇有心得，著有《大学章句质疑》《中庸章句质疑》《礼记质疑》等书，但也没有阮元、王闿运、张之洞的学术声望。然而从历史长河看，他的"远见"（vision），远非乾嘉学者、咸同将相可及。所谓远见，指能高瞻远瞩，具有深远的眼光，超越前人之所思，敢挑战传统之权威，能与主流意见相左，指出正确的前程。大科学家爱因斯坦（Albert Einstein）曾以"砍树者"与"爬树者"作比喻。人们习于在大树下纳凉，不仅讨厌"砍树者"多事，甚且谴责妨碍其纳凉。郭嵩焘在他的年代成为具有高度"争议"的人物，就是因为他是一个"砍树者"。

郭嵩焘的远见使其深刻体会到三千年变局的到来，并提出应变之道，他认识到西方列强有异于古代的夷狄，并无征服中国的意图，可有和平共处的余地。外国以通商牟利为要，中国只有面对已难改变的通商局面，更没有轻启战端、自取其辱的必要。所以他提出"战无了局"的结论。处理洋务，何莫因势利导，相互往来，师其长技，以求自立自强。然而鸦片战争以后，接着英法联军之役，中法马江之役，以及于其身后发生的甲午战败，八国联军入侵，一再重蹈覆辙，每次战争的结果，贻患一次比一次凶恶。他直白指出："国家办理洋务，当以了事为义，不当以生衅构兵为名。"战争只会使中国割地赔款，屈辱更深。郭嵩焘对帝国主义的侵略本质，并非天真无知，只是看准列强重商，为了商业利益，也不想轻启战端，中国正宜维持和局，争取时间自强，所以郭氏战无了局之说，绝非虚言。郭颇能在外交战术上有所掌握，但战略掌握在朝廷之手，无奈清政府昧于世界大势，士大夫又多浮嚣不实，无可行的战略。郭有战术而无战略依靠，难有作为。他更因与西方接触的经验，洞悉西方富强的根源。他更遭时忌的是——敢于说西方之长，赞赏泰西文明之高、制造之精、船炮之坚利，非中国可敌，呼吁必须在新格局中求生存、求自强。郭在当时守旧的中国，不讳言自家的弊端，因而遭遇到唾骂、讥讽与谴责。他受到极为无理的毁谤，虽感气愤，但并未动摇他的见解。他走在时代的前面，是寂寞的引路人，要引中国走向世界，却被拒绝，他的远见不容于强大的顽固势力。他个人的挫折，也是晚清中国的挫折。

郭嵩焘在浙海体察到英国人的坚甲利炮，洞察到世局的巨变。咸丰六年（1856）他走访上海的经验，更使他感受到西洋文明的耀眼夺目。他所看到的"夷情"，大异于时流。曾国藩亦注意到，郭嵩焘归自上海，所受到的"震诧"。震诧的是：他认知到当时中国与西方的差距，世界已走进中国，中国必须要走向世界。然而他的明见睿识，不仅不被接纳，且被视为故意夸大夷情，而遭横加诋毁，令他感到不可理喻。他的气愤与委屈，时可见之于日记。当清廷于光绪二年（1876）决定派遣使节前往英国，郭嵩焘自是不二人选，他之所以心不甘、情不愿，主要因为出使引起舆论大哗，京师士人，乡里父老，相与咒骂。湘省乡试诸生，聚集在玉泉山，力诋郭氏出使，还要捣毁上林寺以及郭家的住宅，凌逼百端。而且他此行还要为滇案赴英道歉，为误国者受过，使他感到何必担此羞辱，做吃力不讨好的苦差事，所以他才想要不如归去，一再请辞。不过，最后在慈禧太后的劝导下，他并未坚辞，还是在屈辱中出洋，可称忍辱负重。若有人认为他怯于赴任，纯属误解。

　　郭嵩焘与他的上司、同僚，多有龃龉，甚而成仇，固然由于郭氏择善固执，不愿委屈事人。但是曲直是非，未尝没有公论，他与左宗棠不仅是湘阴同乡，自小相识，而且旧谊甚深，郭甚佩左之雄心壮志，甚至在面见咸丰皇帝时说："左才极大，料事明白，无不了之事。"自是真心话。然而同治年间，左宗棠节制闽浙粤三省军事，对广东巡抚郭嵩焘，一再陵藉诋毁，再三参劾，更力荐蒋益澧夺粤抚之位，令郭极为难堪，全是事实。郭声望地位远非左比，对左也素无芥蒂，自无挑衅左之可能。然左瞧不起郭，以广东军务不振，归罪于郭，已经不公，郭虽自责，而左遣词更加严厉，甚至怒骂，口出恶声，令郭大动肝火，不能原谅左，也是事实。平心而论，左、郭挚友交恶，要因左雄才大略，自视甚高，即曾国藩也遭其诟，唯曾顾全大局，以德报怨，而左虽豪杰之士，无曾之德量，不顾旧谊，不断相倾，对人不对事，辱及人身。郭无曾之忍，故而直讨左咎，自可理解。毛鸿宾于咸丰十一年（1861）抚湘时，与郭已有交往。同治二年（1863）毛任两广总督，郭任粤抚，督抚同城，两人都是曾、李欣赏的人物，但督大抚小，事大不易，事小更难。毛年长于郭，郭以老前辈相称，书翰往来，敬礼有加，但遇事直言不讳，如督抚具名上奏，郭指其有绝非实情之处，令毛不快，于是强横自擅，视郭如幕僚。于是郭只能审阅文书，而毛又不满郭之条陈，不仅使郭难有作为，且更有辱巡抚尊严，而好友曾国藩、李翰章又左袒毛氏，令郭悲愤不已，反弹也不意外。郭抚粤为时之短，也就不足为奇了。

　　郭与僧格林沁原无渊源，只因奉皇命助僧协防津沽。僧一意主战，而郭素主战无了局，以至于触僧之怒，鄙视郭之怯懦，连曾国藩也有所误解，曾未明曲直是非，令郭悲愤莫名，使郭不得不离职返乡。结果英法联军入侵京师，僧军溃败，圆明园遭英军焚毁。当他在湖南老家听到噩耗，记起不久之前的劝僧之言，居然应验，令他不胜伤感，痛悼无已。所以所谓僧郭交恶，只因郭坚持所见，不容于僧，僧因而闯下大祸，悔不听郭言。至于刘锡鸿为郭之副使，保守无知，时时打郭的小报告，甚而因天寒，洋人覆大衣于郭肩，刘以郭"披服洋衣，顾盼自得"，上报总署，清廷大员听信谗言而参劾郭，使郭悲愤无已。所以郭、刘交恶，断非"意见龃龉……怀私互讦"，有大是大非在焉，我在书中有详细的论述。然则，若谓郭与时人不和，由于他的性格难与人相处，未免明察秋毫而不见舆薪，应该看到他走向世界的见解不容于当时的主流，他是受独醒之累！读史理当明辨是非，对古人做同情的了解。

当时最了解郭嵩焘的人，不是曾国藩，而是曾国荃，国荃说："居今日而图治安，舍洋务无可讲者。仅得一贾生，又不能用，此真可以为太息流涕者也。"国荃心目中的贾生，就是郭嵩焘，以郭与受屈于长沙的贾谊相比，说出郭所遭遇的挫折，端因其见识超越时代，且直言不讳，很容易被时人视为用夷变夏，长他人威风，灭自己志气，甚者视他为奸人。而当国者之中又不乏保守派人士如李鸿藻、沈桂芬之流，时而作梗。士大夫又多喜放言高论，邀取时誉，既不切实际，又适足以误国。郭嵩焘曾引用一则譬喻说："醉卧覆舟之中，身已死而魂不悟。"当时即使略知洋务的人，亦仅知洋人可畏，而不察与洋人周旋之道。洋务派领袖如李鸿章、左宗棠、沈葆桢、丁日昌，在郭嵩焘看来，也仅能考求富强之术，如枪炮船械之类，而昧于本源。他曾有诗云："拿舟出海浪翻天，满载痴顽共一船。无计收帆风更急，那容一枕独安眠？"出海浪翻，象征中国面临三千年的变局；一船痴顽，隐讽昧于中外情势的朝野保守派；风急而无计收帆，说明他内心的挫折感；不能独眠，正是他不能默而不言的写照。他面对"俗蔽民顽，君骄臣谄"，深感孤掌难鸣，有心无力，大有回天乏力的感叹。

郭嵩焘初次出使西方，没有受过现代外交的训练，也不通外语，但为人明察，善于沟通，又得人缘，颇能在国际舞台上周旋应对。不过外交不能仅靠手腕，还要有战略。郭嵩焘办洋务不仅很有自信，而且自负，亦有不少赏识者，如重臣曾国藩、李鸿章，甚至连咸丰皇帝与慈禧太后，以及恭亲王都对他的勇于任事颇有好感。同时他在英法两国，得心应手，得到外国人的信任与赞许，维多利亚女王多次接见郭公使，并曾随同女王检阅海军。郭于1879年1月17日向女王辞行时，女王祝郭一路平安之外，表达期盼两国交好，并希望郭将英国愿意深固邦交之意，转达给中国皇帝。郭也回答说："承君主盛意，谨当代陈总理衙门，奏知大皇帝。"当时英国名相是年逾古稀的"毕根斯由"（Benjamin Disraeli，1804—1881），他对郭也极为友善，并要郭回国后务必告知朝廷，英国倾心愿与中国交好，"绝无他意"。郭回称见女王辞行时已闻此说，必能"互体此心，可以共信"。英相并赠郭玉照一帧，签名后起立相赠，并说愿郭受此小像后，永念英国有此良友，"长勿相忘"，最后握手道别。郭嵩焘对这位英国伟人，也深敬服，更因其情深意挚而感动。英国名相葛雷斯东（William E. Gladstone）也赞美郭氏为"所见东方人中最有教养者"。然而郭得意于外，而受扼于内，横遭廷议谴责，污蔑其夸大外国，顺从夷人，使他的外交工作做不下去，回国后失望之余，不愿重返总署，无法传达英国的善意。他的老朋友黄彭年也劝他不要再谈洋务，以免取辱，但他深知洋务关系重大，臣僚们就因为忌讳洋务，大都相顾不敢言，以致察觉不到洋患之深。他因不能有所作为，而感到挫折。

郭嵩焘常被视为洋务派，唯洋务派的视野限于船坚炮利的物质文化，而郭则重视西学。他无疑惊羡洋人的武备，但认为只是洋人的末务，其本包括政制、法律、以及学术，尤其是西学，他曾说："西洋政教、制造，无一不出于学。"学问才是根本。他一到伦敦，就参访各种学校，探明学制，认为斯乃西洋人才之所以盛。他知道英国大学之中，以牛津与剑桥最佳。他曾于1877年11月28日，应里格（James Legge）之邀，赴牛津大学访问两日，印象极为深刻，体认到"此邦术事愈出愈奇，而一以学问思力得之"！于此可见郭独具慧眼，窥得近代文明背后的学术原动力，所以一切莫急于学。相比之下，中国士子习为虚文，所学唯取科名富贵而已。但是中国要取法西洋的富强，须先整顿人心风俗，政治法令，以修明吏治。内政修明之后，才有基础取法西洋。类此见解，为时人远远不及。为了矫虚征实，他建议先在通商口岸开设西式学馆，"求为征实致用之学""行之有效，渐次推广至各省以达县乡，期以广益学校之制"。

郭嵩焘办理外交，知道国门已经洞开，事情日繁，与列强交涉日广。国际交涉唯凭条约，但条约几皆由洋人拟定，而地方官不知洋法，遇到事故，每生争议，予洋人要挟的口实。他认识到法律原是双方的，然而列强却以法来束缚中国，使郭益知法律的重要性，所以当他在伦敦，见到伍廷芳，就十分欣赏他懂西洋法律，要揽为己用，惜伍氏不肯屈就而前往美国。他也十分留心《万国公法》，曾与日本公使畅谈（国际公法）。他到法国之后，立刻将法国通律寄往总署备用。他关心在巴黎学习公法的马建忠，垂询其学习情况。他力请总署纂成《通商则例》，明定章程，审定之后，颁发各省以及各国驻京公使，共资信守，遇事有所率循，以免滋生事端。足见他深知法律的重要性。但他并不一厢情愿认为法律可以解决所有的问题。他警觉到西方霸权的蛮横，他曾与英使威妥玛交涉，常受其辱，认识到若不能以其法还诸其身，全无置喙的余地。

郭嵩焘开启出使外国之端，之后驻日、驻美、驻德、驻俄公使相继派遣。郭到任英国后，在伦敦闻悉数十万华民没有法律保障，乃积极设法在华民较多的外埠，建立中国领事馆。不过，华民较多的地方，多是英国的殖民地，设置领事需要殖民地政府的同意，所以郭的构想并不顺利。几经交涉之后，通过当地殷商胡璇泽的协助，仅在新加坡设立了领事馆，总理衙门于 1877 年 10 月 31 日同意后生效。即使如此，华民实同英民。中国向世界其他各地派遣领事，异常缓慢，到清朝灭亡时，才逐步完成，这已经是郭氏身后 20 年以后的事了。

　　中国在十九世纪走向世界充满挫折，到了二十一世纪初的中国，不仅由一带一路走向世界，互惠双赢，而且经由上海合作组织，引领世界的走向。郭嵩焘若地下有知，会不会一扫当年的阴霾而笑逐颜开？此稿成于三十年前，这三十年间正是中国在世界上快速崛起的年代，变化之大，犹如沧海桑田，有目不暇给之感。三十年后回看，更见郭嵩焘走向世界的远见。拙撰旧书再版，虽未能增补新的材料，但自觉所论郭氏生平机遇，大体不误，感岳麓之赏音，更愿求正于读者。

2022 年 9 月 20 日

汪荣祖写于林口大未来居

初版弁言

这本书写一个人，以及这个人生长的时代。

传记写作必须把传主及其时代密切相连，才能呈现人物的时代面貌。过去的时代进入历史，具有特殊的历史性格，不能光凭新时代的一切去理解，而必须进入旧时代去理解。今人进入旧时代的最大凭借就是旧时代遗留下来的文献资料，即史料。史料浩瀚，像浓郁的森林，必须通观全貌，需要整体的了解。但又不能见林不见树，应再由整体去掌握局部。反过来，亦不能见树不见林，大可经由"树"去认识"林"。历史人物的研究应是由"树"见"林"的有效途径。

郭嵩焘这个人物的生长时代，横跨道光、咸丰、同治、光绪四朝，包含了 19 世纪的大部分。这个世纪的中国，面临三千年未有之变局。西方势力打进来，中国无法抵御。鸦片战争后，门户洞开；太平天国造成空前的政治与社会动荡；英法联军入侵，京师失陷、圆明园焚毁；接着是藩邦琉球、越南、缅甸、朝鲜之先后丧失。三千年的中华帝国遭遇到空前未有的挑战与冲击。从一方面看，那是西方帝国主义的挑战，坚船利炮的冲击；从另一方面看，则是近代文明向传统社会的挑战与冲击，是世界性的趋向。世界既走向中国，中国势必要走向世界，但是中国走向世界的历程却是十分崎岖与艰难。

研究此一极为险恶的危机时代，可从政治、经济、社会、文化等各种不同角度着手，以深入探讨相关问题。本书则拟从这个时代的一位杰出人物着手，将郭嵩焘的一生放在道、咸、同、光时代中来观察，既由时代展现人物，复由人物印证时代。郭嵩焘在那个时代中并非顶尖人物，他崛起于咸同之际，然而咸同将相如曾国藩、左宗棠、李鸿章诸人，声名远过于他。事实上他生既不在咸同将相之列，死亦不得朝廷赐谥。他虽可称为自强运动中的一员健将，与曾国藩、李鸿章、沈葆桢、丁日昌等公私关系均密，亦曾得到恭亲王奕䜣、军机大臣文祥，甚至慈禧太后的赏识，但是他的实际贡献不大。原因是他成为那个时代中最具争议性的人物，时代的主流容不了他，他亦不肯随俗浮沉，屡经挫折后，只好投闲置散，壮志不酬，含恨死于长沙。

就争议性而言，郭嵩焘却远远超过时贤，曾、左、李都不能相比。这正反映了他思想的敏锐，以及对西方认识的深切，达到遭忌、遭骂的程度。不过，正由于这份敏锐与深切，他肯定中国必须接受巨变后的现实，以便从改变中求自强。但是当时绝大多数的士大夫昧于时势，不知应变，以致盲目拒变。他寡不敌众，只好靠边站，然而他个人的挫折正好象征中国走向世界的挫折。

郭嵩焘对时代的认识颇具自信，毫不因举世哗笑诟骂而动摇。他于逝世前不久，仍然深信他的见解必获后世的赏识。后世果然证实郭嵩焘的大方向是正确的；再挫折、再艰难，中国还是走向了世界，只是必须付出较高的代价而已。他的敏锐而正确的见解自然受到后世的敬重，民国以后专治外交史又实际参与外交工作的蒋廷黻，就对郭嵩焘别具青眼，极为钦佩。

我们不禁要假设：如果郭嵩焘真能影响政策，在总理衙门具有举足轻重的地位，赢得士大夫的支持，领导中国走向世界之路，那么这条路必定会平坦得多、容易得多，代价更要小得多。但是当时的政治与社会环境，以及郭氏的性格，以及孤掌难鸣，在在使此一假设仅止于假设，真能实现的可能性极其微小。然而郭嵩焘的先知先觉，以及眼光的远大，并不因而失去意义。历史上应发生而未发生的事，仍具有意义，甚至可作为一种历史的教训看待。

郭嵩焘不凡的思想早已见诸其奏稿与文集。不过，这些文字只能透露郭氏"理智世界"的大概。他的已刊诗集虽有助于探讨他的"感情世界"，但浮光掠影渺难捕捉，何况诗集诸篇多无日期，无以追踪其感情的定点。至于他生活面的空白，更似鸿飞冥冥，不留痕迹。是以二百余万字《郭嵩焘日记》的发现与出版，犹如宝藏的出土，既充实了郭之"感情世界"，又能填补其生活面的空白。笔者亦因而动了撰写此稿的念头，希望能充分利用此一难得的史料追踪其足迹，重建郭氏的一生，尝试将其生活（起居、旅行、应酬）、思想（对时务与洋务的认识）与感情（在朝在野的喜怒哀乐）的"三度空间"，建筑于道咸同光的时代与环境之中。

此一书稿时作时辍，有时一辍半年，笔者尤感谢周一良教

授的鼓励与催促，不曾半途而废。今幸能完稿，回首秉笔草
此，已三易寒暑矣。附长律一首记感：

> 遥望云天故国在，深寻旧梦素心存。
>
> 惊涛拍岸千堆雪，激浪扬声大海门。
>
> 欲挽狂澜重有志，待看折戟已无痕。
>
> 百余岁月轻轻过，未尽哀愁犹自喧。

汪荣祖

1992 年 11 月 25 日时居维州柏堡

第一章　湘阴郭家的麟儿

湘阴麟儿

郭嵩焘是湖南湘阴人，先世可追溯到南唐广国公郭晖，原居江西吉安。元末大乱，郭氏先祖迁避广东，直到明代万历年间，才定居湖南湘阴。再九传而生嵩焘。湘阴郭氏确实是老湖南人了。

湘阴古称罗城，在洞庭湖之南，长沙之北。清朝的湘阴县即属于长沙府，位于府北一百二十里，无城墙，有三个小镇，即营田镇、萧婆镇与大荆镇。县北七十里有玉笋山，汨水西流经此，与罗水合流，形成屈潭，亦称罗渊，或汨罗江，就是屈原放逐后自沉之处。县东六十里有玉池山，峰插天表，上有浴丹池，俗称玉池。郭嵩焘晚年自号玉池老人，即因曾避乱于玉池山之故。

湘阴交通便利，自古有驿站。湘江即在县西，北可经青草湖入洞庭，南经湘江入长沙，郭嵩焘常往省城，即由水路往来。湘江的支流颇多，如后江、锡江、魁楼江等都在附近，县之南二十里有恋藤港、杨子港，可在此登舟。

　　郭嵩焘于嘉庆二十三年（1818），三月初七日（4月11日），出生在湘阴县之西，湘江之畔的郭宅，乳名叫龄儿，学名先杞，后来才改为嵩焘，字伯琛，号筠仙，或作云仙、筠轩、仁先。他的父亲名家彪，字春坊，是一位好好先生，喜欢帮人忙，但自己一生碌碌无作为；喜欢中医，收集了许多药方，替人看病，勉强可以说是一位儒医。他的母亲姓张，是长沙一位读书人张鹏振的女儿，是一位典型的传统妇女，很守旧礼法，很重视儿子读书。他的祖父名括矩，是一个豪爽慷慨的湖南人，有人来借钱，几乎有求必应，也许是因他生在有钱人家，对金钱并不在乎。郭嵩焘的曾祖父郭熊，号望湖，善于积蓄，成为当地的首富。但郭嵩焘出生时家道已不富裕，甚至不能维持小康。嵩焘有两个弟弟——崑焘，比他小五岁；崙焘，比他小九岁，都有声于时。

　　郭嵩焘从小在家读书，到十一岁才出而从师，时为道光九年（1829）。他的第一位老师是李选臣，邻县善化人，是他父亲的好朋友，当时人所谓"易子以教"。李老师人很和善，但教书很严格，显然是一位遵奉"严师出高徒"信念的好老师。这位老师庸碌一生，却师因生显。当郭嵩焘于同治三年（1864）当上广东巡抚时，李老师甚感荣耀，希望他的得意弟子能写一文，记其生平。郭嵩焘果然写了《李选臣先生七十寿序》①，使这位老师，有所闻于世。

---

① 见《养知书屋文集》，卷一四，页23—24。

当时年轻的读书人，一心一意想考科举。要想考取，便要能写"时文"（即八股文）。郭嵩焘亦不例外。近世人们大诟八股，与小脚同斥之。不过，八股虽然无用，想通其义法，写得精彩，并不容易，还需要多读书、多下苦功。郭嵩焘学作科举文两年不得要领，最后得到伯父家瑞（号雪舫）的指点，始大大地醒悟，自此才通晓时文的义法，这时他虚岁仅十四。

郭嵩焘自小聪明，读书又肯用功，更受到家人的鼓励。道光十一年（1831）起，湘阴连遭大水，坏了稼穑，收不到田租，郭家有时甚至开不出饭来，但郭嵩焘的学业未曾中断。两三年后，他又进了湘阴县的仰高书院，作一些"恶补"后，于道光十五年（1835）与弟弟崑焘一起补上博士弟子员，亦即是当上生员，爬上科举梯层的最初阶，同年又应恩科乡试，结果落第。

郭嵩焘没有继续考取功名，先结了婚。新郎虚龄十八岁，新娘小一岁，姓陈名隆瑞，当地人陈兴垲的女儿。陈、郭两家住得很近，互相通婚，当然是奉父母之命。陈家原本想将大女儿许配给他，结果大女儿不幸死了，才将小女儿隆瑞嫁他。他对先结婚再谈恋爱的妻子很满意。她曾跟着他在外长途旅行数千里，为他生了一男三女，咸丰十一年（1861）生幼女时死亡，年仅四十三岁。①

郭嵩焘结婚后，继续读书，以便应试，他有一位相互激励的好同学，姓吴名英樾号西乔，两人各自闭门读书，勤研精

---

① 《养知书屋文集》，卷二四，页16—17。

思，然后拿出文章来，看谁写得好，以至各自精进，后来两人先后中了进士。①

结识曾国藩

道光十五年（1835），郭嵩焘考中秀才后，进了长沙著名的岳麓书院，并准备在省城应考。岳麓书院初建于北宋，至明清而极盛，成为湘学的重镇。就在游学岳麓时，他认识了刘蓉。蓉字孟容，号霞仙，湖南湘乡人，是一位爱好程朱理学的学者，虽有经世之志，但对科举并不热衷，而性情开朗诚恳，一无隐饰，故与郭嵩焘一见而成莫逆之交，并把甚谈得来的小同乡曾国藩介绍给他。

当时曾国藩在京师会试不第回长沙。曾、郭、刘三人便在省城客栈相聚畅叙，达五旬之久。三人后来都一直怀念此一难忘的初会，时为道光十六年（1836）的六月。② 四十五年后，郭嵩焘临终时在枕上所作的几首诗之一，就是怀念此会：

> 及见曾刘岁丙申，笑谈都与圣贤邻。
> 两公名业各千古，孤负江湖老病身。③

翌年年初，三人又在长沙重晤，适逢鸟语花香的春天，良

---

① 《养知书屋文集》，卷七，页23—24。
② 《郭嵩焘先生年谱》，上册，页13—14。
③ 《养知书屋诗集》，卷一五，页16—17。

辰美景，交杯酬咏，雅志互期，友朋之乐，大有盛会难再之感。当时郭嵩焘十九岁，刘蓉二十二岁，曾国藩二十七岁，都在青壮盛年，自然都有"早岁那知世事艰，中原北望气如山"的气概！

郭嵩焘此次来长沙省城，主要为应丁酉乡试，乡试分三场，分别于八月初九、十二、十五日举行。半个月后放榜，他中了举人，名列第二十四，与他争胜的吴英樾同列此榜，同榜的还有江忠源（岷樵），后来成为江忠烈公。郭嵩焘十九岁就中了举人，并结识了不少豪杰之士，自是意气风发。暮年回忆，其犹记此时"已晓然知有名节之说，薄视人世功名富贵，而求所以自立"①。

中了举人之后，下一步就是入京会试。同年十月，他就前往北京；第二年三月就应考，没有中式。他的好友曾国藩却于此年中了三甲第三十八名进士。他还年轻，何况第一次会试失败，更算不了什么，便暂时留在京城。刘蓉没有同来，但他另外结交了不少同来应考的湖南人，以文章与气节相互激励，后来同光将相果然很多湖南人。楚人风会之大，果然得邦人敬礼。是年秋天，郭嵩焘才离京返乡，与曾国藩等人同行。途经湖北安陆时，遇到大风，吹翻了许多小船，唯独郭、曾两人所乘之舟安然无恙，曾国藩特在日记中记下此事。② 当时人难免迷信，这种迷信对曾、郭而言，定有吉人天相、大难不死必有

---

① 《玉池老人自叙》，页34。
② 见《曾文正公手书日记》，册二六，同治五年七月十五日条。

后福的感受。

道光十九年（1839）年底，郭嵩焘与曾国藩在长沙聚首，再度北上赴京，准备应试，曾氏有"郭生从我行，再踏长安雪"① 之句。北上的路线是由长沙到汉口，入河南经罗山、开封，北入京师。刘蓉仍然没有同行，因他已专心学问，无意于科举，以"静其心以察天下之变，精其心以穷天下之理，息其心以验消长之机"② 自勉，显然已与曾、郭追求功名的志趣有异。

郭嵩焘与曾国藩到达北京时已过了新年，照例三月间会试。离家前，双亲担心郭嵩焘旅途的安全，倚闾暗泣，安慰他不要计较录取与否，早日归来；但他夙存功名之心，不能为儿女私情所夺，③ 可见他是立定志向要中式的，可惜再度落第。此次在京，三十岁的曾国藩突然得了急病，几乎不治，幸得郭嵩焘与欧阳兆熊二人的看护，逐渐痊愈，后来国藩寄诗给嵩焘，有"一病多劳勤护惜，嗟君此别太匆匆"④ 之句，即记此事。

"此别太匆匆"乃指曾国藩刚病愈，郭嵩焘即已应浙江学政罗文俊之聘，匆匆南下赴任。郭家此时家道已经不康，既然会试再度失败，只有先找个职业再说。到浙江去，却正好碰上鸦片战争，使他接触到西方，认识到洋务，开阔了眼界，逐渐成为旧时代中的一个新人物。

---

① 见《曾文正公诗集》，卷一，页4。
② 刘蓉，《养晦堂文集》，卷三，页17。
③ 参阅《养知书屋诗集》，卷一，页7。
④ 《曾文正公诗集》，卷三，页65—66。

第二章　亲身体验鸦片战争

鸦片战争

中英鸦片战争是中国与近代西方兵戎相见的第一遭，传统中国的弓矛，敌不过英国人的坚船利炮，一败涂地，被迫缔订南京城下之盟。五口通商，闯开门户，从此西方势力逐步侵入内地，无论如何也挡不住了。

道光二十二年（1842）的《南京条约》是中国被迫签订的第一个不平等条约，一个屈辱时代的开始，许多历史学者即以鸦片战争为中国近代史的开端。然而此一历史性的重大事件对当时极大部分的官员与士大夫的冲击，并不如一般想象之大，故无强烈的反应。其原因可能是此一战争的作战地区主要在广东与浙江的沿海，内地士大夫既难目击，又道路传闻有限，不可能有刻骨铭心的感受，更不用说掌握住此一战争的重大历史意义了。郭嵩焘却因到浙江上任，参与了防御浙东之战，使他有机会亲身体验了这场战争。

鸦片战争的导火线是倾销鸦片，对于中国人的经济与健康构成严重的威胁，力主禁烟的林则徐于奏折中坦白指陈："若犹泄泄视之，是使数十年后，中原几无可以御敌之兵，且无可以充饷之银。"道光皇帝遂任命林则徐为钦差大臣到广州强制禁烟，林则徐奉命搜缴鸦片并于虎门公开销毁。英国是当时西方最强大的国家，心有不甘，乃于 1840 年决定派远征军对华用兵，6 月到粤海，7 月攻占定海，大肆杀掠。8 月舰泊渤海，道光皇帝怪林则徐"措置失当"，以琦善替代林则徐，此后和战不定，真正是措置失当。1841 年年初战端大启，5 月炮轰广州，8 月攻占厦门，10 月定海、镇海、宁波相继失陷。守军三总兵同日战殁，代钦差大臣裕谦亦战死，余姚、慈溪、奉化一带亦曾一度失守。

亲临前线

就在此时，郭嵩焘成为罗文俊的幕友，参与战守事宜，曾亲临浙东视察，履及海隅，亲眼看到溃败的情况，痛心疾首之余，曾谓："当庚子、辛丑间（1840—1841）亲见浙江海防之失，相与愤然言战守机宜，自谓忠义之气不可遏抑。"[①] 忠义之气，显然是目击外敌入侵而无以抵御情况下，所发的爱国激情。

道光皇帝派皇侄奕经为扬威将军，率兵至浙助战，奕经于 1842 年到达杭州，再进兵绍兴，谋收复宁波、镇海，结果各

---

① 《养知书屋文集》，卷三，页 18—19。

路俱败。阴历二月（阳历 3 月）英军进逼慈溪，此时郭嵩焘在绍兴，曾与唐治、罗文俊等亲冒锋镝矢石，躬临前敌。他在战地丰乐镇见壁上题有六首悼亡诗，大意是西夷内侵烧毁了诗人的家，诗人的妻子投水而死；诗辞婉咽，伤悼家破人亡，恻恻动人。他读而哀之，依原韵写了六首长律。残壁题诗未必真有，郭嵩焘目击外国人打进来的惨状，借想当时之事，悬题拟作，以发抒一己实有的感怀，这六首诗显露了他对鸦片战争的认识与反应。[①]

第一首表出已持续三年之久的沧海烽火，震动了朝廷，但和战皆不得其道，造成浩劫，不禁希望有人能重率新军，铁椎制敌：

> 三年沧海有奔鲸，烽火喧阗彻夜惊。
> 复道金缯归浩劫，枉从狐鼠乞残生。
> 鲁连无语摧梁使，季布何心续虏盟。
> 欲袖铁椎椎晋鄙，从谁改将信陵兵？

第二首感叹皇侄扬威将军奕经的大军，未能一战而胜，反遭惨败；宗臣江畔饮泣，帝阙不见干时良策，觉得悲愤填膺，遗恨无穷：

> 百丈飞船上海涛，诏书专下拥旌旄。

———————

① 诗见《养知书屋诗集》，卷二，页 3—4。

烟沙隔水千军卧，弦管连营一曲操。

老将云间歌敕勒，宗臣江畔泣离骚。

杜陵偃蹇干时策，泪洒将军大食刀。

其余四首，表出他对英夷坚甲利炮的认知，诸如"日照楼船""金戈铁甲纵横"等等，并道出败得如何凄惨——"烈火烟埃人散乱，空城荆棘雨淋浪"。他禁不住要问："森严门限谁摧坏？"可能他自己一时尚无答案，但他已深知惨败之后，应早日吸取教训，庶几"补牢虽晚未嫌迟"。

返乡自省

同年四月（阳历5月），英军乘浙江战胜余威，继续北犯，攻陷乍浦，闯入长江口，侵夺吴淞、上海、镇江，直逼南京，迫订城下之盟。约在此时，郭嵩焘带着"如落木的寸心"，离开浙江返回湖南老家。七月间在长沙曾与刘蓉相聚数日，他们谈些什么，虽无记录，但记忆犹新的浙东惨败，必然是主要话题，刘从郭处必然获得更多的讯息与感慨。未几，《南京条约》订立，刘蓉在复曾国藩的信中，有"和议之成，令人愤悒"之句，认为"往者莫追，来者可惩"。当时国藩在京已立朝籍，所以借此希望良友"蕴蓄经纶，以需时用"，如果"勉而进之，其何可量"①，说不尽的期待之意。

---

① 刘蓉，《养晦堂文集》，卷四，页1。

郭嵩焘回湖南后，曾馆辰州一年；辰州在湘西，古称南蛮地，所以寄罗文俊诗有"蛮烟瘴雨吾生惯"① 之句。在辰州时，他曾与在当地做官的山东人张景垣（晓峰）谈鸦片战争事。张曾在登州，知禁烟事，亦闻知英国人的意图，② 所以相谈甚契，亦使郭对整个事件有更深一层的了解，恍然省悟"自古边患之兴，皆由措理失宜"③。此后他强调以"理"来与洋人交涉，即由此起。

道光二十四年（1844），他已二十七岁，仍然不能忘情于会试，遂于甲辰年年初，重抵京师，住在寓绳匠胡同的关帝庙，但在附近的曾国藩家中搭伙食。国藩此时已为翰林，两人时常往来聚谈、下棋、作诗，国藩并送考，可以看出两人的情谊，十分和睦投机。④

会试在甲辰三月初九日（1844 年 4 月 26 日）举行，考后郭嵩焘搬到曾国藩的新寓去住。曾氏新寓在前门内碾儿胡同，有住房二十八间，极为宽敞，乐意邀好友同住。此后两人更是出则同游，归后夜谈，感情更为融洽。三月二十八日天方曙，曾国藩就送郭嵩焘到皇宫午门去参加大挑。大挑是乾隆十七年（1752）的定制，在会试后拣选屡试不中的举人，由礼部分省造册，咨送吏部派王大臣共同挑选，选取者分为二等录用，一

---

① 《养知书屋诗集》，卷二，页 16。
② 参阅《郭嵩焘先生年谱》，上册，页 42—45。
③ 《养知书屋文集》，卷三，页 18—19；参阅《沅陵县志》，卷一九，页 7。
④ 参阅《曾文正公手书日记》，册二，道光二十四年二月十七日至三月初七日；《曾文正公诗集》，页 40。

等以知县试用，二等以教谕铨补，旨在"疏通寒唆，俾免淹滞"①。结果，郭嵩焘连大挑也未选上，不免抑郁；国藩"力劝之，共酌酒数杯"② 以消愁。大挑既未得，四月初九会试放榜，又未被录取，郭嵩焘连日与曾国藩下棋解愁。③

再度落第之后，郭嵩焘只好与同来应考、同未考取的冯卓怀（树堂）一起去考教习，后来冯与郭结成儿女亲家。七月初一放榜，幸皆录取。郭嵩焘仍然与曾国藩时相过从长谈。八月间，郭嵩焘将大挑中选的举人江忠源介绍给曾国藩认识。国藩会看相，江走后，曾对郭说，这个人必定会立名天下，但当以节烈而死。④ 后来江忠源的楚军果然名震天下，江也果于咸丰三年（1853）镇守庐州时，城陷阵亡。⑤

郭嵩焘留居京师，除与曾国藩交游、论文、聚谈外，还与其他湖南老乡如王柏心、周辑瑞、贺桂龄、杨任光等，寻访古寺名刹，倾心交谈，不免感时忧国，"相与慨焉发愤"⑥。他还在保定不期而遇湖北人陆建瀛，对于陆氏办洋务的看法很赞佩，后来陆氏官至两江总督。⑦

乙巳会试将至，京师又来了许多士子，其中有五十二岁的

---

① 参阅《清朝续文献通考》，卷八五，"选举"。
② 《曾文正公手书日记》，册二，道光二十四年三月二十八日条。
③ 同上，道光二十四年四月初七、二十日、二十二日、二十三日、二十四日诸条。
④ 《养知书屋文集》，卷一七，页36。
⑤ 同上，卷一七，页31—32。
⑥ 同上，卷二三，页6—8。
⑦ 《养知书屋诗集》，卷三，页2—3。

魏源，有二十三岁的李鸿章，还有他的弟弟郭崑焘。魏是郭的同乡，很可能见过面，郭曾读魏的《海国图志》，并写了一篇书后，颇为推崇。[①] 李鸿章来京从曾国藩学，郭与李即于此时结识缔交。郭嵩焘屡试不第，在京大有穷愁潦倒之感，更加期盼这一次会试。求胜心切，结果是四度落第，弟弟崑焘亦名落孙山。曾国藩被任命为是科同考官，放榜后才出闱，他的门生李鸿章亦未中式。

放榜后不到一个月，郭嵩焘便与弟弟崑焘，以及同病相怜的冯卓怀一起离京返湘。曾国藩与郭嵩焘此次在京相聚四百多天，临别不免依依，写了一篇情意真挚的《送郭筠仙南归序》。文中言"艰勤错迕，迟久而后进，铢而积，寸而累，既其纯熟，则圣人之徒"[②]，希望能慰勉屡次落第的老友。回湘不久，郭嵩焘的丁酉同年陈源兖于道光二十六年（1846 年）放江西吉安知府，乃相邀为幕友。他于四月间应邀前往，还带了妻子陈隆瑞、弟弟崑焘，以及曾国藩的弟弟国荃，一起到江西去。陈源兖在吉安当知府不到一年，即移官广信府，郭嵩焘又随同到广信。不过，同年年底，郭氏一家即顺信江渡鄱阳湖，浮大江回到湖南，时正值隆冬季节，船只往往在盖满白雪的湖上行驶，别具风味。

---

① 《养知书屋文集》，卷七，页 15—17。
② 《曾文正公文集》，卷一，页 35。

蟾宫折桂

过了年，郭嵩焘又要准备赴京，参加丁未年（1847）的会试。此行有崑焘做伴，到北京后住在曾国藩家附近的张相公庙。此次已是他第五次参加会试了。三月初九入场，十六日出场，四月上旬发榜，终于中式为贡士，继即复试，四月二十一日殿试，四月二十五日传胪，赐进士及第，[①] 皇天不负苦心人，终于当上了进士。第五次才考取在当时并不特殊，何况他不过三十岁。郭嵩焘名列二甲第三十九名，同科后来得大名的有张之万、沈桂芬、李鸿章、董彭年、沈葆桢、朱次琦等。殿试传胪后三日，又举行朝考。见过皇帝之后，郭嵩焘当上翰林院庶吉士，兴奋喜悦自不在话下。按照清朝的制度，庶吉士留馆三年后，考试成绩优异者任翰林院编修，其余分发到各部或州县任职，称为散馆。

是年秋天，郭嵩焘离京，曾国藩饯别于卢沟桥。崑焘未考取进士，径自回家；嵩焘则乘兴到江南去游览。他先到苏州，见到知府桂超万、巡抚陆建瀛。陆是旧识，桂则是神交后的初逢。桂太守待郭如上宾，庭园张宴，展席松阴，在秋风黄菊下，快餐鳜鱼，痛饮佳酿，醉后披写。桂、陆两人都熟悉禁烟事，对外洋亦有所认识。嵩焘与他俩聚谈，谈到国事，忘不了五年前发生的鸦片战争，写了"凭公静波浪，一饱吴淞鲼"[②]

---

① 郭氏曾笔录此年会试及第全部名单，见《郭嵩焘日记》，册一，页96—102。
② 郭赠桂、陆诗见《养知书屋诗集》，卷四，页10—11。

的诗句。

　　郭嵩焘从苏州到金陵（南京）。当时在金陵的两江总督是他的同乡长辈李星沅，道光十二年（1832）进士，甚得道光皇帝赏识，得到"甚有厚望于汝"① 的赞语，所以仕途十分通达。从郭赠李四十韵中可知，李对这位后进"奖掖"有加，故有"低徊沾奖掖，感激出蓬蒿"之句；他们也谈到海防的问题，故有"岛夷虽弭伏，舶市尚喧嚣；约法辞番马，陈书戒旅獒；流波防靡荡，异物况腥臊；黠鼠潜窥伺，游鲸且遁逃"② 之句。

　　从金陵再到武昌，已届岁暮，郭嵩焘在武昌度岁，与湖北藩司唐树义的唱和诗中有"嗟哉越寓今边锁，狐豸奔突声相豗"之句；亦意在海防之失，诗中并有愤激之语，大有满腔抱负，而孤臣难以回天的感叹！③

　　鸦片战争后，朝廷与英国订立了《南京条约》，好像事情已经解决，但其实门户已经洞开，海防问题正与日俱增，更不用说烟已无法可禁。郭嵩焘不仅亲身体验到此一战役，以及此一战役所衍发的问题，而且观察到外患与内政之间关系密切，并对此愈来愈感受深切。他一时所没有能够觉察到的也许是外患激发了内乱——一个狂飙式的大乱，即将到来。

---

① 见《李文恭公遗集》，卷九；《养知书屋诗集》，卷四，页 11—12。
② 《养知书屋诗集》，卷四，页 11—12。
③ 同上，卷四，页 31。

第三章 与太平军作战

江南之行

鸦片战后，五口通商，外力内侵，加上不平等条约给外商的特权，使传统的中国手工业无法竞争而普遍破产。鸦片继续倾销，白银不断外流，整个国家的经济日益艰困，而乾隆以来恰恰又生齿大增。在人口增加与经济破产的情况下，无数民众失业，以致形成大量饥民与暴民。太平天国的兴起，以及数十年的大动乱，绝不是偶然的。郭嵩焘漫游江南时，大局已经日渐不稳。

道光二十八年（1848）大年初一过后不久，郭嵩焘从武昌回到湖南老家。回乡后与八年未见的老友刘蓉在长沙相聚弥月，相顾泪潸，抚时起慨，畅论古今。① 九月间，两人又结伴游玩南岳衡山，观览怪石奇峰、白云黄叶，帆边风满，江山雾沉，极尽游观之乐，往返大约四十几天。畅游后郭嵩焘与刘蓉

---

① 《养知书屋诗集》，卷五，页6—7。

置酒驿亭，剧谈而别。[①] 回家之后，郭嵩焘亲眼见到一场极为凄惨的大水灾。由于连月大雨，长江流域泛滥成灾，金陵与汉口都成了泽国，死亡的人很多。湖北与湖南都是重灾区。湖南巡抚骆秉章委托候补知府夏廷樾监督救灾工作，夏氏去找郭嵩焘商量，当时嵩焘正帮助叔叔郭家彬在湘阴救灾，遂又到长沙去协助夏廷樾。长沙城内已水深数尺，只有北门丰原、衙正两条街没有浸水，大批饥民沿街塞途。嵩焘诗所说"三日不得粥一瓯，沟壑死骨横如邱；典男鬻妻作朝晡，一家小弱尽不留；手持衾裯易一食，恐惧诃禁有惭色；听饱卷还三叹嗟，不忍乘危取贱值"[②]，应是当时的实况报道，一片滔滔景象，怎不令他"顾步怀悲"[③] 呢？

由于无数的饥民塞途，连散发赈牌的工作都无法进行。最初在五里墩、二里驿两处路旁搭盖棚厂。虽赶搭了十余厂，仍然容不下一千人。郭嵩焘日夜到厂探视，饥民环着他跪地哀号。他发现白天的灾民远多于晚上，一时不知何故。终于有人告诉他，灾民晚上住在北门外被水淹没的菜园内的小舟上，相连数里。他立即告诉夏廷樾，乃于江边查点船数与人数，散给赈牌，大大地提高了救灾工作的效率。城中街市上不再见到饿死的尸体。大水一直延续了两个月。等水全退了，灾民才能回家种田。[④]

---

① 参阅刘蓉，《养晦堂文集》，卷二，页25。
② 《养知书屋诗集》，卷五，页9。
③ 同上，卷五，页9。
④ 郭嵩焘，《玉池老人自叙》，页25—26。

归隐不成

就在这一年的阴历七月十六日，郭嵩焘的母亲病死于湘阴自宅，这使他无法于翌年年初到京师应考散馆，考取进士三年后不散馆的例子在有清一代并不多见。半年之后，他的父亲郭春坊亦不幸逝世，得年仅五十七岁，时为道光三十年（1850）。这一年的十月，洪秀全在广西金田大举起事，两个月后建号太平天国。在洪杨兴兵之前，湖南已有李沅发之乱。李原是一贫苦的工人，最初参加湘桂边区的天地会，后自立"把子会"，以劫富济贫相号召，穷人竞相入会，不仅劫狱、开仓赈济，而且击溃了湖南新宁的清兵。李沅发虽被向荣的军队击灭，但在西南一带引发的动乱，才是一场"大地震"①，内乱一发而难以收拾。

郭嵩焘有感于父母双亡，内乱遍起，不免心灰意冷。他屡试才求得进士，自有浓厚的功名之心，然既得之后，碰上乱世，益之以天灾家变，"遂不复以仕宦为意"，对于不克散馆，也不介于怀。此时此情，在家居丧，他只想与从小就认识的左宗棠，结伴到湘阴东山的周磜岭隐居，以了此生。②

但是郭嵩焘毕竟是一士大夫，而且是一个声誉日隆的士大夫，他已中了进士，而且文名甚著，具有士大夫这一阶级人士的使命感。对当时的士大夫而言，太平天国不仅是政治性的叛

---

① 李沅发事详见《清代档案史料丛编》，第二辑，页138。
② 参阅《养知书屋诗集》，卷一〇，页9，及《玉池老人自叙》，页4。

乱，而且是文化性的挑战，他是难以置身事外的。何况太平军正迅速地逼上门来，他不得不刻意经营保卫地方。

保卫乡梓

咸丰二年（1852）之春，太平军从广西折入湖南，会党群起响应，阳历 9 月 11 日围攻长沙，郭氏兄弟以及左宗棠昆仲一起率眷逃难到湘阴县东面的玉池山避居。一个多月后，新上任的湖南巡抚张亮基由贵州知府胡林翼的推荐，派人来迎聘左宗棠。宗棠本不想应聘，后经江忠源从长沙来信促驾，郭嵩焘从旁相劝，乃前往围城长沙。张巡抚立即将兵事相托，保住长沙，此为左宗棠发迹的开始。[①]

郭嵩焘不仅劝左宗棠出山，还游说曾国藩办团练以抗拒太平军。这一年年底，礼部侍郎曾国藩于前往江西典试途中，忽闻母丧，乃告假返里，郭嵩焘亦亲来吊丧。当时清廷有诏命要曾氏帮办湖南团练，曾氏哪有心情去做这些事，乃草写奏章，恳请终制，但奏章还没有发出，就听说武昌失守。郭嵩焘便在曾宅以"墨绖从戎"相劝，并以保卫故乡之情动之，曾国藩乃于咸丰三年（1853）年初到长沙，上奏请自练一军来讨伐太平天国。[②] 他效法戚继光的办法，以一千名湖南子弟兵束伍练技，这就是湘军的开始。

郭嵩焘很可能陪同曾国藩到长沙，然后转道回湘阴自宅。

---

① 参阅《郭嵩焘先生年谱》，上册，页81—82；《玉池老人自叙》，页4—5。
② 郭嵩焘，《玉池老人自叙》，页6。

此时太平军已撤离武昌，顺江东下，于二月初十（1853 年 3 月 19 日）占领南京，改名天京，成为太平天国的国都。在武昌的湖北按察使江忠源写信给郭嵩焘，要求他也出山，函中说："兄纵不为弟出，独不为天下计邪？"① 郭曾以大义劝左、曾出山，江又以大义责郭，郭虽心不欲出，亦义在必出。但他出山的目的不是求仕，而在"经营国计，保卫地方"②，颇有投笔从戎的慷慨。

四月间，太平天国开始北伐和西征，西征军围攻南昌，江忠源率楚勇御之。郭嵩焘在江氏的一再函催下，与夏廷樾、罗泽南等统军一千四百多人，向江西进发。一介书生居然带着部队，"鸣镝弯弓赴敌场"③，岂是他始能料及？

到南昌后，扎营于永和门外。七月二十四日（1853 年 8 月 28 日）曾与太平军大战一场，敌人假装撤退，反而从后包抄，官兵死伤枕藉，郭嵩焘与罗泽南立即收兵入城，帮助江忠源守城。在围城中，郭认识了陈孚恩。孚恩曾任刑部尚书、军机大臣，官高势大，当时因在南昌守丧，诏命办理团防。陈、郭两人"朝夕会议"，相处得很好，自此成为良友。④

---

① 函见江忠源，《江忠烈公遗集》，卷一，页21。
② 语见郭嵩焘，《玉池老人自叙》，页4；参阅《养知书屋诗集》，卷七，页5—6。
③ 郭氏诗句见《养知书屋诗集》，卷七，页6。
④ 参阅郭嵩焘，《玉池老人自叙》，页10。

提倡水师

郭嵩焘于守城时督战、观战，以及审问俘虏之余，发现太平军士兵不住营垒，而是住在船上，这使他觉察到水师的重要性。的确，自太平军到达长江流域后，在水面上毫无阻拦，乃认为"非急治水师，不足以应敌"①。此一意见提出后，大为江忠源欣赏，要郭立即代写奏折。这就是有名的《请置战舰练水师疏》，其中说：

> 粤匪自湖北、安徽转陷江南，沿途掳掠民船，已逾数十万艘。自九江以下，江路一千数百里，尽以资贼……江南扬、镇等处，皆两面凭江，并力攻围，而贼得水陆救护，以牵制兵力。故欲克复三城，必筹肃清江面之法；欲肃清江面，必破贼船；欲破贼船，必先制造战船以备攻击。②

疏上之后半月即有诏命，令四川、湖北、湖南等地督抚尽快制造战舰，因当时绿营废弛，虽有水师之名，实无战船。诏命未下之前，郭嵩焘已建议先造可容几百人的巨筏应急，当日江忠源即派人去采办木筏竹缆，并请郭至樟树镇督造，于一个月内制成巨筏八架。不久之后，曾国藩亦在衡州创办水师。可见郭氏大兴水师的建议一经提出，其重要性立即受到所有执事

---

① 参阅郭嵩焘，《玉池老人自叙》，页5。
② 《郭嵩焘奏稿》，卷一，页1。

者的注意而确实执行。郭嵩焘无疑是首倡湘军水师之人。①

亲临战阵

　　当郭嵩焘在樟树镇造成八架巨筏，准备回南昌时，太平军已撤围北去，占领九江，并西攻湖北田家镇。湖广总督张亮基求援，江忠源立即驰援，嵩焘跟着行军，一路山路崎岖，兵燹后人烟稀少，正是"山城剩有数家居，黯黯人烟暮雨余""经秋草木都非旧，近寇村庐半已虚"。进入湖北省境后，路更难行，食更难觅，士卒饥乏，备尝艰辛。② 而到达田家镇后，战又不利，突围到广济，最后抵达黄陂。

　　郭嵩焘以一介书生，亲身参与作战，目睹伤亡以及行军的景象，可说是艰苦备尝，"历生平未历之险，受生平未受之惊"③，而屡战又多不利，困厄之感更属难免。何况他离家已久，千里乡愁，使他益感归心似箭——"湘岩故息壤，吾甘死耘锄"④，其心情已呼之欲出，遂于咸丰三年（1853）十月下旬辞别江忠源，于十一月十日回到湘阴。

　　江、郭分手后，两人仍时相通信联系，私情公谊溢于言表⑤。江在函中并劝郭就近赴长沙帮助曾国藩治水师。很可能因

---

① 参阅郭嵩焘，《玉池老人自叙》，页5—6。
② 见《养知书屋诗集》，卷七，页7。另参阅郭撰《江忠烈公行状》，《养知书屋文集》，卷一七，页30。
③ 江忠源语，见《江忠烈公遗集》，卷一，页24。
④ 《养知书屋诗集》，卷七，页8。
⑤ 如江致郭函有云："廿六日之别，惘惘如有所失……"见《江忠烈公遗集》，卷一，页24—25。

江氏上报郭在江西助战之功，清廷特授未散馆的郭嵩焘以翰林院编修的职称。但不到三个月，江忠源突在庐州阵亡，同时战殁的还有池州知府陈源兖、知州邹汉勋，都是郭氏知交。郭嵩焘写了长篇的《江忠烈公行状》，记其忠勇事迹①，此外更写了一首极为哀痛的《哭江中丞》诗：

> 剖竹连圻总有名，结缨犹是老书生。
> 江淮草木无完垒，朝野衣冠有哭声。
> 七叶两京麐北顾，九州一柱竟南倾。
> 孤臣闲退今华发，日倚柴门涕泗横。②

投奔曾国藩

悼友感时，痛大将之亡，哀见乎辞。郭嵩焘原想以耘锄为生，老死家乡，但当曾国藩以经营水师相招时，不免感怀忠源之死，以及忠源生前以助水师相嘱之意，他已难以隐居。江忠源死后不到一个月，嵩焘就前往衡州，帮助曾国藩商定水师营制，建立水陆各十营，每营添置"舢板"十艘，以补师船迟重之弊。③但衡州一带船户都与会党有关，不便招募，国藩乃回家乡招募子弟兵，当时应募的人不多，几经周折才逐步成

---

① 见《养知书屋文集》，卷一七，页1—36。
② 《养知书屋诗集》，卷七，页10。
③ 详见郭嵩焘，《玉池老人自叙》，页5。

军。然后发布《讨粤匪檄》，自衡州出发到长沙，再北进岳州。郭嵩焘与刘蓉都曾到岳州与国藩见面，参与机要，连书斋中的学者刘蓉亦留曾幕助理军务。国藩的水师最初并不顺利，连吃败仗，但终于咸丰四年八月二十三日（1854年10月14日）收复武昌。郭嵩焘听到此一捷报，喜极泪下，"顿收鄂岳经营地，重睹关河战伐秋"，认为是湘军的创举，精神为之一振，乃准备东下，以窥长江下游的形势。①

自创一军，最重要的任务当是筹饷，饷不继无以为军。江忠源的楚勇于南昌解围后，索饷不得几至哗变，为郭嵩焘所目击。所以他初助国藩治水师时，就注意筹饷，建议抽厘，并自告奋勇负责湖南厘金总局，以济军食。咸丰五年（1855）初，太平军又攻占武昌，曾国藩兵败九江，退驻南昌。郭嵩焘立即从湖南到南昌相佐。当时刘蓉尚在曾幕，曾、刘、郭三人少年缔交之后，各奔前程，见面的机会并不很多，而今三人又在曾营相逢，虽在战时，友朋之乐仍然不减。曾国藩以刘、郭视同己身，嘱营内支用，不为限制，但郭、刘很识大体，在营时未尝支用一钱，并与曾相约，奔走效力，不求保荐。曾亦如约不论荐，可见三人风义。②

湘军到江西后，已用去口粮一百余万两，存款也渐用尽，而此时武昌又告失陷，必须分兵西上江、汉，军需更为紧迫。刑部侍郎黄赞汤时在南昌，向曾国藩建议，除在江西设卡抽税

---

① 见《养知书屋诗集》，卷八，页10。
② 郭嵩焘，《玉池老人自叙》，页7。

外，可奏请浙盐三万引，以净赚十万两。但是欲买浙盐赚钱，先需成本十万两，曾国藩乃请郭嵩焘前往浙江，任务便是张罗本钱，郭嵩焘遂有江南之旅。①

---

①　见曾国藩，《曾文正公家书》，页135。

第四章　咸丰五年的江南之旅

江南行

　　郭嵩焘到浙江去走的是"江路"，也就是内陆小河道。[①]
他于咸丰五年十一月二十日（1855 年 12 月 28 日）在南昌上
船，由赣江北上，九天后抵达鄱阳湖北端南康府的雪子塘，停
留一周办完事后，再由赣江南返，于十二月初七日（1856 年 1
月 14 日）抵吴城镇，一日后再南行到昌邑，又隔一日再开船
到王家渡。王家渡是一分水点，再向南行即回到南昌，向东经
滁汊可至鄱阳湖南端的瑞洪镇。郭氏要去浙江，当然取道东
行。他于十二月十一日到滁汊，翌日经武阳渡、泊瑞洪（郭
氏作瑞虹）。十四日，再南行九十里泊龙津渡（郭氏作龙井），
东去余干县城仅十五里。郭氏沿信江继续南行，于十六日至安
仁县，然后东向至贵溪，继续东行，于二十日抵弋阳。两天
后，经信江由东南方向转入桐木水，到达铅山县城（按今江

---

①　本章所述，参阅《郭嵩焘日记》，册一，页 3—84。

西铅山在旧铅山之北，当时称作河口镇）。在铅山停留三天，二十五日才开船，才行二三里，因水浅，河床碎石损坏木船底板，郭嵩焘在河口改雇一较小而新的船只续往东驶，经马鞍山、龙潭，于二十七日到达广信郡城（今江西上饶市）。次日，经张湾、七里街，达玉山县城，郭氏在玉山过除夕与元旦。从江西玉山到浙江江山，当时有小河可通，但由江山到常山约五十里水路，山欹路险，所以郭氏改由陆路到浙江常山，于咸丰六年元月初二日抵达县城，全程八十里。到达以后，再在常山雇船，沿金溪东航，于初八日至衢州府，再沿衢江驶向兰溪（今浙江兰溪），过兰溪往北约二十里，两岸都是山，由东阳江到严州府，时为初十。郭氏继续沿桐江北驶，经桐庐东北转入富春江，于十一日到富阳县城。第二天，经苹溪、过江岭、之江曲流，不久即见杭州的六和塔。然后到闸口停船上岸，雇肩舆（轿子）入城。

郭嵩焘于咸丰五年十一月二十日从南昌出发，至翌年元月十二日才到杭州，在路上走了大约一个月又二十三天，可说是江路漫漫。这一段江路，并不是一江东流，可以直达，而是几经转折，从玉山到常山一段，还必须改由陆程。而且，没有动力的木船，要靠风向流速。例如，从贵溪到弋阳途中，有一段水浅滩多，又多值东风，船行十分"濡滞"（迟缓不流通）。如十二月二十七日舟泊广信，正值西风，即时开船。又如元月初四在常山港，东南风甚剧，行不得，俟风稍微，立即开航。

郭嵩焘坐船旅行，船是租来的。从南昌到玉山，租金钱二十千（即二万），合纹银十一二两，在当时不算小数目。船上有船户、水手、佣仆，可供食宿，所以郭氏途中没住过旅馆，自称"舟居"，可说是一种"活动旅馆"。他舟居一个多月，闲暇虽多，并不寂寞。同行旅伴有周腾虎（即郭氏日记中的弢甫或弢公），能说善道，常陪他聊天，偶尔唱和。船上当然有书可读，可集句自娱。依郭氏的身份，到处可拜访官绅，促膝聚谈，如在瑞洪市上，遇到龚自珍的儿子孝拱，作竟日谈，孝拱并出示所著《明堂图考》。又如在铅山访县令陈卧梅，到前辈袁雪舟家吃早饭；在玉山访县令刘清华；在常山见县令李根生。初四那晚，当地一位名叫余芳信的孝廉来船上聊天。

沿途不断有风景可看，舟行缓慢，正可从容欣赏；有时风向不顺，正可系舟登岸，参观游览。郭氏在安仁附近的石港，参观了石港书院，"丛木掩映，屋宇参差"，靠近江边，有一石矶，矶上有亭，"颇有尘外幽致"。离开贵溪后四五十里，见大沙洲，名桃花滩，向南望，"山如连珠"，有一山远望像一顶方帽子，旁边耸立起一块像朝笏的巨石。船上的人告诉他，那是蜡烛山，因山右石笋林立，好像是攒烛一样，犹如桂林的景色。

郭氏到弋阳后，曾入城参观叠山书院。[①] 书院依山而筑，近旁有高庙旧寺，甚是古雅。主要厅堂有"凫溪精舍"一牌匾，为讲堂之一。左面有文昌阁，左后方为陈朴园的讲堂，有屋三楹，颇感幽爽。右后方为斋房。中间是叠山祠。稍前为

---

① 谢枋得，字君直，号叠山，元灭南宋时全家殉难。弋阳民众为纪念其人，在信江之滨建书院。

"山长学舍"（院长公馆），四周有围墙，独门独户。前面有高楼一座，门口有"甲秀"二字。隔江山色，远近环伺整个书院。离开弋阳，一路山石奇特，约二十里，至印山嘴，郭嵩焘又见到石灰岩造成的奇景。印山即因高大圆净的石山得名。石山罗列在北岸，环耸攒屯，约数里之遥，而南岸仍然是青山，横亘江边，雄瑰盘峙，好像一道长屏。

郭氏此行，正值农历新年前后，遇到几场大雪，"弥漫雪景，点染有致"。江上行舟，原甚平稳，但初六日大风且雪，"风起水涨，船即随之飘荡，终夜未能安寝"，居然也尝到有如大海行舟的摇撼之苦。

进入浙江省界以后，山水更为明秀。过严州府，有严子陵钓台。在群山绵亘之中，忽见两个石峰，横出对峙，既高又平，好像一座方形的台面。自此以下，"两岸山峰，高逼如硖，而奇丽天挺，使人意远"。到富阳后，郭、周两公，同游鹳山，访真武庙，登春江第一楼，以望江观山。最后驶入钱塘江，"远望海门，气势尚雄阔"。

郭氏旅途，偶尔见到战争的痕迹，如在弋阳城内，见到兵燹后的残破屋宇。广信城外，亦有倾毁的房舍。进入钱塘江前，见到三处防兵。但整体而言，沿岸市肆相继，多称繁盛。像滁汉一市，"民居鳞列，皆高墙峻壁"，一片殷实景象。铅山更见富盛，"百物转易，并汇聚于此"，晚上则满市灯火、爆竹喧闹，正在庆祝小年。玉山亦富盛，城内有许多大房子。有一萧姓大宅院，"望之隆隆然，后园围竹千竿"。而自玉山至常山，八十里路之间，"随处有店"，可见商业尚未因战事

而凋敝。郭氏注意到，自常山至江浙，市面都用洋钱，称为
"花边"。他已感触到外国经济势力的内侵，但他当时所见仍
然是大破坏前的江南。

郭嵩焘于咸丰六年元月十二日抵达杭州以后，拜见官员、
衙门办事、酒楼赴宴、湖上招饮，同年同乡络绎造访，酬酢之
繁，今昔不异。郭氏此来，即为曾国藩筹款，故于到杭后第二
天，就去见何桂清，第四天下午去盐局之后，知款不易筹。地
方官王雪轩告诉他，也许可动上海厘金的主意，乃上书何桂清
请其与曾国藩，会同向朝廷上折，奏明办理。郭氏亦因此而决
定到上海一行。

沪杭见闻

他本来想于元月二十四日赴沪，但雇不到船。四天以后才
成行，在望华桥上船，经水关闸口，过德胜坝时，"以粗绳拦
船尾，岸旁以辘轳转之，逼船使行，至坝口陡落而下"。取道
南运河，于三十日抵嘉兴。由嘉兴再沿运河北上，可达苏州，
而郭氏往东，经嘉善、平湖，于二月初一进入黄浦江。黄浦江
比起内陆小河，可说是浩瀚大江，郭氏的木船不断"阻风"，
直到初五才至上海县，泊大东门外。上海城的繁盛，使他感到
"殆罕伦比"，但筹款仍不顺利。

也许，郭嵩焘上海之行的最大收获是看到了洋泾浜，他于
夷情，久有所闻，也有些了解，至此才耳闻目睹，感受自不一
样。当时距五口通商，只有十几年，但洋人已建立据点，令郭

氏有置身外国的感觉。他觉得洋房，"穷极奢靡……极明爽，四面皆离立，环以窗棂，玻璃嵌之，高或三层，皆楼居，而下为议事厅，或曲折作三四间、五六间，置诸玩器，精耀夺目"。不仅建筑与道路"雄敞可观"，夷人也颇可观。他特别注意到，"夷女多出游"，在街上遇见两个洋小孩，"极秀美"。他见到法国两洋行（利名、泰兴）几个"头目"，前来和他"握手相款曲"，使他感到，"彼此言语不相通晓，一面之识而致礼如此，是又内地所不如也"。他看到在夷馆受役使的中国人，反而"状貌狞异，气焰嚣然"。最有趣的是，他发现不仅洋人长得高大，洋动物也高大，"马牛皆高骏，鸡尤奇巨"。

他当然看到黄浦江上停泊了许多"火轮船、货船、兵船"。二月初九日，他由几个人陪同与外国领事必理，同去参观英国火轮船。他由船旁悬梯上船，两旁有两个极秀美的"小夷目"侍立，引绳导客，他很赞赏外夷之讲礼貌。登上轮船，看到五千斤重的大炮一尊，三千多斤重的炮有十几尊，还看到指南设备，救生船只，安放在船头上。英国领事富氏，向客人们脱帽致意，并致握手礼。有一姓密的洋人会说汉语，引导参观时充翻译员。大伙儿往后舱看机器，解释详明，郭氏记之亦详。看完机房，又看舱房，看大餐厅。主人设几席，置酒相款。郭氏觉得"酒味甘酸"，知是西洋的葡萄酒，他还吃了牛油做的蛋糕。他见到洋人船坚炮利，职分有别，秩序井然，印象十分深刻。

之后，郭嵩焘又去参观了传教士在上海开设的墨海书院。在书院中遇见李善兰与王韬，觉得"李君淹博，习勾股之学

（即数学）；王君语言豪迈，亦方雅士也"。他又见到科技书籍与新闻报纸，感到"西人举动，务为巧妙如此"。最难忘的印象则是，"夷人所住，靡不精洁"。他还登门拜访了法国领事的公馆，厅堂陈设绝精，"细致精妙，非中国所能为也"。

　　郭氏来上海之前，就想替曾国藩买些"洋器"，可惜他仅仅买到风雨表一器（气压计）、双眼千里镜一器（望远镜），而索价极昂，很可能被敲了竹杠。他在离开上海前，于二月初九日晚上，寄了一封信给曾国藩，"陈近事八条"，其中必定传达了"夷情"。后来，曾国藩致左宗棠信中曾说，"往时徐松龛中丞著书（即徐继畲的《瀛环志略》），颇张大英夷，筠仙（郭嵩焘字）归自上海，亦震诧之"①。二月初十，郭氏再由大东门上船，开往苏州。绕行沪城时，看到美利坚筑的城墙。入吴淞江后，经嘉定、太仓、昆山、新阳等县，于十三日抵苏州，由娄门绕至阊门后，续行二十里登岸。

　　在苏州，除拜会、访友外，免不了游览。郭嵩焘仍然舟居，当时城内水道四通八达，十分方便。例如二月十七日游沧浪亭②，即由盘门水城入，登岸到府学宫（今称文庙）一阅，然后到沧浪亭（今沧浪亭恰在文庙对街）。他还到苏州附近的无锡、常州、吕城等地旅行，自与筹饷有关。当时南京久已是太平军的国都，燕王秦日纲正围攻镇江（郭氏三月初八离苏，

---

① 见《曾文正公书札》，卷六，页21。
② 与郭同游沧浪亭的是郭之同年陈星焕，见《养知书屋文集》，卷四，页12—
　　13。

四月镇江陷）。但有向荣的江南大营护持，郭氏虽见到若干的战时景象，而苏城繁盛如故，甚至有上下恬嬉之征。二月二十九日清明，虎丘有大会，"观者如堵。自虎邱至斟酌桥，花船填委，江为之塞，盖犹承平景象也"，但郭氏离开苏州后，不过两个半月，江南大营即为石达开攻陷。

郭嵩焘由苏回杭，经吴江、震泽，顺运河而下，十一日即至临平镇，又五十里路后，由坝子门入杭州城，全程不到四天。月前从杭州到上海，费时八天，因在黄浦江上不断遇到强风，木船停泊不进的缘故。

郭氏回到杭州，又住了十七天才取道回江西。这十七天正值春季，牡丹盛开，极得观赏之乐。他于赏花之余，几遍游各地名胜。他造访了位于孤山的诂经精舍，那是毁于太平军战火之前的诂经精舍。他所见到的文澜阁，仍然"规模极巨丽"，正厅有宝座，厅上有匾额，是乾隆皇帝所书的"敷文观海"。屋有三楹，四周都是藏书。大门石级处有两个铜鼎，左面是铜鹿，右面的铜鹤却不见了。环阶有石栏，并无损坏迹象。他还在西泠桥旁，看到苏小小墓，"墓高而小，石栏环之，榜曰：古艳"。

郭嵩焘初到杭州，曾写信给在严州的帅抑斋，希望见面。回到杭州后，接到回信，约在富阳相见。但当时因兵差络绎，雇船不易，郭乃函邀帅氏来杭州，并以帅之来舟，为郭之去舟。帅氏于三月二十八日抵杭，两人见了面，谈了半天。四月初一日，郭即乘此来舟回航。临行前，郭又上曾国藩一书，附金眉生筹款十条备览。金氏甚是热心，提供不少帮助，但郭氏此行显然深切体会到款之不易筹，江南虽为财富之地，并非取之不尽。而且，筹饷虽有急迫的理由，终不免苛敛扰民，郭氏在常州时，就听说有一县令，因无法应付军队拉夫而自杀。筹款裕饷，虽不满意，旅行见闻却是非常充实。

郭氏归棹的船户，名叫袁和尚，有同年龄的小妹两人，一叫爱珠，一叫春风。从杭州到桐庐索价五千，另水手赏钱四百。四月初二日二鼓时分，舟抵桐庐东城，正好有一只茭白船愿载他到常山，议洋七元，船上也有二婢子，一名昭风，一名桂香，但不及袁船二姝之"闲远"（难知郭氏真意所指）。

因西风陡作，到初四日才开船，于大雨中过严子陵钓台。初六日抵兰溪，仍有雨。因数日大雨，溪水涨发，舟行甚速，初九日即至衢州府。翌日，与前杭州巨富瞿经阁作烂柯山一日游。十一日，乘东风迅至常山。登岸，宿于许雪门寓署中，第二天酬应终日。至十六日才雇夫陆行，越过浙江、江西分界到达玉山。十九日雇定李姓官板船一只到南昌，索价一万九千，二十一日开船。当天到广信，赴同年沈幼丹（名葆桢）处晚餐，并与沈氏幕中诸君晤谈。翌日至信江书院重访袁雪舟。二十三日启航到河口镇，因雨停一日。二十五日到贵溪，二十六日到安仁，二十七日即到鄱阳湖南岸的瑞洪。当日因风大，舟人不愿过湖；大风连续三天，因而在湖边阻风三日。三十日四鼓开航，行约二十里，突转西风，船逆风不前，泊于芦苇中，到天亮才摇橹渡湖。但因舟人不谙江路，走了远路。五月初一日始达南昌，立即到营去见曾国藩。①

　　郭嵩焘由原路从杭州回南昌，虽较去时为速，也历时一个月之久。七月底曾国藩邀他入城小住，八月初他即决定回湘阴老家一趟，月中启行，曾国藩亲自相送。②

　　郭嵩焘为曾国藩效力，奔波于吴、楚之间四年，的确应该回乡休息一段时间。他是曾国藩及其湘军的功臣，这是毫无疑问的，他在晚年所写的自叙中，亦毫不自谦。他于湘军建军，无论在筹兵或筹饷上，都是第一功臣，而因太平军崛起的三大元勋——曾国藩、左宗棠、李鸿章，能够功成名就，多少与郭嵩焘有关。③ 他虽不在咸同将相之列，但他帮助了三大将相的成功，可说是幕后的英雄。

---

① 　见《郭嵩焘日记》，册一，页84。
② 　同上，册一，页93—94
③ 　参阅郭嵩焘，《玉池老人自叙》，页6—7。

第五章 郭翰林在北京

初入翰林院

郭嵩焘于咸丰六年八月二十三日（1856 年 9 月 21 日）回到湘阴老家。此时他从好友王鑫的书函中得知，太平天国诸王在南京发生严重的内乱，但政府军（包括曾国藩的湘军在内）战况仍甚不利。[①] 其所以如此，龚孝拱（龚自珍之子）在致郭嵩焘函中已说得很明白："以无数无法之士，与彼威劫好乱之民角；又以饷绌例拘之将，与彼亡命横行之贼角，终恐上无裨国，下不酬知。"郭以为特有见地，乃录在日记之中。[②]

郭嵩焘回家后，曾于咸丰七年（1857）五月赴湘乡，吊曾国藩的父丧，与国藩相聚数日，并告将赴京供职事[③]，显然，他不再回国藩之营了。此时他虽对曾氏治军有点失去信心，不过并非因此而告别曾幕。最主要的还是他决心北上。他

---

① 《郭嵩焘日记》，册一，页96；《郭嵩焘先生年谱》，上册，页116—117。
② 见《郭嵩焘日记》，册一，页120。
③ 见《曾文正公书札》，卷六，页14—15。

既然获得翰林院的编修，能不动心赴任？何况他的经济情况日趋窘困，赴京的旅费还是他的丁酉同年赵焕联借给他的。很可能因资斧缺乏，所以迟迟其行，一直到十一月才离开湖南，他的妻子陈夫人因病不能同行。他取道河南开封北上，于十二月十八日到达北京，住在善化会馆，阳历已是 1858 年的 2 月 1 日了。①

　　翰林院位于东长安门外，玉河西岸，与詹事府东西相对。院署的大门朝北，有正堂三间，堂内挂着康熙皇帝写的"道德仁艺"横额，正中间是大学士、侍读学士以及侍讲学士的办公室；左边是史官堂，右边则为讲读堂；左廊围门内为状元厅，右廊围门内有纪念韩愈的昌黎祠，朝南；另一朝北的祠是土谷祠。正堂后面为穿堂，左边是待诏厅，右边为典簿厅，后面是"后堂"，朝南。堂中间设有宝座与御屏，皇帝驾临时就坐在这里。后堂有东屋与西屋，都是书库。院子里有敬一亭，左为柯亭，右为刘井。自刘井向东有清秘堂，乃是皇帝来时换衣服的地方，堂前为瀛洲亭，亭下方池叫凤凰池，池的南边有宝善亭，堂后有乐轩。自柯亭向西建有先师祠，祠南为西斋房，乾隆时编四库曾校书于此，再向南有原心亭。②

　　敬一亭、柯亭、刘井等都初建于明朝嘉靖年间。郭嵩焘所见如下：

---

① 参阅《郭嵩焘先生年谱》，册一，页 121—122。
② 参阅《钦定日下旧闻考》，册二，页 1053—1060。

翰林院后敬一亭，院内左为柯亭，右为刘井。按柯潜字竹岩，刘定之字文安，并翰林院学士，明嘉靖时所建。柯潜于院后结清风亭，凿池莳莲，决渠引泉，公退偃坐其中，翛然若真登瀛洲者。又有柏二株，曰柯学士柏。廖道南叹曰："风流遗泽，令人永矢弗谖。"今亭稍存其名，非旧址也，唯刘井当系刘文安手凿之井耳。清秘堂前为瀛洲亭，亭下方池为凤凰池。池南为宝善亭，高宗赐贮《古今图书集成》一部。①

北京的翰林院初建于元代，明代有较大变更。郭嵩焘所见的柯亭或非原址，但据其描述，明清两代的翰林院似乎变化并不很大。

清代翰林院的编制如下：翰林院掌院学士，满汉各一人；侍读、侍讲学士，以及侍读、侍讲，满汉各三人；修撰、编修、检讨无定员；典簿、孔目、待诏，满汉各二人；笔帖式，满洲四十人，汉军四人，掌满汉文翻译之职。② 郭嵩焘只是无定额的编修之一，享有翰林的清誉，而并无繁重的实际工作，他有足够的闲暇读书、治学，以及访友聚谈，免不了也常常跑琉璃厂看书观画。

琉璃厂在正阳门外之西，乾隆以后，渐渐成为闹市，而在那里经商的，以书铺为多，古玩、字画、文具、笺纸等次之，很少其他的商品；积久而成为一文化中心，为文人雅士所爱的

① 《郭嵩焘日记》，册一，页167—168。
② 见《大清会典》。参阅《钦定日下旧闻考》，册二，页1055。

游观之地，有的学者，如清初的王士禎干脆就住在那里。徐嘉有诗曰："琉璃厂久四驰名，若遇春闱货倍精。字画名人书旧版，观来各自请公评。"① 可略见书市的景象。

郭嵩焘常访的琉璃厂书肆有尊古斋、文贵堂、师竹斋、典古斋、集古斋、蕴真斋、韫珍斋等。尊古斋后来改名为通古斋，为一享有盛名的古玩铺，民国以后仍然存在，并刊有尊古斋书籍。② 郭翰林到琉璃厂访搜书画，多在观赏消遣，并不是为了治学的需要；因他虽有余暇，却忙于应酬。京师士大夫很多，交往者之中还有不少达官贵人，招饮邀宴几乎日日有之。他的友人申甫曾说："京师酬应有极乐处，亦有极苦处，要视气味之合与不合而已。"③ 与谈得来的朋友吃饭聊天，固是乐事，但官场来往，为不得罪人，也须敷衍面目可憎者，并与言语无味的人相周旋。

京师气象

郭氏在京师交往中，很容易看到败坏的风气，再由于旗民生计日困，内城盗贼横行，京师的治安也不好。④ 他在三月十一日复曾国藩的信中，曾提到"京师气象凋耗，而相与掩饰为欢，酒食宴会，转胜往时"⑤。他新从战地至京师，更觉上

---

① 引自孙殿起辑，《琉璃厂小志》，页78。
② 见《琉璃厂小志》，页187—188。
③ 《郭嵩焘日记》，册一，页174。
④ 参阅《郭嵩焘日记》，册一，页194。
⑤ 见《陶风楼藏名贤手札》，册二，页528。

下恬嬉之难以理解，因当时正逢内乱外患交迫，而都中人士竟似不知都外的兵荒马乱。之所以如此，他觉得由于上下太隔，不能同气相求，更由于吏道废弛，造成占大多数的不肖官吏，朋比结党，为非作歹；加之捐官普遍，仕途因而污杂，而占少数的循吏、贤吏，任劳任怨，反而招忌惹祸，以至于采取模棱含混、不肯得罪人的态度。

更可悲的是，处此极大变动的时代，士大夫大多无识，对洋务茫然无知，乱唱高调，或随声附和。他曾说："京师浮言最甚。然浮言之起，由士大夫之无识！"① 他身处衰乱季世，不免向往康乾盛况，曾三次梦见康熙皇帝，自谓"思慕所结，通之梦寐，自信非偶然也"②。所谓日有所思，夜有所梦。进一步说，所呈现的梦境，有它盘根错节的情结，其下意识的情结，显然在向往像康熙、乾隆那样的圣君明主，"神武英断""美恶是非，鉴别分明"③，以满足他希望国家强大的爱国情怀。他内心中被压制的壮志，可隐约见之于十月十七日晚上的另一梦境，他梦见自己坐在大泽之中，吹笳赋诗，甚是慷慨叱咤。醒来后写了一首诗以记之：

> 八驼九骆风扬沙，沙上人烟家复家。
> 万国车书大朝会，清晨吹角夜吹笳。④

---

① 《郭嵩焘日记》，册一，页145—179。
② 郭嵩焘，《玉池老人自叙》，页38。
③ 同上，页37。另参阅《郭嵩焘日记》，册一，页175。
④ 《郭嵩焘日记》，册一，页179。

初睹圣颜

郭嵩焘当了半年多的翰林之后，于咸丰八年七月十五日（1858年8月23日），被招往翁邃庵相国的官邸，告知已保举他到南书房工作。邃庵是翁心存的别号，心存在道光时已为重臣，当过内阁学士，工部、刑部、兵部、吏部尚书。咸丰六年任国史馆总裁兼翰林院掌院学士，八年又任上书房的总师傅，可说是德高而望重。① 郭与翁"素不相闻"，非师非友，而翁居然保荐，使郭十分感愧，翁并相告他本人第一次到上书房工作及丁忧之后再度入上书房的经过，以及一些家居逸事，"语言纯实"，使郭大有亲切之感。他坐在翁宅客厅中，看到一副程春海所写，称誉翁氏的对联：

东海南溟选士造士；
三天六馆经师人师。②

翁心存大公无私举贤与能，自极有可能，但亦很可能由于权臣肃顺极力推重楚贤，皇帝授意他的总师傅保举。总之，被保举之后，就是应试与召见，地点是在北京西郊的圆明园，因

---

① 《清史稿》有传。另参阅李元度，《国朝先正事略》，卷二五，页15—16。
② 《郭嵩焘日记》，册一，页140。按程春海名恩泽，字云芬，安徽人，嘉庆进士，翰林院编修，精书画，尤擅篆体，此联应由篆体书写。

咸丰喜爱园居，一年中大部分时间住在那边。七月十八日，郭嵩焘与同往应试的章鋆（采南）、杨泗孙（宾石）、景其濬（剑泉）、黄钰（孝侯）赴圆明园，住在扇子河的吉升堂，"屋极清洁，前后皆纱棂，花木掩映"，晚上还去拜访师友、聊天。①

翌晨八时后去应试，进入圆明园的大宫门，有人迎接，然后循桥进入"出入贤良门"东端的奏事门，由南书房的太监领路，向左到勤政殿的苑门外，南书房就在再向东走的一苑内。他们五人一起进入朝南有三根柱子宽的南书房，每一间房都有两架书，唯有右边的一间有桌椅，五个人同在一室中应考，主试者是柏中堂（即后来因顺天乡试舞弊案被斩首的主考官大学士柏葰），另有监考官四人。试题封套长五寸多，封面有朱笔花押，封内白折一开，赋题是"拟唐王勃《九成宫东台山池赋》，以花鸟萦红蘋鱼漾碧为韵"，诗题是"赋得明月前身，得身字，五言八韵"，试题也由红笔书写。考完后，监考官捧交试卷给主考官拆阅。中午十二点多钟，应考五人接受皇帝赏赐的奶茶、奶油饼，又有人为他们准备了好几样面食，饱食之余，下午六时才回寓所。②

七月二十二日再往圆明园，仍住吉升堂，预备陛见。次日早晨八时，进入如意门，到北朝房小憩，书房内两个太监出来请郭嵩焘等候"叫起"（皇帝召见旨下，进入奏事门谓之叫

---

① 《郭嵩焘日记》，册一，页142。
② 同上，册一，页142。

起）。等了一个多小时后，一个周姓太监出示叫起的名单，这天上午一共有五起。叫起时，郭嵩焘进入勤政殿苑门外，由两个穿着十分考究的太监引入殿后的朝房，指示跪拜之处。大约十点多钟，再进入东苑门，走过长廊，转过殿角向北走，太监二人掀帘引入，俯身以手指地，郭嵩焘跪下后，两个太监即离去。

咸丰皇帝当时二十八岁，注视四十岁的郭嵩焘好一会儿，才开始问话。首先问郭是湖南哪一府人，可见皇帝事前已知道他是湖南人，肃顺向咸丰推荐湖南人郭嵩焘的可能性很大。问过出身与年龄后，咸丰皇帝最感兴趣的是这位书生在江西与湖北带兵打仗的事，并问及曾国藩、江忠源、罗泽南等人，可略知他关注的是内乱，并未问及外夷的问题。陛见完毕后，回到吉升堂等消息，下午四时，上谕颁下，仅着黄钰与杨泗孙两人到南书房行走。①

郭嵩焘此次没能入南书房，因他的赋与诗没有黄、杨两人做得好，他在日记上提到其他几人都能背诵王勃《九成宫东台山池赋》的全文，所以能仿原体书写，而言下之意他记不得全文，当然写不好。不过，他对这次召见仍甚满意，尤其是与皇帝对话时，两廊以上没有其他的人，以便"畅所欲言，无所避忌"②。但皇帝的问话有限，他并未"尽所欲言"，而第一次见皇帝，还摸不清"龙心"，未必敢"无所避忌"。几天

---

① 　《郭嵩焘日记》，册一，页144—145。
② 　同上，册一，页145。

后，朋友问他召对时是否感到紧张，他说若不把富贵功名放在心上，有一段慎独的功夫，就会"据实陈奏"，不会感到紧张。①

乡试弊案

他继续在翰林院供职，九月十日忽奉命到户部朝房，与其他七人共同磨勘这一年的顺天乡试朱墨卷。磨勘就是复查试卷。这一查卷引发了轰动一时的戊午科场大狱。先是袁笋陔（即九月十日到户部查卷的八人之一）勘出第七名平龄一卷，平龄原是一胸无点墨的荡子，居然高中第七名。郭嵩焘勘出第一百四十一名阎镜塘一卷，皆交部议。而后御史孟传金上奏，参劾犯场规的四种情况：（一）主考官施压令同考官呈荐某人；（二）同考官央求主考官录取某人；（三）主考官与同考官共同相互呈荐某人；（四）将已录取的卷子临时调换，并以朱墨不符的平龄一卷作为附参。咸丰皇帝闻之大怒，特命怡亲王、郑亲王、全庆、陈孚恩等会审。因而又查出同考官央求录取的罗鸿禩一卷，并将已录取的常顺一卷调换，又查出主考官派定录取的吴心鉴一卷。

十月初传讯罗鸿禩，罗原为刑部主事，供出曾托同乡兵部郎中李鹤龄以五百金打通主考官的房官（门房）浦安。浦安转托柏葰信任的家奴靳祥，靳祥乃调换试卷，使罗录取。但罗

---

① 同上，册一，页147。

卷错字多达三百，难以置信。据谓咸丰帝特召罗到南书房，另出试文题"不亦说乎"，诗题"鹦鹉前头不敢言"，令端华、肃顺监试，陈孚恩阅卷。结果诗文既谬又劣，因而所有中卷全部复勘，并下罗于刑部治罪。靳祥畏罪自杀，柏葰、浦安、罗鸿禩都处死，其他与此案有关或死或徙的还有十几人。后人记此事者，往往将大臣柏葰之死，归咎于肃顺以公报私怨，很可能冤枉了肃顺。这场考试舞弊案自因科场法规逐渐废弛的结果。

　　案发之前，贻赠关说已甚普遍。此案既发，暴露了国家取才以及公平竞争的大危机。郭嵩焘说皇帝震怒，是完全可以理解的。为了整饬纲纪，清廷是非严办不可的，主考官柏葰也就非死不可。若谓柏葰并不知情，并无说服力。其实，据郭嵩焘的消息，柏葰还曾指令景其濬特别呈荐旗人的卷子，可见他确已蔑视科场的尊严，并不能把责任完全推给家奴靳祥。[1] 唯事出之后，磨勘不免过头，以至挑剔纤微，令嵩焘感到"不以房校自幸"，曾国藩误以为郭曾任是科分校，其实他仅仅是磨勘试卷而已。[2]

再蒙召对

　　他除了磨勘试卷，在翰林院坐朝班外，可说是"一无所

① 参阅朱克敬，《雨窗消意录》，页114；金毓黻，《清史大纲》，页404—405；《郭嵩焘日记》，册一，页176—177。按清初有丁酉乡试大案，见孟森，《明清史论著集刊》，页391—433，株连尤广。
② 《郭嵩焘日记》，册一，页182—184；《郭嵩焘先生年谱》，上册，页126。

事"，却"忙乱如此"。忙乱的是应酬，所以他自觉"可笑可叹"，大有在京师投闲置散之感。直到十一月底，有一天晚上回家看钞报，才知道子鹤尚书推荐他与何秋涛（字愿航），奉朱笔命郭、何二人于十二月初二日预备召见。第二天，他就去见子鹤尚书，看到推荐他的陈奏之辞，极为揄扬。[①] 子鹤尚书不是别人，就是他在江西认识的陈孚恩，自入京之后，两人来往密切，时陈已为兵部尚书，与肃顺关系密切。

　　此次召对在紫禁城内，因正值岁暮，皇帝必须从圆明园回宫主持南郊以及新正等大典。十二月初二日（1859 年 1 月 5 日）一大早，他从东华门进入景运门，到达乾清门左边第九间房，坐候叫起。这一天一共有五起，十时正轮到他。进入乾清门，向右过月华门，到军机处的西室小坐，然后进入养心殿，殿上有两个御座，第二个御座后的墙上悬着"中正仁和"匾额，右边的房子有两个套间。两个太监引领他进入最里面的一间，俯身以手指地，他即会意跪下。咸丰皇帝仍然问他在军营的事，特别问他有没有打过仗，他回答说"督过二次阵"。然后问他"天下大局宜如何办理"，这一问，原可借机大展抱负，陈述一己的见解，但事前推荐他的陈孚恩曾告诫他说话小心。他虽不以为然，毕竟还是小心谨慎，只回答收拾残局要靠将帅与督抚互相配合。当皇帝再追问"究竟从何处下手"，他以"讲求吏治为本"作为答案。吏治当然是一根本问题，但他说得很含蓄、较笼统，仅提及一些认真办事的人，如骆秉

---

① 参阅《郭嵩焘日记》，册一，页 196—200。

章、胡林翼等，却不提不认真办事的人。他与何秋涛两人都是
较为通达洋务的人，何正在研究俄罗斯问题，他亦常与何谈论
之，并且注意到夷船在天津海外的活动，但他在召见时一字不
提洋务，更不要说在御前提出他对洋务一贯的看法："洋务一
办便了，必与言战，终无了期。"① 不免有憾。

　　从这次召对可略知，咸丰皇帝并不是一糊涂君主，他显露
出对大局真切的关怀，并能举出一些正在作战者的姓名，如罗
泽南、王鑫，甚至刘腾鸿，且想知道郭嵩焘对这些人的印象与
评价。据金息侯《四朝佚闻》记载，曾国藩曾密奏平乱策略，
咸丰帝取一地图在江宁四围画一红圈，又连江、浙、皖、赣诸
省，加一大圈，再于鲁、豫等省画一圈，川、黔等省画一圈，
陕、甘等省画一圈，最后于全图四周再勾一大圈，密寄国藩。
国藩得图，与亲信密议道：江宁之圈，意在长图，自不待言。
江皖之圈，意指防外援以绝内窜，甚是明显。鲁川各圈，意在
分割敌势，也可理解。但全国一大圈，不知何意？乃将可解未
解上奏请示，朱批下来说，全国一大圈乃指整个国防。显然是
要先平内乱，然后整顿全国国防，以御外侮。② 然则，咸丰帝
固有整个战略在胸，以后为筹国防的自强运动亦其来有自——
曾国藩曾将此事亲口告诉金息侯的父亲，息侯并获得此图，应
非传闻的虚言，可惜的是，内乱未平，却先有英法联军之役。

---

① 参阅《郭嵩焘日记》，册一，页 201—202、187—188。
② 见黄濬，《花随人圣庵摭忆全编》，上册，页 7—8。

入值南书房

初二日召对之后，当天有旨下来："翰林院编修郭嵩焘着
在南书房行走，钦此！"是夕郭即写谢恩折，请友人黄晓岱缮
正以便上呈。第二天一早，即到乾清门外去递谢恩折。天亮
后，苏拉出来相告，今日将召见四起，郭在其内。于是乃随太
监到南书房小坐，再到军机房坐候，而后入养心殿西暖阁见到
皇帝，脱帽谢恩。咸丰帝立即告诉他，要他到南书房供职，不
再办笔墨，将来仍然要他出办军务。皇帝居然说："文章小
技，能与不能，无足轻重，实事却要紧！"俨然经世派的口
吻。又问到左宗棠，郭乃大力维护推荐，说是"左宗棠才尽
大，无不了之事；人品尤端正，所以人皆服他"。郭曾将这一
段对话录下寄给左宗棠看。左氏的飞黄腾达，郭氏多少有功。
皇帝又要郭常与僧格林沁谈谈军务，彼此不妨多多印证，并说
郭与僧平行，"不是随同效用，不要认错此意"！还说："汝有
所知，尽可直言无隐，不须存顾畏之意。"郭回答说："知道
一分说一分，断不敢有所避忌。"[1] 只是郭在南书房供职不到
两个月，就随同僧格林沁到天津，没有足够的时间尽言。

南书房又称南斋，乃是内臣词臣上班的地方，在南书房行
走的也就是皇帝的秘书或顾问。从初四日起，郭嵩焘就到南书
房上班，亦称"入直"。十二月十八日，咸丰帝颁下黄绢，要

---

[1]   参阅《郭嵩焘日记》，册一，页 202—204。

郭嵩焘为毓庆宫的殿壁写一幅大字，他写了一首唐诗，是张说的七律："禁林艳裔发青阳，春望逍遥出画堂。雨洗亭皋千亩绿，风吹梅李一园香。鹤飞不去随青管，鱼跃翻来入彩航。宸（睿）赏欢承天保定，遒文更睹日重光。"① 有时亦磨勘各省试卷，其他时间则从容观览图书。当时南书房兼管武英殿图书，使他可以尽情阅览内府的珍奇书画，自称"生平至幸"②。在皇帝左右办事，亦因而常得到皇帝的赏赐。如十二月十六日得赏福字一份；二十三日得赏全羊一只，野鸡五只，爨面四筒；二十七日又赏衣服手巾等。③ 如逢庆节大典，则随驾在列。咸丰九年（1859）的大年初一，郭嵩焘就与众齐集于太和门内，皇帝升殿，众官排班跪候，行三跪九叩礼。④ 皇帝要到圆明园去，军机、南书房、内务府都须有人先至迎候。郭嵩焘在正月十六日清晨两点多钟就到圆明园迎驾，恭迎咸丰皇帝在五大臣的扈驾之下，乘舆入园。⑤

　　咸丰八年（1858）是清廷内忧外患甚厉的一年，在南方与太平军的作战，时闻失利；在沿海则列强紧迫索求，威胁津沽。十二月初六日，郭嵩焘上班时，僧格林沁来访，谈到练兵、筹饷、制器械三事，要求提供意见。第二天，肃顺以及好几个亲王召见郭，商谈的则是俄国人要求换约的事。⑥ 过了农

①　见《郭嵩焘日记》，册一，页208。
②　同上，册一，页206。
③　同上，册一，页209。
④　同上，册一，页210。
⑤　同上，册一，页213。
⑥　同上，册一，页205。

历年，大年初四，郭入值时，内监说僧王曾两次来探问，希望一晤。郭即到月华门相见，僧氏出示酌定兵饷的一个奏折，谓出端禧手笔，并告郭将于正月二十六日回津，希望郭与端禧同往。翌日，僧格林沁果然奏请郭为同行的文武官员之一，得旨依议。初六日，郭氏即至火器营议事。此事既定，郭又将准备行装。①

郭嵩焘此来京师仅满一年，入值南书房还不满两个月。就他个人前程而言，离京颇为不利，何况到天津去，原知是苦差事。但他自有一番抱负，自称"天津之役，断不敢怀趋避"②。当时他不会想到不能与贤而勇的僧王相处，远在南方的曾国藩听到僧、郭合作，亦抱极大的希望，不禁喜悦溢于言表。③

---

① 参阅《郭嵩焘日记》，册一，页211—212。
② 同上，册一，页212。
③ 参阅《曾文正公书札》，卷八，页3—4。

第六章　巡访津沽鲁东

津沽防务

郭嵩焘赴天津，是为了参赞僧格林沁津沽防务。事前咸丰帝于召见时，已与郭语及。及僧王到京，立即访郭，谅必希望皇帝身边懂军务者，做他的顾问；咸丰首肯，当然是希望郭再多练习军务。郭氏虽明知是苦差事，只能义不容辞。

津沽防务紧张，因英、法、俄、美诸国，步步逼请修约，并要求赴京换约。咸丰八年四月，英人曾突击大沽，直逼天津，僧格林沁视师通州，并遣大学士桂良等议和。至六月，英、法、美三国兵轮始退，七月僧王移军海口，修筑大沽、北塘等炮台。然而清廷虽退让，心犹未甘，而士大夫更有激愤之词，作处士之横议。于是政府举棋不定，剿抚两难。郭嵩焘留京一年，早已洞若观火。他对夷情早有所了解，知道大势之所趋，故于不切实际的高调，最为反感。因而他极力反战，认为"战无了局"，也就是说打仗解决不了问题，且对中国有害而无利。他认为在那种情况下，唯有尽量了解洋人，以理与诚相折冲，以求和平共存，才是上策。但他这种论调，在慷慨激昂的时论中，不仅是一种不受欢迎的异端，而且易被视为怯懦，甚至是一种投降主义。他的好友兵部尚书陈孚恩就曾规劝过他，不要发不讨好的议论，于事无补而与己有损。① 但他总难以随众士诺诺，时而忍不住要作一士之谔谔。就在前往天津的前夕，他向咸丰皇帝奏陈了他对海防以及办理夷务的意见。

　　他于咸丰九年正月二十四日（1859 年 2 月 26 日）的奏章中明确指出，对夷人宜主抚，不宜主剿，因"夷船沿海侵扰，所驾火轮日行数十里"，根本无法堵剿，是以必须"筹数十年守御之计，非务防堵一时"；至于海防，中国的物力一时无法具有夷人的坚船利炮，只有尽快建立内江水师，建造内河战船，以"扼海口之冲，而补陆军之不及"②。同日他又上一奏片，强调欲制御远夷，"必务疏通其情"；要通晓夷情，必须"熟悉其语言文字"。他坦白指出：通市二百多年，交兵议款又二十余年，始终无一人能通达夷情，熟悉外国语言文字。所以他认为习知夷语以通夷情，乃是当前最切要之事。③ 此论实开设立同文馆的先声。

　　接着他又上一疏，即《请推陈致理之原疏》④。他于此疏中，直指当前政局的最大忧虑，乃是"上下之情太隔，名实

---

① 参阅郭嵩焘，《玉池老人自叙》，页 10。另参阅《咸丰朝筹办夷务始末》，卷二二，页 23；卷二四，页 16—19。
② 见《四国新档》，英国档下，页 854—855。
③ 同上，页 855。
④ 见《道咸同光四朝奏议》，册三，页 1260—1263。

之数太涌，欺罔之风，成为积习"①。朝廷依赖军机大臣召对时事，但他们大都陪位委蛇，"无兼营之智，而多贻误之举"，于是人人"相与囫囵迁就，以为和衷"②，把一切事情都推给皇帝去作决定。换言之，皇帝没有可以"倚畀信任"的大臣。所以，他希望皇帝责令大臣"直摅意见"，使人才思奋。再说内乱遍地，都由于"吏治隳坏"，所以要察吏安民，必须切实"整饬吏治"，"吏治不清，虽日克一城、日破一贼无益"③，必须先要弭除祸乱之源，才能激励人心。他希望皇帝振兴于上，求"自强之术"，去耳目之蔽，除长年的积习。最后，他以极具感性的语调说：承皇帝的特达之知，得以在南书房行走，追随左右，今将前往天津参与戎幕，"荷戈从征"的前夕，"瞻望天颜，倍增依恋"④！

　　咸丰皇帝看了此一奏疏，于郭嵩焘行前，即正月二十四日，又在圆明园召见他。本来前一日（正月二十三日），皇帝就想见他，因他不在园内，虽于当晚赶返圆明园，已不及陛见，遂于翌晨承召。此日召见共七人，郭嵩焘是第四起，在园中勤政殿里的东暖阁相见。皇帝问他是否于二十六日与僧格林沁同去天津，到天津后将办何事。他答道将与僧王同行，并听从僧办事。皇帝遂说，所建议的有关造船事宜，非旦夕可成，要慢慢进行。郭回答此本是长久之计，外国人既然从水里来，

---

① 见《道咸同光四朝奏议》，册三，页1261。
② 同上，册三，页1261。
③ 同上，册三，页1262。
④ 同上，册三，页1263。

我们也必须从水里防备他们。然后皇帝说，若奏疏不能畅所欲言，可以"尽情陈说，不必隐讳"。可见皇帝已感觉到郭氏奏疏中的真切之情，郭就更进一步陈说"通下情"的重要，说："王大臣去百姓太远，事事隔绝，于民情军情委曲不能尽知，如何处分恰当？"他更直陈，希望朝廷之上，认真追求实际，以至天下从风。换言之，他要求皇帝定出一个明确的要求或政策，建立一个榜样使"人人晓得朝廷的志向"，积久成风，气象自然会一新。皇帝甚以为然，亲切地问他："在园是否住在翰林花园？"他回答翰林花园已住满，所以住在朋友家里。皇帝又问他："汝到天津，携带家人几个？"他回答："带家人三个。"然后皇帝欠身，他徐徐起身，退三四步后，又跪下说："臣郭嵩焘叩请皇上圣躬万安！"皇帝含笑点头，他才慢慢退出。

当晚朋友饯行，又去见僧格林沁与肃顺。回到京城寓所已是深夜，但是宾客云集，使他"极苦疲倦"①。来送行的人，热情可嘉，但使他回家后仍不得好好休息。

第二天正月二十五日，整理并检点行李，均在一日之内完成。二十六日下午冒着小雨出京，同行者有僧格林沁与瑞秋帆，到通州过夜，郭嵩焘曾到街上买两个烧饼消夜。②

僧、郭一行于二十八日夜深才到天津北关，再渡过南运河，就进入天津城。一进城内，就风闻英夷的"桀骜不驯"。

---

① 参阅《郭嵩焘日记》，册一，页214—215。
② 同上，册一，页215—216。

再行三十五里才到达僧格林沁的营地——双港①。

大沽告捷

　　僧格林沁一心主战，所以积极经营炮台，布置海防。郭嵩焘亦因而随同僧到处看炮台，观看演习，视察防务。② 不过，此时朝廷有心求和，所以不仅续了条约，而且允许进京换约。但由于惧外以及对外国人的不信任，和议难成定局，形成一种和战不定的局面。郭嵩焘于二月初一日与僧格林沁幕僚们夜谈时，就直言自去年以来，朝廷内外就无主见，只是"临时商议，参差反复，愈办愈坏"，所以今日之事必须商量出一个主意，然后去告诉夷人，到底是要战还是要和；做出作战的决定后，要想到不幸战败后，如何收拾，如何作持久之计，要有通盘筹算，再斟酌出一个定案，请朝廷批准施行；但是至今"朝廷议和议战，皆务为尝试而已，任事者亦贸贸焉与之为尝试；以事度之，胜败两无所可，理势俱穷"。他更指出今日的外夷之患，为亘古所无，作决策者岂能轻易欺诳？③ 他这一番话，说得十分露骨，切实批评了朝廷之举棋不定，批评决策者拿不出一个具体方案，让朝廷去做决定，以致只能走一步算一步。事后看来，不能不佩服郭嵩焘的远见，英法联军之祸，正是朝廷和战不定所造成。

---

① 参阅《郭嵩焘日记》，册一，页216。
② 同上，册一，页217—246。
③ 同上，册一，页217—218。

郭嵩焘虽坚持"战无了局"的看法，但于海口防务仍然十分认真办理，不辞辛苦，到各处去督察。他看到现有的炮台高数丈而离水面太近，无法轰击来犯的船只。① 他知道僧不同意他造船的建议，只想增添炮台，但他认为炮台必须有足够的兵力去防守，认为"炮台可不必添，守炮台之兵却须添"②，对于僧格林沁的布防，颇有异议。他也不同意僧用木筏拦江的做法，不久木筏果然遭风浪排簸而破损。③ 于是僧又要筹制铁柱数十根，植立河口，以防阻夷船进入。④ 僧一意孤行，郭的异议不起任何作用。

三月初八日（1859 年 4 月 10 日）怡亲王载垣到达双港营地，郭嵩焘陪同跪安觐见后，始知在上海的谈判已经结束，入京换约事始终不能改变对方的意志，也只好接受。但是怡亲王说，假如夷人入口不依规矩，仍可悄悄击之，只说是乡勇所为。这一番话最可见清廷对夷人的不信任，以及做事不敢承担的表现。郭嵩焘听后大不以为然，回答说："凡事须要名正言顺，须缓缓商之。"此乃婉转的不同意之词，怡亲王的反应是"愦愦可笑"⑤。可笑的，当然是笑郭嵩焘的书生呆气。愦愦是昏昏状，也就是笑得十分不自然。但是证诸后来夷人以中国不讲信义，拒绝再谈而长驱直捣京师，益见郭氏力主与夷人交涉

---

① 参阅《郭嵩焘日记》，册一，页 217。
② 同上，册一，页 222。
③ 同上，册一，页 231。
④ 同上，册一，页 232。
⑤ 同上，册一，页 233。

要讲理，须名正言顺，并非一厢情愿的空谈，是有他的道理的。

　　既已无法阻止夷人入京换约，僧格林沁乃极力交涉，要求夷人由北塘入口，绕道天津，再由水陆经通州入京。因"大沽海口布置均已周密"，"不可令其窥伺"①。此自有理，美国公使华若翰即由北塘转天津入京。但英国人不肯绕道北塘，坚持由大沽口入，并要拆除拦江障碍，不听照会，开炮相击，并派步兵登岸。英军统帅布鲁士（Bruce）没想到大沽工事已大大增强，清军开炮还击，英舰四沉六伤，仅一艘逃出，登岸的英兵数百人，亦被僧格林沁所率的马队击杀，并生擒二人。清军虽亦有伤亡，但毕竟是一罕见的大捷。②

　　一战而胜之后，清廷大事奖赏，先赏白银五千两，然后赐僧格林沁御用珍服。③ 郭嵩焘亦因协防天津海防有功，得赏花翎。时论当然更为此一难得的胜仗而振奋，即远在南方的曾国藩，于复郭嵩焘信中，亦难掩兴奋之情："五月二十五日之战，自庚子、辛丑夷务初起后，至是始一大创之，中外人心为之大快，惜来缄叙战事太略！"④ 郭缄之所以"叙战事太略"，正因他对此次战事的感受有异于常人，他是忧多于喜的。他一直认为战无了局，虽打了一次胜仗，并不能解决问题，还可能

---

① 见《咸丰朝筹办夷务始末》，卷三六，页17，僧署文煜奏。
② 《咸丰朝筹办夷务始末》，卷三八，页40—45。《郭嵩焘日记》适缺本年五月至八月份，是以不知郭在此战时期的亲身经历。
③ 见《清史稿》，册四，页754。
④ 见《曾文正公书札》，卷八，页35—36。

后患无穷。僧格林沁就于战胜之余不仅信心大增，而且日益骄横，郭嵩焘看在眼里，怎能不更加忧心？

五月大沽之捷后，郭嵩焘曾至北塘商议美使华若翰进京换约事宜，遂即亲携僧格林沁的奏折入京密陈。此非捷报，捷报早已上了好几通，此乃对下一步应对措施的建议。僧折说目前的夷情："较之上年颇为驯顺，未尝非慑我兵威之故，趁此机会，正当力求控御之方，申明大义，振起国威；此机一失，后难复得。"① 并警告从北塘入京的米（美）夷与俄夷，"入京后必将铺张英、佛（法）两国强悍情形，大言恐吓，代为要挟，该二夷借此渔利，若仍一味迁就，益将轻视中国"，是以僧格林沁建议停止由事事俯就的桂良议和，另"派有胆有识大臣，帮同妥为办理，务要词严义正，折服其心"。僧王并建议朝廷，将嗼（英）咈（法）历年狂悖情形，宣示中外，"该夷如知愧悔，中国不为已甚，仍准和好。倘执迷不悟，即绝其通商，该夷唯利是图，或可就抚"。又说，"嗼（英）咈（法）二夷挫败后，意图报复，势所必然；然越七万里滋扰中国，非处万全，必不肯轻动"。最后称道郭嵩焘的襄助之功："编修郭嵩焘自到防以来，随同奴才布置一切，昼夜辛勤，于剿抚各事宜均为熟悉。"②

僧格林沁此折由郭嵩焘亲自送呈，郭氏或参与了一些意见，但此折不可能出于郭手，除了"唯当论其是非曲直，相

---

① 见《咸丰朝筹办夷务始末》，卷四〇，页18。
② 见《咸丰朝筹办夷务始末》，卷四〇，页18—19。

机应变，不激不随，以求理胜，使诸夷怀德畏威，永思和好"一段话，近似郭之语气外，全折的主要内容，实与郭之所见相扞格。一战而胜，"剿"气转盛，仍然是剿抚并用，也就是和战不定。由于大沽之捷，使和议更难，因中国因胜而难屈，夷人则不因挫败而罢休。郭固难以强加己意于僧王，郭之低调事实上也不会有人理会。大捷之余，谁愿意听低调呢？

郭嵩焘携折入京密陈，只是奉命办事，咸丰皇帝当然是立即召见。[①] 从上谕可知，郭在皇帝面前也没有在大捷之后"浇冷水"，以致有"该大臣于议剿既有把握，则抚局自不至迁就"[②] 之语。换言之，战既有把握，就不必屈和。但事实上，战并无真正的把握，以至于再求屈和而不可得。

战无了局

郭嵩焘自五月回京后，停留到七八月间才回天津僧幕。既然英夷于挫败之后，很可能前来报复，津沽防务自然更须紧迫。但是在防务上，僧、郭之间发生了严重的歧见。在战术方面，僧拟撤北塘之防，以引敌深入而歼之，但郭不以为然。后来，果然北塘一失，津沽随之而陷。在战略方面，郭仍持"战无了局"的主张，自难入僧王之耳。郭晚年在自叙中更明确道出与僧王之不和，有谓：

① 《郭嵩焘日记》是年缺数月，故此召见应对实况，不得而知。
② 参阅《咸丰朝筹办夷务始末》，卷四〇，页19—20。

　　僧亲王办理天津海防回京度岁，一日在朝房就询嵩焘："东豫捻匪，天津海防，二者办理孰宜？"答言："捻匪腹心之患，办理一日，有一日之功。洋人以通商为义，当讲求应付之方，不当与称兵，海防无功可言，无效可纪，不宜任。"僧邸默然。其后至天津，有所匡益，必蒙驳斥，至于上说帖一十有七次，大致以为今时意在狙击，苟欲击之，必先自循理；循理而胜，保无后患，循理而败，亦不至于有悔，为书数策，终不能用。①

　　他明言捻乱与洋人两者性质不同，内乱必须用兵平定，别无选择，而洋人通商之局已成，无可言战；所谓"海防无功"云云，乃即战无了局之意。然而僧王却以为洋人与捻匪一样可以剿平，而且轻视洋兵，有云："洋兵伎俩，我所深知，彼何足惧哉！"② 这种心态又安能用郭氏之策？不仅"不能用"，甚至因不同意见而引起僧王对郭的芥蒂，一直到许多年以后，僧才反悔，但已悔之晚矣。李鸿章不知真相，以为"贤王名士共运奇勋，中外交庆之"③。其实贤王与名士无论思想或性格绝不相同，几反目成仇！

---

① 见郭嵩焘，《玉池老人自叙》，页8。
② 据薛福成之记载，见氏撰《书科尔沁忠亲王大沽之役》，载《海外文编》，卷四。另见《英法联军史料》，页72。
③ 李鸿章致郭崑焘书，载《八贤手札》，页132。

查访税务

幸而不久郭嵩焘奉诏命离开天津，前往山东诸海口查办正杂厘税诸事，与僧分道扬镳。此一任命，很可能也与肃顺有关，因五、六月间郭在京师时，与肃顺颇有来往。肃顺当时是户部尚书，知郭颇能理财，曾征询意见，郭亦有所奉陈。今存两封上肃顺残笺中有云："海商课税，与变通盐法两事，曾为子鹤尚书（陈孚恩）言其略，僧邸问筹饷之术，亦以此告之。"① 他到山东去，正是要办理"海商课税"事，并兼察盐法、盐务，目的是要为国家开拓利源。

郭嵩焘于咸丰九年（1859）九月自天津赴山东。他取道陆路南下，经过盐山、庆云，进入山东省境，于九月二十八日到达信阳，再东行至滨州，渡过黄流漫漶的老黄河。他此行虽奉旨办事，号称钦差，却不惊动州县，也不常住公馆，费用自理，每天约费六七金。② 此在当时官场是绝无仅有之举。

他于十月初二日抵达潍县，顿感"山川气势颇雄敞"，认为"此行所过郡邑，无若潍县之开朗者"。绕县之东城渡白狼河，东行三十里至韩亭（寒亭），"市镇极大"。再往东北方向走四十里至玉庄，渡潍河。潍河离潍县已有七十里之遥，北经昌邑入海。东北的大豆与高粱即经由此河运入，郭氏查知邑令索取陋规，每斗八钱（一斗三十六升），这种现象极为普遍。

---

① 见黄濬，《花随人圣庵摭忆全编》，上册，页95。
② 《郭嵩焘日记》，册一，页248—249；另参阅页280。

他只听说昌邑县的县令卢文选是一贤官，"案无留牍，能爱民"，自谓："入山东境，初闻百姓之诵官贤也。"十月初三日，过胶莱北河，"河面颇宽，跨以石桥"，再经灰埠驿，渡白沙河，到达靠近莱州湾的莱州府，太守王鸿烈、郡守汪澄之等迎于道左。郭氏事前并未通知他们，是因郭在潍县换车时走漏了消息才赶来相迎。①

由莱州东行到招远县，再朝北到黄山馆驿过夜，沿途都是沙路，"车行甚滞"。初五日前往黄县县城，县令鲍瑞麟等迎于道左。"黄县以上则皆山路，不能通车"，改乘骡子夜行，一路"石径崎岖""寒气入骨"，甚是苦累。距登州府五里处，地方官曾逢年（镇军）、汪承镛（太守）、江继爽（大令）等均在路边迎迓，可说是"竟夜伺应"钦差大人，郭氏甚感歉然。②

十月初六日，郭嵩焘一早起身，骑马出城。登州郡城离海岸仅三里多，明朝时设有水城，以御倭寇。城西有炮台，城东有蓬莱阁。郭氏登阁，"俯临大海，大秦岛、小秦岛、南王秦岛、北王秦岛并列于前，东为长山岛，再东则庙岛，相距六十里，犹可望见。须臾，雨。海气迷漫，各岛并隐"③。这些列岛向北延伸，直至渤海海峡，与辽东半岛遥遥相望。郭氏除观览胜景外，很自然地注意到蓬莱八个港口，唯有天桥一口有粮

① 《郭嵩焘日记》，册一，页 250。
② 同上，册一，页 251—252。
③ 同上，册一，页 252。

船出入，县令亦于此征税。他还考察了防务，沿着海岸巡视。①

他离开登州后，续向东行，到福山，宿于宾阳书院。福山文风较盛，有不少乡绅。由福山渡过清洋河、大姑河，便至烟台。烟台有山斜折入海，有岛、山环抱，成为良港。即如郭嵩焘所说："海船收泊避风最便，故烟台一口，遂为商船之所辐辏。"② 烟台既为海舶云集的口岸，自为郭氏此行办事的一个重点。他会见地方官，以及地方绅士，考察实况，清查账簿，定下"税务章程"。他于十月初十记道：

连日访得实在情形，税局取税以三厘为率，每百金得银三两。县官七成，巡检二成，之罘（即芝罘山，靠渤海）汛外委一成。税银唯收买主，不收卖主。而闽广船停泊者，但通贸易，即缴船税，以船千石税大钱六（千）[十] 千为差（后又询知每船约银六十八两），此则官及差役并分之，不在税则之中者也。此间货物运南，豆、麦及豆油、豆饼之类，皆自关东来者。本地所出，米粉而已。凡货出入，并抽税。烟台向无行户，闽广船至，必投所相知者，乃揽以为客，为之代觅售主。买卖两边，各得行用二分。所谓私充行户、包揽把持者也。官商网利情形，略具于此。③

---

① 《郭嵩焘日记》，册一，页252。
② 同上，册一，页253—254。
③ 同上，册一，页254。

他所定"税务章程"的详细内容虽不得而知,其目的显然是要"祛官商网利",大大增加国家的税银。十月十三日,抵达山东半岛伸入黄海处的荣成,又探得"税局各种陋规",但当他查询时,"则皆匿不肯言"。第二天他就发出告示两道,"一晓谕添设厘局,一饬商民捐领牙帖"①。重头戏当然是十月十五日的正式开设厘局,他以蓬莱张作人(健封)太守与同年萧枏香(铭卣)二人总司局事,并以萧氏管银钱,另以杨荫园(成林)孝廉管总簿。他于批阅厘局各簿据,以及各海口收税总单之后,才继续登程。②

他自荣成西往,到达烟台东南的宁海州。州牧马金门接待他在牟平书院住宿(牟平是宁海的旧称)。宁海滨海,港口颇多,通海做生意的人自然不少。郭嵩焘考察港口的深浅、船舶的大小、货物的类别等等。他发现永兴港水深一丈五尺以上,港口又宽,可容较大的闽广船出入,但据报竟说没有闽广船出入。福山县余县令与宁海州马州牧都说未曾征收过洋药税和厘税,然而帮助郭氏办事的太守博彬如则呈报说这些税都曾征收,检查税簿则又无之。郭氏向马金门州牧追问,马说此乃博太守的谕令,而非实情,仍坚持无贩卖洋药之事,更不要说征税了。这种死不认账的作风,就郭氏所知,"外间办事,类如此也"③。其中当然有不可告人的污弊在。

---

① 《郭嵩焘日记》,册一,页255;参阅《玉池老人自叙》,页9。
② 同上,册一,页255—256。
③ 同上,册一,页256—257。

从宁海东往威海，山路险远，地亦荒僻，沿途没有可以投宿之处，乃借住私宅——王氏的敬胜轩。主人的祖父王永祜是乾隆举人。郭嵩焘看到一副于书佃所写的堂联"琴临秋水弹明月，酒就东山酌白云"，认为"尚有旧家风味"[①]，仍是尚未衰败的书香门第。在此险僻山区，居然也出书香门第，让郭嵩焘有了息脚之处。郭氏在往威海途中，见到不少盐滩。这些濒海地区虽然产盐，却无盐课，因场课已经归入地丁。郭氏深信"若得人经理之，皆利孔也"[②]。

洞悉利弊

他到达威海城时，文武各官震于钦差之名，一一出迎。文登县令许子孺（文禄）向他报告这一带课税情况，说是此间以渔业为大宗，每船运万斤以上则得课税十两，次则豆饼杂粮之类，从福建、广东运来的南货，并不上税。郭嵩焘认为"许君语言颇猾，恐不足信"。他当然不信，从闽广来的南货竟不上税。威海之外有刘公岛作为屏障，自是良港。他见到港里泊有大小船一百艘之多，其中还有"夷人夹板船四号"，两号泊港内，另两号泊刘公岛。[③] 他还观览威海形胜，以及附近的小港口。他站在海滩上，"远见长峰口，日已向暮，小雨如丝"[④]。随即冒雨夜行，向文登进发。因雨久不止，仆役苦之，

---

① 《郭嵩焘日记》，册一，页257。
② 同上，册一，页257。
③ 同上，册一，页257。
④ 同上，册一，页258。

乃在蓝家店一个村家临时投宿。主人姓丛，为郭氏设榻，"款待之意甚殷"。第二天早晨，丛氏还亲自煮面待客。俟雨停后，郭氏一行才上路。到文登后，在梁伯孚家打尖。伯孚是故山西巡抚梁心芳（萼菡）的犹子（侄子），家宅甚大，"屋极修洁"①。

郭嵩焘自文登复返荣成（今荣成湾附近）。当时的荣成位于山东半岛伸入黄海的尽头，三面环海，海口甚多，他一一视察，检点船只市肆，查阅税簿，筹设行户。他亲眼见到荣成巨富的王氏庄，"围墙绵亘，一望无极"②！如此巨富，显然是因商致富。郭氏本拟再循海岸南行，顺道一看靖海卫情况，但为了不增添文登县的负担，乃于十月二十三日改途回文登，宿于慎余堂。郭氏所见文登小城，既坚厚又高峻，规模亦甚整齐。③

郭嵩焘在文登住了一晚，又仆仆风尘，西渡母猪河，过怕山。谚云"雪不过怕山"，因大雪降此山后即融化，所以山虽高而不见积雪，为山东一名山。再渡宽广的黄良河（黄垒河），至南黄集投宿，再渡乳山河到达乳山寨。④

乳山因山形如乳而得名，山脉绵亘入海中，海水溢入，形成口狭内宽的港口。港中泊有船舶，两岸都有商店，西岸有税收局。郭嵩焘自东岸渡海到西岸，"风汹浪屳，如雷霆万鼓，

① 《郭嵩焘日记》，册一，页258。
② 同上，册一，页259；另参阅页260—261。
③ 同上，册一，页261。
④ 同上，册一，页262—263。

澎湃汹涌，风尤刚劲中人"。此为他自天津出发后，第一次渡海。到达西岸，等候行李由马驮运，自东岸绕至西岸，良久始至。然后沿着海岸西行，一路都是沙滩，到海阳后，投宿于赵氏的怀永堂。海阳县令姓黄，黄县令告诉郭嵩焘，当地的海税抽三分，以棉花、鱼、豆为大宗。从南方来的船只，做成交易，都先付海税，而后按照货物的多少，核缴各税。每船县衙门得二两，千总得二两，捕厅得一两，行店得一两，书办得五钱，门丁得五钱，海差及三小子以及行店小礼又大约得一两。凡卸货船只，都有此陋规。而且除此之外，尚有别种陋规。郭嵩焘在烟台时尚不知这样多的陋规，经亲自至各海口考察，始有此发现。①

　　十月二十七日，郭嵩焘继续西行。翌日，渡五龙河，到金家口检查税簿。该地进口货以棉花为大宗，纸、布次之，偶亦进大米，出口则仅豆饼、豆油二项，税甚轻微，但每船规费须银三两八钱，又收进口费银一两五钱，浮于抽税之数。他查得规费细目如下：县得三两八钱，捕厅得二钱八分，巡检得二钱五分，汛员得四钱，书办得八十文，海差得二百文。洋药税得一百七十五金，厘税未收。他也观察金家口海口的曲折，看到香岛、青岛、白马岛横蔽其南，东向有田横岛。他继续南下，过登窑口（即墨县南境尽处），到达青岛口（今青岛市）。青岛口与附近的女姑口都有税局。他还注意到各港口的旺季与闲季稍有不同，他见到"小车运载豆饼、花生上船，以数百两

---

① 《郭嵩焘日记》，册一，页263—264。

计，填塞街道"① 那种繁忙热闹的景象。

不久，郭嵩焘即北入即墨县城，宿于崂山书院，访得有声望的绅士三人，包括崂山书院的山长黄念昀。十一月初一日，向西进发，渡胶莱南河，到胶州，住在胶西书院。他对胶州牧蒋省庵（通）印象最佳，谓："此行所见州县，语言侃侃朴实，无若蒋牧者。"② 他照例访看税局，并至胶州湾北岸看水师营，观览船货市肆、水陆形势，同时不忘索取当地绅士名单，查阅当地盐志盐法。③

郭嵩焘在胶州停留数日后，于十一月初六继续西行，经高密，过百脉湖下游的五龙河（非莱阳之五龙河），到诸城县，宿于丁氏宝诒堂，并查看该县所辖进出口货物以及税务情况。再南下经过常山、桃林乡，到达信阳盐场，再往西行，便到日照。日照县令朱子湘（源）系进士出身，迎郭氏于王家滩。王家滩即日照县的八个海口之一。朱氏告诉郭氏，八口之中以夹仓口最宽，但因该处行户没有章程，海船不敢交易，贸易日稀；涛雒口铺户最多，主要因该处是盐场，成为海口大镇；龙汪口的海市最盛，因该口实与王家滩相通。④ 郭氏发现诸城、日照两县每年都上报豆饼税，但其他货物都系私征，并不上闻。当地的刘巡检告诉郭嵩焘，出口货物除豆饼外，概不抽税。花生、豆油、腌猪等项也全部无税。郭氏觉得其言不足尽

---

① 《郭嵩焘日记》，册一，页 265—266。
② 同上，册一，页 267。
③ 同上，册一，页 267—269。
④ 同上，册一，页 274—277。

据，又发现日照县令隐瞒各项规费。他于十一月十一日才回诸城县。此次山东之行，郭氏遍访各海口，搜寻调查，知其利源。将来派员在各口经理，据他的估计，每年至少可得税银两百余万。[①]

遭受攻讦

十三日再启程，涉潍水而西，北上安丘，见到李湘棻（云舫），相谈极不投机。湘棻是僧王的心腹，此来名为协助，实同监视。而此时郭所委派士绅设局抽厘一事，发生事故。福山县有聚众殴绅拆局风波。烟台厘局主事萧铭卣为郭之丁未同年，竟被殴致死。郭氏发现风波的幕后鼓动者，就是李湘棻，并忆及初赴鲁时，湘棻不肯偕行，及见郭氏开局收厘，乃"飞报僧王，以擅行开办奏参"。李湘棻借此毁局，使他两个月的辛苦跋涉，"忍苦耐寒，尽成一梦"[②]。郭在安丘即已收到福山县令陈寿元寄来李湘棻的一个文件。"一片诬枉之词，阅之使人气愤"。不过，他听说山东巡抚文煜（星岩）到烟台已二日，以为事情可以澄清，又"颇为之一快"[③]！

郭氏遂经青州、长山、章丘，于十一月二十一日到达省城济南。二十三日听说王闿运（壬秋）在附近，"即折柬邀之，纵谈至夜"，并相偕游大明湖，肩舆同出东城。又共访趵突

①　参阅《郭嵩焘日记》，册一，页277—279；《玉池老人自叙》，页9。
②　参阅郭嵩焘致曾国藩函，载《陶风楼藏名贤手札》，册二，页538—547；《玉池老人自叙》，页9—10。
③　见《郭嵩焘日记》，册一，页281。

泉，同登千佛山（又名历山）与龙洞山。①

　　郭嵩焘正与王闿运游玩得很高兴，不愉快的坏消息却接踵而至。他先于十一月二十八日收到僧格林沁一函，觉得"极可怪，当具文复之"②。"极可怪"，显然是僧王站在李湘棻的一边来指责他。十二月初四，山东巡抚文煜到济南，"与谈，为悲叹竟日，滔滔天下，吾安适哉"③，显然是文煜不仅无法为郭澄清，而且传达了僧格林沁对郭的极不谅解；更糟糕的是，文煜"以邸帅（僧）一咨，遂启反噬之心"。其他的人也见风辨色，又"同生背驰之意"，竟落井下石。他于"始悟外间办事之难"之余，发了这样的牢骚："李云舫（湘棻）倾险小人不足责，僧邸贤者，乃与云舫比附以倾我，于我何加损哉。吾道消息之机，徒增时事之慨而已。"④ 郭嵩焘又得知，李湘棻曾上文煜一条陈，并从文处索得一观，"语语侵及鄙人，而多为琐屑谬妄之词，以鸣得意，且称奉会商之旨，不敢缄默自全，小人之奸诡无耻如此"⑤。情见乎辞，其痛恨可知。郭请文煜将其辨状"会同拜发"，但文煜竟因怕得罪僧王，"故留难之"，故意延留时日。及十二月十日酉刻，上谕到达，由于僧之论劾，郭被交部议处。郭当然愤慨至极，"乃历陈数日情事，以诘中丞（文煜），中丞无以为对"；并"抄录正折

---

① 《郭嵩焘日记》，册一，页282—286。
② 同上，册一，页284。
③ 同上，册一，页286。
④ 同上，册一，页287。
⑤ 同上，页288。

一件，夹片三件，咨中丞备案"①。这是他努力办事之余的第一次重大挫折。

上谕既下，郭嵩焘犹如哑巴吃黄连，有苦难言，辩又何益？而当时不明是非的官场，除了表示同情与幸灾乐祸外，更无别种反应。郭当时难解僧王贤者，何以出此，后来才明白"僧邸深恶异己"。因郭在津以言力争，得罪了僧，而僧正因胜而骄，因胜而名重于世，得僧一劾，自无幸理。被僧弹劾，已甚霉气，且又不为时论所谅，即使好友如曾国藩也有所误解。郭有感而责备国藩："台端尚欲数罪萧君之一身，以扬贾相之波，甚哉事之曲直，理之是非，未易明也！"②

更令他难过的是，他花了两个月的时间，钩致二百余年的积习，可为国家课税二百万两，为此几跑遍山东沿海，走访每一海口，将他收集与见闻一一记录，拟定章程，资料汇集达七巨册之多，利弊情伪均在其中，如要整顿，实举手之劳，但他历尽艰辛，结果因僧王蜚语弹劾，"尽成一梦"，③ 不仅使他规划山东全局的计划，"溃败决裂"，而且殃及无辜。他在山东专心访求拔用有声望、有才干的士绅，反让诸绅横遭查询之祸，他的同年萧氏更因此丧身。他的"私心痛悼"，岂待言哉？他一心想替皇帝办事、为国家开利源的雄心壮志，竟因不知官场的险恶，成为泡影。他的失望与挫折感，久久不能释怀。

---

① 参阅《清文宗实录》，卷三〇二，页29。
② 参阅《陶风楼藏名贤手札》，册二，页546。
③ 郭嵩焘，《玉池老人自叙》，页9；郭仑焘，《萝华山馆遗集》，卷一，页14—15。

第七章　黯然南归惊闻国变

天恩独眷

　　郭嵩焘既受诏命议处，立即准备离开济南返京。十二月十四日与王闿运一起吃过饭后就动身，从郾城、禹城，渡老黄河，经德州、景州、交河、河间、鄚州、新城，于二十四日到卢沟桥，再由彰义门入城，从济南回京师一共旅行了十天之久。沿途心情落寞寡欢，不仅仅是因山东之行功败垂成，而且深切地感受到官场的炎凉，势利之至。他被议处后，一路上地方官的待遇就马上不同，例如交河县令李镜瀛、献县令李金堂虽为他准备了公馆，但"相待极简亵，一切皆自备"。过河间府时，万藕舲学使同日到达，但"相候半日之久，而不一枉顾"。过新城县时，新城县令杨咏春更托名下乡而不愿一见。他认为这一切都是"僧邸（僧格林沁）一参之力"。①

　　郭氏的落寞寡欢，甚至怨愤的心情，可见之于一路上所写

---

① 　参阅《郭嵩焘日记》，册一，页289—291。

的诗。他在交河县商家林住宿时，连日苦寒，在壁上题了这样
一首诗：

陈平冠玉已华颠，听惯琵琶杂拉弦。
寒月照人孤盏底，短檠偎梦十年前。
河间津鬲成沙碛，海上劳成走石鞭。
堪笑功名帷幄地，较量妍丑更茫然。①

在献县旅邸的壁上更题了一首表达他哭笑不得心情的
七绝：

人生都是可怜虫，苦把蹉跎笑乃公。
奔走逢迎皆有术，大都如草只随风！②

他抵达宛平后，住在长辛店，又写了一首五律：

劳劳八年事，未敢问行藏。
荒岁冬无雪，寒天夜有霜。
道孤妨世隘，心短觉途长。
浩劫干戈满，驰驱益自伤。③

---

① 《郭嵩焘日记》，册一，页 290。按"津鬲"即鬲津，河名，发源于河北，流
入山东。
② 同上，册一，页 291。
③ 同上，册一，页 292。

不过，他回到京师后的第二天，即蒙咸丰皇帝召见。皇帝问他："烟台闹事时，汝已往何处？"显然有为他开脱之意，因他既不在烟台，人已在即墨，事前固不能知，事后亦无能为力。但他仍将"设局毁局原由，详述一遍"，并且要求将"所定条规并告示清折，悉数由臣缮呈御览"。召见后，军机传旨要他明天一早到军机处，"详询各处收厘设局情形"，他乃连夜赶写文件，"竟夕未寐"。①

郭嵩焘见过皇帝，知道已被宽宥，但他仍然要把是非讲个清楚，要为无端受累的绅士们平反。这当然是不可能的，他的好友官场老手陈孚恩就提醒他，要为朝廷设想，朝廷既已下诏逮治诸绅，何能以郭之一言而收回成命？如果力争，非但于人无益，反而于己有损，多辩反而启争。换言之，当时的官场是只讲利害，不能讲是非的。郭本人虽遭宽宥，但在形式上仍然要宣布"翰林院编修郭嵩焘着降二级调用"②，以资惩戒！

形式止于形式，为了有所交代而已，实际上郭嵩焘并未受到太大的冲击。他仍留南书房工作，并于年底受到御赏"袍褂料及荷包各件，外鲥鱼一只，香橙数种"。新正大年初一，咸丰皇帝在太和殿赐宴群臣，席开一百四十桌，每桌三人，郭亦身列其中，更蒙"赏加一级之恩"。他仍然是皇帝身边的

---

① 《郭嵩焘日记》，册一，页293。
② 参阅同上，册一，页292—293。

人，扈从左右，用当时的话说，可谓恩眷并未稍衰。①

　　咸丰皇帝喜住圆明园，所以郭亦经常赴园随驾。咸丰十年二月二十二日（1860 年 3 月 14 日），郭为圆明园中的"天地一家春"写了一张直幅。三月十一日，他又偕友共游附近的清漪园。众人从左边穿堂门入园，先看"勤政殿"，再从殿后绕过石山到"玉澜堂"，堂之前后都有皇帝的宝座，堂之右则有四间暖阁。再绕过堂后石山到"宜芸馆"的"东暖室"，瞻仰玉佛像，东西两庑都有堂三楹。他们从右边小门到"夕佳楼"，正好面临昆明湖，湖光与楼阁互相照耀，气象万千。

　　他们又登舟驶往大报恩延寿寺。正在万寿山之前，寺庙的右边有罗汉堂。再上铜殿，殿上墙壁龛几，都由铜铸成。从铜殿再上石山，曲折登上高阁俯览，景物均在眼底。再登则见"智慧海"，前方立有石坊，名"众香界"，乃是瓮山（即万寿山）的最高点。后山有宏大佛殿，沿着山麓走到"买卖街"，位于后山的右臂；玉泉水流经这里，有山有水，颇饶江南景色。街市的尽头有墩、有桥、有亭；从远处望之，仿佛一艘巨舰停泊在桥下。山麓沿湖都有石栏，杂见松桧。再从鱼藻亭上船，由"藕香榭"直入，过"霞芬室"，出"勤政殿"后到殿之左室，观看从西洋运来的两部自行车，觉"制法极精巧"。最后到东朝房吃午饭，饭后从殿之右门到文昌阁。阁有三层，第二层中有自鸣钟。郭氏一行再坐船到"广润灵雨寺"，观望瓮山楼阁，掩映于烟树之间。"广润寺"的中楹是

---

① 参阅《郭嵩焘日记》，册一，页 294—301。

"涵虚堂"，左边是云香阁，右边是"月波楼"。当时因风大，不复回舟，乃由石桥到"廊如亭"小憩即归。这是英法联军毁园之前郭嵩焘的一日游，以为"生平所历，未有此奇丽之景"。可惜全园太大，一日之间只看了全园胜景的一半，连昆明湖中的圆城也未能去。① 同光年间，清廷在清漪园的废墟上重建颐和园时，并未能重建后山的胜景，而新园的面目，亦未必如旧。郭氏当年的游踪，唯有从他遗留的文字中去想象。

去意已决

他在京师的生活又恢复正常，如他愿意为做官而做官，既是皇帝身边的翰林，前程仍然似锦。但他突然于咸丰十年三月十七日（1860 年 4 月 7 日），"具折请病假回籍"，说是"怀此久矣"②。他既非久病之身，怀此久矣，显然请病假乃是告归的借口。咸丰皇帝似乎有点疑惑，特别去问军机处郭之病状，并询"所以乞病之意"③。到底是怎么一回事呢？在当时情况下，乞归对郭全无好处。曾国藩就颇不以为然。④ 皇帝听人说，郭嫌南书房工作的清苦而告归，乃怀疑因不再派他赴膏腴的天津军营而心灰意冷，完全是误会，竟将郭视作以利为进退

---

① 参阅《郭嵩焘日记》，册一，页 307、330—331。
② 《郭嵩焘日记》，册一，页 332。
③ 同上，册一，页 332。
④ 见《曾文正公书札》，卷一〇，页 44。

的小人。① 同时，僧格林沁既甚不满意郭，并继续打击，当然不会真要他回天津。但郭又何尝想再去天津。事实上，当他听到可不去天津，是"欣慰"，而非哀怨。可是此番隐情又怎可向人诉说，更无从向皇帝一五一十表明心迹。

郭嵩焘决意求去，无非痛感虽居朝廷之上却难有作为。山东之行功败垂成，余痛难消。乃欲洁身自退，以示操守，所谓"吾道之必不可行也，而遂浩然以归"。又谓："得志则以实心实政，求裨益毫末，不得志则卷怀以退，无所顾计。"② 私心之中未尝没有抗议之意，抗议官场之不明是非，以致使有为者动辄得咎；生事者附会影射，推波助澜。李湘棻这种"小人之尤"，有意伤害他，固已令他愤怒异常；而大贤如僧格林沁居然也向他施放暗箭，一意相倾，不能不令他感到寒心③！

他从山东颓然返抵京师之后，见到僧格林沁，曾经单刀直入向僧直言，"烟台之事乃因李漕台（湘棻）一言鼓动人心"。僧假意再三劝慰，竟说李某既如此掣肘，为何不早写信告知，以便撤回李氏。④ 这番话并非由衷之言，事实上僧格林沁仍然支持李湘棻，而且继续伤害郭。例如二月初八郭尚收到王闿运一函，说是"僧邸近有咨查一件"，言郭曾在"福山取银二千，不知作何使用"，又说郭任意勒派税额，当地人不得不应

---

① 见《郭嵩焘日记》，册一，页332。

② 分见郭致曾国藩函，载《陶风楼藏名贤手札》，册二，页547；郭致陈孚恩函，见《郭嵩焘日记》，册一，页356。

③ 参阅《郭嵩焘日记》，册一，页287；《郭嵩焘先生年谱》，上册，页157。

④ 见《郭嵩焘日记》，册一，页293。

所求，这种含沙射影的指责，使郭感到僧格林沁对他"此老构患无已，直欲以莫须有三字被之鄙人之身矣，可为三叹"①。他看到僧氏写的咨文，更感到"其言颇怪诞。僧邸贤者，而立心如此，世途真险矣哉"②。他于致曾国藩函中，更愤然表示："小臣官虽微，固钦使也，僧邸下檄府县，搜求阴事，辱小臣乎？辱国而已矣！"③ 可见僧格林沁于郭相逼之甚。

郭嵩焘满腹牢骚与冤屈，但他又岂能在咸丰皇帝面前数说僧王的不是？皇帝在不明真相的情况下允许他告假回籍，郭亦立即具折谢恩。正是国无大臣，贤者难安！赏识他的大官陈孚恩，劝他暂留京师，他也不能应命，决心求去。④ 他于一个多月后公车应试完毕，与同乡好友王闿运等结伴南归。在此一个多月中，除与师友聚谈、小酌外，颇作西郊之游。

离别南下

咸丰十年四月十二日（1860 年 6 月 1 日），郭嵩焘与王闿运（壬秋）、龙汝霖、邓辅纶三人，连袂南下。此次离别京师，他大有去国之感，不胜依依⑤，益可知他是因道不行而求桴于海。他最"依依"的当然是咸丰皇帝对他的眷顾之意，

---

① 《郭嵩焘日记》，册一，页 303。
② 同上，册一，页 305。
③ 引自《郭嵩焘先生年谱》，上册，页 157。事实上，此行郭氏"赔垫约五百金，大抵亲友寄助及恒月川制府诸君帮款，而孙琴泉观察处挪移至二百余金为独多"。见《郭嵩焘日记》，册一，页 334。
④ 见《郭嵩焘日记》，册一，页 355—356。
⑤ 同上，册一，页 356。

只恨大臣阻隔中伤，心迹难以尽情表达。他不是为求仕而做官，是要想有一番作为；既不能做事，便无恋栈的必要；虽不恋栈宦位，毕竟对皇上的知遇之恩，有所感念。

郭氏一行过正定府之后，龙汝霖（皞臣）转往山西，但一路上有王闿运这位雅士相伴，颇不寂寞。他们到达湖北襄阳后，顺流而下，经宜城、安陆、沙洋，于五月十六日泊庄家套。翌日在西北角见到彗星，"长可三尺许，光隐约不甚明显"①。彗星靠近太阳时，显出强光，一百年之中，约有三四次可由肉眼见及，竟被在旅途中的郭嵩焘看到。他同时看到东南角有一星，"比常星为大，光赤如火"②，显然是一颗行星。他们继续循河而下，经岳家口、仙桃、汉川，于五月二十日抵达汉口。③

郭、王两人在樊城时，听说曾国藩已被任命为两江总督，很想到汉口后，顺江东下到九江去谒国藩的大营，但郭嵩焘忽得妻子病笃之讯，乃急着回家，而王闿运与邓弥之（辅纶）仍按原定计划东下。于是他们在汉口分手，临别时郭特别写了一封讨论时局的信转给国藩。④

郭嵩焘一人溯江西上，在鲶鱼套遇到大风，惊险骇人，幸而无事。然船小浪大，不断因阻风而止，到六月初九才过嘉鱼县城。十一日抵螺山，由螺山出长江，再经河道往岳州，入洞

---

① 《郭嵩焘日记》，册一，页366。
② 同上，册一，页366。
③ 同上，册一，页367。
④ 同上，册一，页364、367—368。

庭湖，乘北风南驶，于六月二十四日未刻（1860 年 8 月 10 日
下午）返抵家门。此时天气十分燠热，夏季水涨，一路上担
心洪水泛滥，抵湘阴后又屡逢大雨，更为焦虑，途中颇思考治
水之法。幸而这场大雨未酿成大灾。①

庙堂之忧

郭氏返抵家门，免不了许多应酬，实在不可能过真正的隐
居生活。虽然无职一身轻，但仍然关心国事，与曾国藩、胡林
翼、左宗棠等保持联系。他的心情，可略见于七月二十二日所
写的两首和诗：

> 一介无人下赵佗，守边空忆大风歌。
> 还家江令文章贱，忧国袁宏涕泪多。
> 芍药春栏温室树，芙蓉秋雨液池波。
> 微才多病甘归隐，愿睹唐虞酿太和。
>
> 故山风雨早秋天，清夜微吟得气先。
> 灯火谈深愁更笑，田园岁薄隐非仙。
> 浮云西北迷孤望，狂獗东南乱几年。
> 才尽江淹疏唱和，新诗莫容万人传。②

① 《郭嵩焘日记》，册一，参阅页 368—382、385、386—388、391—392。
② 同上，册一，页 389—390。

伤己、感时、忧国之心，涵泳于诗。他以"忧国袁宏"自比，尤具深意。东晋袁宏极富文才，曾为大司马桓温的记室，但他性情刚强亮直。《晋书》载："（袁宏）虽被温礼遇，至于辩论，每不阿屈，故荣任不至！"① 此一情况正符合郭与僧格林沁的关系，思古念今，能不使他涕泪纵横？"大风歌"的壮志也只好随风而逝了。

咸丰十年八月初四（1860 年 9 月 18 日）与十六日，他先后从来信中得知津沽失陷的消息。他在日记中写道："小臣昨岁之言，至今日乃微验，为之怃然！"② 他当时尚不知，就在八月初四这一天，僧军已大败于通州，京师震动。八月初八咸丰皇帝仓皇逃往热河。郭至九月初四（10 月 17 日）才闻"驾幸热河"。一周之后，从京师来信得知僧格林沁于八月二十二日（10 月 6 日）又大败于东直门外，残军溃奔古北口。九月二十八日收到刘蓉转来曾国藩的信，始悉京城失陷的消息，感到"痛悼无已"。同时，他深具"不幸而言中"的遗憾，恨僧王不听他的意见，一意孤行，甚至愤然说："僧邸之罪，杀之不足蔽辜矣！"

郭仑焘也亲见伯兄闻天津失守，夷兵犯京师，僧王退兵古北口，每为人语及，兄欷歔慨叹，深悔不用其言之情状。③ 但嵩焘进而指出：问题的根本并不在僧格林沁，而在朝廷上下不

① 《晋书》，卷九二，册八，页 2391—2398。
② 《郭嵩焘日记》，册一，页 392—398。
③ 同上，册一，页 398；郭仑焘，《萝华山馆遗集》，卷一，页 15。

识洋务，不通古今大局，士大夫沿袭南宋以来空谈虚矫风习，不考求实际，不顾时易世变与为法不同，也不能判别曲直，以便与夷人折冲，作合乎情理的往来，以至于"诬朝廷议和""诬百姓通夷"，而不能真正面对问题，解决问题。僧格林沁不过是此一风习下的牺牲品而已。① 他在复刘蓉的信中更明言：

> 夷人之变，为旷古所未有。其祸成于僧邸，而实士大夫议论迫之然也。仆于夷务交涉甚浅，而颇考求古事，体察近今行事始末，以推知夷人之情状，自谓十得二三。尝叹京师士大夫不考古，不知今，徒以议论相持，贻误国家而不惜，盖非无见也。来书谕及都城近事。夷人入广州，与督抚错居，不相贼害，入天津，与道府错居，不相贼害，其入都亦犹是也。彼固无意于中国土地民人，而玩弄而凌藉之，直无足介其意者。士大夫不知以是为耻，而耻言和，其亦远矣……无怪去岁争之僧邸，语之士大夫，舌敝唇焦，不见采听也。夷人者，中国百年之患，而顾攘之以成今日之祸，此所无如何者矣。②

事实证明，郭嵩焘确具远见，使他对夷务更具信心，于致友人信中，引《庄子》所云"千金习屠龙之艺，而无所用"一语以自况，自谓虽得艺而不得其用，"顾安所得龙者而屠

---

① 《郭嵩焘日记》，册一，页400。
② 参阅同上，册一，页403。

之？世俗之悠悠，又安知吾艺之果足以屠龙乎哉"①。他自信有办理夷务的特殊才能，竟不得用于世；不仅不得用，反遭诬蔑陷害。他忍不住于致陈孚恩的信中重述往事，道出僧格林沁欲诱击夷人，他力争不果，僧因此怀恨在心，搏击他不遗余力的经过。

当时僧王正时望所归，虽见及其嫉恨之深心，"岂敢违公论以扬僧邸之过"，"故唯以一退自全，而明吾出处之正"②。于另一致友人书中，更直言："僧邸既以忤意为憾，又虑我持其短长，悉力构陷之。既劾我矣，又遣番役捏造赃款，致书怡邸以倾我。"③ 更可见郭嵩焘辞职南归，最主要的原因还是僧格林沁。他既不能将此真相报告皇帝，只有借病告归了。后来郭嵩焘在江苏见到黄惠连。黄告诉他僧格林沁于惨败之后，曾想到翰林郭君力争之言，追悔不已④，但为时已晚。

痛惜润芝

郭嵩焘南归后，各地督抚曾相召甚殷，在武汉的胡林翼趣召尤力。但他以精神才力不济——推辞。他既不愿当皇帝的秘书，难道会去当督抚的秘书？实际上，他之不愿出山，在于他觉得不能有所作为，有点心灰意冷。他仅仅在胡林翼的盛意邀

① 《郭嵩焘日记》，册一，页401。
② 见十月初十郭致陈孚恩函，《郭嵩焘日记》，册一，页406—407。
③ 见十二月十七日致友人书，《郭嵩焘日记》，册一，页420。
④ 见《郭嵩焘自叙》，页8—9。另参阅黄濬，《花随人圣庵摭忆全编》，上册，页97—98。

请下，适又闻咸丰避难热河，乃托人带信给胡，为胡代划三策："一请乘舆西都长安，一传檄山东、河南、山西、陕甘，会师勤王，一照会英酋额尔金、佛酋葛罗，晓以大义，为之讲解。"[1] 他认为若细揣夷人之情，考量朝廷之势，必须如此做法。但他怀疑胡林翼真能照他的建议去做。结果由于建议过嫌，根本不曾递到胡氏手中，他"深以郁郁"[2]，当然不会再应胡林翼之邀了[3]。

不到一年，林翼卒于武昌军中，时为咸丰十一年八月二十六日（1861 年 9 月 30 日）。郭嵩焘直到九月初四才得噩耗，"为之怆然终日"。数日后，他又念及胡氏之薨，感叹"于国家失一大臣，于乡里失一名贤，于吾身失一知己；抚枕寻思，不知涕泗之横集也"。他作了四首挽辞，其中"时闻求隐逸，书札到潜夫"，以及最后一首"负弩嗟衰病，难求此愿偿。枉劳书问及，只益鬓毛苍。生死违相见，升沉转自伤。今宵人事省，感念涕淋浪"[4]，最情见乎辞，都是感念胡氏的真情流露。他对胡林翼的评价甚高，与曾国藩相提并论，以为同为中兴之所赖。当然，郭氏感念胡氏不仅为公谊，也为私情。胡曾一再邀郭相辅，郭一再婉谢，并不是不愿辅胡，而是因其不愿轻易放弃原则。他在京时即已面告肃顺，自粤寇（太平军）起后

---

[1] 《郭嵩焘日记》，册一，页 401，另参阅郭致胡林翼函（咸丰十年十二月初八），载《胡文忠公年谱》，卷三，页 31，更可见郭确曾一度愿赴胡营。

[2] 《郭嵩焘日记》，册一，页 403。

[3] 他托词"深惧以是动朝廷之疑，启士大夫憎兹之口，上累盛德，下乖鄙怀"。见咸丰十一年正月十六日郭致胡函，载《胡文忠公年谱》，卷三，页 32—33。

[4] 见《郭嵩焘日记》，册一，页 502、504、507；另参阅页 411—412。

不敢再存利禄之志，也就是不愿再为做官而做官。自山东之行失败后，连想做一点事的心亦已灰冷。① 因此，不应胡召，完全是由于他自己的心情，无伤于对胡氏的敬重。胡氏突然逝世，自然使他感愧不已，可见之于在长沙作的一副挽联：

> 天下不可无公，竟随龙驭上宾，痛哭东南倾一柱；
> 人间亦知有我，永负鱼书下召，凄凉幢葆返重湖。

上联用曹洪语，下联用刘先主语，公谊私情表达无遗。在另一副挽联中有谓"召我我不赴，哭公公不闻，生死乖违一知己"②，更加刻骨铭心，动了真情；于未应胡召，尤致遗憾。

挽联中的"竟随龙驭上宾"，乃指胡林翼随咸丰皇帝而逝。郭嵩焘对咸丰颇有知遇之感，何况在那个时代，士大夫对皇帝仍有浓厚的忠君爱国（朝廷）思想。他是在八月初八日才听闻皇帝在热河驾崩的，次日便撰写了"恭赋大行皇帝挽辞四章"。其中有"深谋无魏相，诈敌有王恢"之句，③ 可知他于"北望悲号"之余，忍不住谴责朝廷无人，以致乖忤如此，他以僧格林沁比诸汉朝的王恢，显指诱击敌人之不当。自京师失陷之后，他一再痛责僧王为罪魁祸首，痛恨不已。

---

① 见《郭嵩焘日记》，册一，页408。
② 同上，册一，页522。
③ 同上，册一，页492。

辛酉伤逝

　　郭嵩焘于十一月初十（12 月 11 日）始闻辛酉政变，太后临朝，垂帘听政。十二月初三又得知托孤授命的郑、怡两亲王自尽，肃顺伏诛。肃顺颇赏识郭，郭亦敬重肃顺，南归之后于致陈孚恩函中，犹谓"肃尚书之才美矣"，因其有整饬弊端的魄力。不过他认为弊端并非由于宽，而由于颟顸，故以严代宽，很可能误入另一极端，唯有以理财行政实效相期。[①] 肃顺之死，使他感到仅凭"刑威劫制天下"之必败。肃顺想以刑威来把财政搞好，未免"不知体要"，结果形同"搜括以实京储"。肃顺虽有缺点，但他的突然被诛，授首菜市口，毕竟使郭大有"茫茫祸福本无涯"之感。这位权倾一时的裕亭相国竟是如此下场，能不说是"朝局又一大变"[②] 吗？

　　辛酉年伤逝不止于此。他的发妻陈氏，以久病之身产下女婴后，于五月初六日午刻弃世，得年仅四十三岁。[③] 郭嵩焘返乡，原意求隐，但到家后，一直难得清静，除了酬酢往来以及亲历的悲伤事件，各方传来的时局报告，也无一可如人意。太平军的声势依然浩大，李元度的徽州之失，尤震动一时。东南兵事未已，而外患更是迫在眉睫，英法联军乘通州大胜，攻陷京师，使郭嵩焘"北望悲号，为废寝食"。

---

① 见郭嵩焘，《养知书屋文集》，卷九，页 6—7；参阅《郭嵩焘日记》，册一，页 530。

② 参阅《郭嵩焘日记》，册一，页 530、540—541、519。

③ 同上，册一，页 458。

不幸他的悲愤竟被朋友们误解为个人的抑郁，连多年知交刘蓉与左宗棠也都有误解。他在复刘蓉书中力辩"无所郁"，但承认"不能无愤"：如果尽了人事，仍然谋之不臧，事后虽然有悔，而可以不愤；然而像僧格林沁在天津办理夷务之荒谬，虽一再力争而无效，不仅僧邸愤愤然行之，而天下人又贸贸然歌颂之，以致祸国殃君而不悟，才令他气愤。他并无幸灾乐祸以自诩先见之明的意思。他所气愤者，"公也，非私也"①。他的公愤，恨朝中无人，以及士大夫之无识，以致可避之祸而竟不得免。

郭嵩焘更非为了私人的抑郁而求隐，他一再婉谢胡林翼之邀，显非由于私，而是觉得于公无补。当他闻知京师失陷，咸丰逃难，立即托人转告胡氏，如胡得旨赴援，他当即"随侍麾下，效介士一夫之用"，益可见他为公不为私的立场。所谓"赴援"，不久和议告成，自作罢论。②

夷情独见

然而郭嵩焘的"公愤"，绝不因和议而消逝。英法联军攻陷京师，火烧圆明园，夷祸之深已如燃眉之急，但举国上下竟无人通达夷情夷务。至咸丰十一年年底，他听到恭亲王急于求和，一听洋人之便，"自弛其防，自蠲其利"，被人愚弄而不

---

① 见《郭嵩焘日记》，册一，页413—414。
② 见郭致陈孚恩书，《郭嵩焘日记》，册一，页406。

自知，更痛感执政柄者之全不知"国体、事要、商情、地势"①。他直斥自鸦片战争以来，办理洋务者一直乖谬无方，指琦善、耆英、叶名琛与僧格林沁为办理夷务的四凶；即使是林则徐也贻误事机，但以其心术尚正直，不目之为凶。② 之所以如此，无非士大夫昧于理势。理与势是他一再强调的。理即明于事理，明事理才会讲理，对外国人始能接之以礼，"羁縻不绝，而常使曲在彼"③。势指轻重，轻重之所趋，若不能力反，只有顺势。当汉唐盛世，自可像"孝文之服南粤""光武之绝西域""唐文皇（应系明皇之误）之灭突厥"，即清初强大之时，亦有康熙大帝之"绥定俄罗斯"。然而如像"南宋之屡弱、明季之昏乱"，仍然"矢口谈战"，即不知势之轻重了。④ 郭嵩焘对时人办理洋务既不明理又不知势，最感愤慨：

　　吾尝谓中国之于夷人，可以明目张胆与之划定章程，而中国一味怕。夷人断不可欺，而中国一味诈。中国尽多事，彝人尽强，一切以理自处，杜其横逆之萌，而不可稍撄其怒，而中国一味蛮。彼有情可以揣度，有理可以制伏，而中国一味蠢，真乃无可如何。夷患至今已成，无论中国所以处之何如，总之为祸而已。⑤

① 《郭嵩焘日记》，册一，页550—551。
② 同上，册一，页505。
③ 参阅《绥边征实序》，《养知书屋文集》，卷三，页16。
④ 参阅《郭嵩焘日记》，册一，页500、504—505。
⑤ 《郭嵩焘日记》，册一，页469。

激愤之词不免溢于言表，然而他正确指出国人不明理势的结果是，造成毫无理性的怕、诈、蛮、蠢，以致形成难以挽救的夷祸。郭嵩焘目光如炬，洞察问题的根本。他虽自信具有满腹经纶，有办夷务的能耐，但无施展的机会。他并不为一己的失意悲，而是为国家的失误哀。他的这种心情，无人理解，更加使他感到痛心疾首！

第八章　应李鸿章之请赴沪任职

出山赴皖

　　郭嵩焘辞去南书房职务，毫无恋惜，毅然南归，足见他求去的决心。但是此一决心并非标榜清高，事实上他并未绝意仕途，只是他坚持出仕的意义在于做事，所谓"君子之仕也，行其道也；道足以济世，摩顶为之而不为过"①。若明知不能做事，仍要委身事人，屈己相从，决不为也。是以他的"决心"，多少反映出他的"灰心"。然而灰心又未达到可以完全闭户隐居的地步。返家之后虽有隐居读书之心，但应酬不绝，难以摆脱；何况时局艰难，闻之心惊，不能不加以关注，时往省城长沙探听消息，真所谓树欲静而风不止。隐与仕、进与退都充满矛盾，难以定夺。他于同治登基后，再度出仕，并非偶然。

　　促使他改变初衷的最主要人物是李鸿章。他虽与李早已相

---

① 　见郭嵩焘，《养知书屋文集》，卷一〇，页21。

识，有同年之雅，但交情不能与曾国藩或左宗棠相比。李请曾促驾，正由于此。曾对郭之再出，却并不十分热心，甚至浇李的冷水，因他深知郭的坏脾气。郭与僧格林沁闹翻，以及坚决辞去南书房之职，在曾氏看来，都属激越行为，所以在复李鸿章函中说："筠公（郭）芬芳悱恻，然著述之才，非繁剧之才也。"这是含蓄的说法，换言之，还是让他闭门著书吧！接着又说："阁下与筠公别十六年，若但凭人言，冒昧一奏，将来多般棘手，既误筠公，又误公事，亦何及哉？"这就很露骨了——还是不找他为佳。① 可是李一再坚持，曾氏才在给郭崑焘的信中说："少荃急于求筠公以自辅，似宜强起一行。"②

李鸿章为什么急于求郭嵩焘自辅呢？此时鸿章已奉命召募淮勇，乘西洋轮船，穿过太平军占领区，到达上海，组成淮军。此时的李鸿章仍是初生之犊，豪情万丈，很想大干一番，也因而急需人才。他在上海常与洋人周旋，颇需擅长洋务的人才；他又要打仗，更需要能筹饷的人。既懂洋务又能筹饷者，在他想来，除了郭嵩焘外，实无别人，更何况郭与湘军以及曾国藩的关系，亦大大有利。所以，鸿章受诏命就任江苏巡抚后，立即就奏保郭嵩焘相助。③

李邀郭自辅，固然有充分的理由，然而郭何以就轻易改变

---

① 曾复李鸿章函，见《曾文正公书札》，卷一八，页17—18。
② 《曾文正公书札》，卷一八，页37。郭氏晚年回忆亦谓："嵩焘官苏松粮道，由合肥傅相保奏。"见《玉池老人自叙》，页11。
③ 参阅《清史稿》，册三九，页12011—12012；另阅范书义，《李鸿章传》，页51—60。

不再出山的初衷呢？事实上，并不轻易。同治改元多少给郭一点新的希望。更重要的是，在李邀郭之前，郭已慧眼识英雄，认为比他小五岁的李鸿章犹如在黑暗中升起的一颗明星，必将大放光芒。郭并非一定预见李会位至相国，而是觉察到李将有一番作为，令他感到惊喜。尤其鸿章在沪与洋人交涉不亢不卑，布置有方，"识力过人"，最令他欣慰。同治元年五月二十三日，郭嵩焘自弟弟意城（崑焘）处转得曾国藩来信，始知李鸿章已于四月二十八日具奏，请求简放郭嵩焘为江苏监司；随后于五月一日又有旨简放苏松粮道。六月十六日又接到李鸿章亲自来信。① 嵩焘于两周后回信谦辞，坦陈自己性格的耿直，容易得罪人，诸如"嫉恶太深，立言太快"；又如"任事太深，则同官侧目；立言太峻，则群小惊疑"。其实他要向李鸿章验明自己的正身，如果不适合，就可借此下台。② 可见此时郭嵩焘坚不再出的初衷，已有所动摇。果然七月间，当李鸿章再度请曾国藩、国荃兄弟促驾时，郭终于答应离开湖南，先到安庆曾营相商。

　　郭嵩焘于八月初一日大风雨中上船，当时他的右脚大拇指长了恶疮，乃忍痛成行。初四日，过岳州府（今岳阳），闻广州、香港一带有大风灾，香港洋船多被毁。③ 初六日到达武

---

① 《郭嵩焘日记》，册二，页35、41、45。此外郭致曾国藩函中称颂李鸿章能办夷务，见《养知书屋文集》，卷一〇，页15—16。

② 郭复李函全文，见《养知书屋文集》，卷一〇，页19—20。郭致曾国藩函云："少荃中丞岂能度外容此野逸，与其共事？"（见卷一〇，页17）益可见郭氏以此为虑。

③ 《郭嵩焘日记》，册二，页51。

昌，舟泊鲇鱼套，老朋友王闿运（壬秋）、汪梅村等来见，并留饭。初十开船，十三日到九江，在枕上得诗有"五更太白依残月，九派浔江下小孤"① 之句，可见他过九江时正是破晓时分。十四日抵达安庆省城，由盐河口入城去见曾国藩。②

曾国藩与郭嵩焘是多年同乡老友，义同金兰，交情非比寻常。曾待之以盛礼，亲自登舟回拜，以及再三促膝长谈。③ 由于阔别经年，郭发现国藩周围的人大都已是新识，仅有少数熟人。然而不论生张熟魏，都愿与这位曾帅的大客人应酬一番，因而酬酢繁忙。当然，此来安庆乃未决定行止，是否继续东下以应李鸿章之邀。郭既来到安庆，显已动心一半；另一半仍在考虑重返官场会不会不仅不能成事，反而误己误人。他在安庆所写的日记，特别提到幕友们分析曾国藩的性格——"外面似疏而思虑却极缜密"；而李鸿章较为直爽，虽略嫌褊浅，却很好相处。此类评价似于郭有所影响。当李鸿章特派西洋兵船来接，郭嵩焘已决定去上海。如此盛情，郭氏岂能再事犹豫？④

理财能手

郭嵩焘于同治元年闰八月初七（1862 年 9 月 30 日）往各处辞行，初九日上船，自曾国藩以下，送行者接踵而至，应酬

① 《郭嵩焘日记》，册二，页55。
② 同上，册二，页52—55。
③ 参阅《曾文正公书札》，卷一九，页39。
④ 《郭嵩焘日记》，册二，页60—61。

至夕。初十日登上轮船，洋兵轮上船长以下都是洋人，同行者则有中国人。十二日抵达上海的洋泾浜。次日转泊南门水上，然后登岸去见李鸿章。①

郭嵩焘到上海后，就任苏松粮道，并襄办军务。不久李鸿章又要他兼管厘金总局。鸿章喜得得力助手之余，于致国藩函中有云："筠仙到沪后，众望交孚，其才识远过凡庸。"② 嵩焘重临沪滨，耳闻目睹，才识更有精进。当时上海开埠已二十年，华洋杂处，见闻更广，除了咸丰年间已有的洋楼洋船外，又见到许许多多的洋枪洋炮。当时李鸿章正用客将剿寇，郭嵩焘曾相伴去检阅英兵操练，以为"整队间行，严肃可观"，耳目一新；还亲眼见到常胜军实地作战，对西器之利，印象更加深刻。③

郭在沪有缘结识了鸿章左右一些有识之士，如冯桂芬、丁日昌等，与冯来往尤多，曾偕冯到上海的沙利洋行参观机器生产，大感神奇；又曾与冯合力建议在沪设立广方言馆，招收近郡文童，不仅培养通外语的人才，更进而学习西方科技，经李鸿章奏请获准，于同治二年（1863）奉旨，开了风气之先。同治元年底，冯赠郭新著《校邠庐抗议》二十二篇，其文倡议自强与变法，后来成为名作。④ 郭甚敬重冯，尊称景翁（冯字景亭），以前辈相待。冯氏除留心洋务外，特别关注苏州、

---

① 见《郭嵩焘日记》，册二，页61—62。
② 李鸿章，《朋僚函稿》，卷二，页23。
③ 见《郭嵩焘日记》，册二，页82—83。
④ 同上，册二，页77及89—90；参阅《郭嵩焘先生年谱》，上册，页234。

松江、太仓地区的减赋事。苏、松、太三地生产量最高，赋额
也最重，更加以大小户之分，使已经不公平的赋额，再加上征
收上的不公平。所谓大小户之名，"一以贵贱强弱定钱粮收数
之多寡，不唯绅与民不一律，即绅与绅亦不一律，民与民亦不
一律"①，以致民间不仅怨愤，而且每因催科破家。冯桂芬哀
民不聊生，惧政府竭泽而渔，乃与好友归安人吴云，力主减
赋。但减赋之议未成，太平军已攻占苏州。冯、吴避难到沪，
仍然呼吁减赋，并上书曾、李。李鸿章即以此事交付郭嵩焘与
冯桂芬议办。郭以苏松粮道的身份，对冯、吴的意见不仅重
视，而且同情。郭原有筹饷的任务，但与吴云商议后，知苛征
的利害，乃不仅免议征收沿江海州田岁收，更力主苏松减赋。
郭、冯即以减赋之议告李鸿章，鸿章以为善，乃由冯拟稿，郭
作跋，并附康熙时周梦颜撰《苏松财赋考图说》上奏。② 在
曾、李的支持下，上谕准"苏、松、常、镇、太等属漕粮，
各按上中下赋则，一体分别议减，以昭平允"③。郭嵩焘办理
筹饷事宜，能够权衡利害，识大体，于此可见。

整理盐运

　　此时郭嵩焘筹饷之名，久已远播，在浙江当巡抚的左宗
棠，为了浙省饷源，无员可委，也奏请郭嵩焘兼督松浙盐务，

---

① 引自《清朝掌故汇编》，内编，卷九，页73；《郭嵩焘日记》，册二，页94：
　"以江苏赋额过重，详请减漕，并条陈运漕利病。"
② 《郭嵩焘日记》，册二，页101。
③ 李疏与上谕，见同上，册二，页74。

且于同治二年三月十四日（1863 年 5 月 1 日）奉旨照准。① 但不到一个月，郭嵩焘得安庆消息，即将简放他为两淮盐运使。② 曾国藩要他去整顿两淮盐税，以充实军饷，当时江北军事甚急，可谓出任艰巨。

此次调差，李鸿章要郭嵩焘先换顶戴（换一顶官帽），贺客纷集，俨然是升官喜事。此乃当时官场习气，郭唯有从俗应酬，忙于回拜，"终日酬应，颇觉无谓"③。他终于同年五月初二日（1863 年 6 月 17 日）正式交卸，李鸿章以苏州守兼掌苏松粮篆授之。交卸之后，仍有应酬，并于五月初九一早乘船出发，出了一次公差。④

他由黄浦江南下松江，再北上青浦。在青浦见到常胜军统领戈登，而后再上昆山、常熟，最后经嘉定，再绕道青浦回上海。他所到之处都驻有重兵，有些地方还与太平军有接触。此行显然是与军饷有关的公差。⑤

他于五月二十二日回报李鸿章之后，始往各处辞行，料理行李，极为忙碌，终于六月初十（1863 年 7 月 25 日）登船。相送的人很多，李鸿章也亲来送行，郭应酬了好几个小时才启航。这次他坐的是恒川号轮船，出吴淞口，转入长江，过江阴，泊三江营后登岸。沿江营兵迎接，于六月十三日大雨如注

---

① 见左宗棠，《左文襄公奏稿》，卷四，页 51—52。
② 《郭嵩焘日记》，册二，页 97。
③ 同上，册二，页 98—99。
④ 同上，册二，页 100—101。
⑤ 同上，册二，页 101—107。

中到达仙女庙。一路上地方文武官员纷集来迎。次日到达泰州，休息一天后，即入署上班。①

郭嵩焘在两淮盐运使任上，大刀阔斧，有效制止私盐，杜绝舞弊，虽与商人争利，但不搞乱盐法，不仅结清欠款，而且大大增进库收，以助军饷，自谓："在任一月，南台欠饷，一例解清，皖饷支解一万。"② 此非自我吹嘘，李鸿章亦谓："淮盐经筠仙整饬，月销引数倍增，上下游厘饷顿旺。"③ 筹饷原是郭嵩焘的长才。

① 《郭嵩焘日记》，册二，页107—110。
② 见《玉池老人自叙》，页11—12。
③ 见李鸿章致曾国藩书，载《朋僚函稿》，卷四，页10。

第九章　到广东去当巡抚

署理广东

郭嵩焘到泰州任两淮盐运使，不满两个月，于同治二年七月十二日（1863 年 8 月 25 日）收到由曾国藩转来上月二十九日的谕旨："郭嵩焘着以三品顶戴署理广东巡抚，并着迅速前赴署任，无庸来京请训。"[1] 此一任命显然不是由于曾、李的推荐，也殊出郭氏本人的意料之外。曾国藩要郭嵩焘到江北清理极为混乱的盐务，而郭一到任即积极设法解决盐运沮滞、灶户私鬻，以及如何缉私抽厘等困难任务，[2] 绝无席未暇暖，而曾要郭调往广东之理。李鸿章于郭走后，更若有所失，怀念不已，[3] 只有可能调郭返沪襄赞，也无荐郭往粤之理。

就朝廷要郭嵩焘火速赴粤一点看来，必然是因广东问题严重，急需一干才去任艰巨。朝廷连下谕旨，一则催令郭径取海

---

① 见《郭嵩焘日记》，册二，页 114—115；《穆宗实录》，卷六八，页 4—5。
② 同上，册二，页 121—122。
③ 参阅李鸿章，《朋僚函稿》，卷三，页 42。

道赴任，无少延缓；二则令郭一抵新任，即将地方应办事宜，体察情形，认真整顿。郭嵩焘也打听了广东近事，知道信宜县有寇患，连年不能除，以至兵玩饷绌；新宁县又有土、客之争，导致客民反抗官兵。广东虽然富裕，但商贾居奇，士绅包庇，官吏诛求，人情骛于虚浮，民强贼横，而兵勇怯于临敌、工于扰民，极难治理。又因广东富名太著，需索更多，反而阻塞利源。这一切，郭于谢恩折中都曾直言不讳，并提出了整顿吏治、兴利裕饷的对策。①

郭嵩焘原来想由陆路南下，以便顺道至安庆与曾国藩一晤。但是由于朝廷催令甚急，恐犯天颜，遂遵旨由海道迅速启程。② 他于八月初七往各处辞行，翌日闭门谢客，料检行李，并于午刻交卸。初九即率眷赴口岸上船，行程十分紧迫。

郭氏一行由泰州西至扬州、仪征，再顺江而下到浦口，与曾国荃相见，时为八月十二日。所谈除军饷外，还涉及办事用人之法。国荃与郭交情甚好，时通鱼雁，此次相见，畅谈之余，坚持要与郭多相处一天，于是郭迟至十三日傍晚才动身。途中遇到大风雨，幸得天青洋行的蔡维振代为觅得洋船宽敞的客舱一间。于十六日中午驶抵上海的迎祥港，再雇小船到小东门上岸。③

此次到上海候船赴粤，除了酬应拜会自李鸿章以下的诸友

---

① 见《郭嵩焘日记》，册二，页115—119。
② 见同上，册二，页117—118。郭嵩焘在日记中存有涂改之痕迹，可见其临时改变主意。
③ 同上，册二，页123—126。

外，原无他事。不意，当郭嵩焘在沪任苏松粮道之时，因陈夫
人已逝，朋友颇热心为他说媒续弦。他已四十五六岁年纪，求
偶在德不在貌，因而颇中意流寓上海的苏绅钱鼎铭（调甫）
之妹。他认为鼎铭"俭约质直，能效忠言"，是一厚实之人，
显然深信有其兄必有其妹，再加上冯桂芬等人大力游说，也就
答应了这门亲事。他于到上海五天之内，便在朋友的怂恿下，
迎娶钱妹。婚礼按照苏州习俗，形同演戏，他已觉很不自在。
哪知过门之后，发现新娘子不仅面貌丑陋，而且脾性凶戾，在
赴粤途中，一路吵闹不休，犹如疯癫，使郭大呼倒霉，不禁埋
怨"为冯景老（桂芬）所误"。既到广州之后，钱氏又吵着要
回上海，郭嵩焘忍无可忍，遂趁两个随员返沪之便，遣返钱
氏。[①] 嵩焘虽为旧式婚姻所误，却以近似现代离婚的手法，不
顾当时世俗的物议，当机立断，与钱女分手，亦可略见郭氏超
越时代的一面。

　　他在上海候轮，有两班船期，一班是英国船，八月二十六
日启航，另一班是法国船，九月初六开行。法国船虽晚开，然
船大而快，价钱也较便宜，乃决定坐法国船。但当英国船开航
之后，郭氏又急着想动身，经丁日昌的介绍，雇得一小轮船，
船价极廉，且可于九月初二开航，乃决定搭此船赴粤。然小轮
船海行濡滞，在大海中，"颠簸万状，昼夜不息，吐泄并作"，
痛苦万状，懊悔不多等几天乘坐法国船。郭氏一行直到九月初
八才抵达香港，竟是那艘法国船预期到达的日子。翌日，再乘

------

① 见《郭嵩焘日记》，册二，页127、129、131及132。

船由香港，经虎门，抵达广州，于九月十一日接印视事。巡抚
的署廨，乃清初三藩之一尚可喜的旧邸，极为宽阔①，自见一
番气派。

清理财赋

广东的重要不在江苏之下，郭嵩焘巡抚广东与李鸿章巡抚
江苏，可说是并驾齐驱，何况巡抚是独当一面的封疆大吏，大
可有所作为。郭氏初奉此命，由监司擢升都转，自然会有超迁
要职的欣喜。而此时湘军已成平定太平军的主力，湖南人的势
力十分兴旺，各省总督，楚人居其五：直隶的刘长佑，两江的
曾国藩，云贵的劳崇光，闽浙的左宗棠，以及陕甘的杨载福。
新任巡抚除郭氏外，尚有曾国荃与刘蓉，真可说是湘人的
天下。②

但郭一上任，即知任务的艰巨，因粤"俗尚繁华"，而
"民气凋残"。巡抚虽为一省表率，但官场关系复杂，难以董
理，更何况当时内乱未平、外夷窥伺，此一心情已见诸于赴粤
时的《述别诗》：

> 斡旋世宙力，讵非吾辈责？
> 岭南棼乱丝，法敝久难理！
> 诏书促行色，妻孥杂悲喜。

---

① 《郭嵩焘日记》，册二，页127—132。
② 见张集馨，《道咸宦海见闻录》，页377。

迷途何适从？历历南车指。①

不过，那时郭正当四十六岁盛年，精力尚足，并知朝廷有意要他整顿，于上任之初，自具一番雄心壮志。他所面临的问题是多方面的，包括洋务、厘务、税饷、治安、防御、吏治等等，纷乱难理，十分吃重。郭崑焘于家书中亦有所透露："粤中吏治风俗，其流极败坏，非一朝一夕之故，详诵来书，为之慨然！"崑焘因而劝其伯兄，不要"遽期速效"，"唯有因事整顿之一法"②。

郭嵩焘于上任之前，已知广东徒有富名，必为富名所累。果然，到任之后，京师地方公私催征，连老友曾国荃也要向他索饷。甫接粤抚印才一个月，便接到户部议驳前任督抚咨解京饷各款文，项目有十种之多，全不能少。郭不禁愤谓："直是无理取闹。"接着朝廷又要广东协助镇江饷银十余万两。郭嵩焘乃与总督毛鸿宾联名上疏，直陈广东财务已经十分支绌，势不能再兼顾镇江协饷。奏疏又说明广东正款岁入虽有地丁、盐课、粤海关课税，以及太平各关课税，但自咸丰四年兵乱之后，地丁的收入日形艰乏，幸赖海关课税接济；然而由于历年洋人屡次肆扰省城，公私余财扫地殆尽，民间贸易亦日形凋敝，关税大绌，广东已成贫省；至于厘金又拨充安徽、浙江、广西、贵州诸省；而所缴的京饷，因催解紧迫，实已腾挪了本

---

① 《郭嵩焘日记》，册二，页126；参阅《郭嵩焘奏稿》，页3。
② 郭崑焘，《云卧山庄尺牍》，卷八，页20。

省的军饷，而本省的军费亦繁多，积欠军粮已至二百余万，实在没有捐输的能力。"臣等稍有可以协济之处，断不敢安心坐视，置大局于不顾。无如广东支绌情形日甚一日，且有不可以咸丰年间相提并论者。若使专意待广东接济，必致贻误事机。臣等亦不能不据实沥陈，以明京饷吃重，万无力可以旁及。"①无可筹解的情况，说得十分真切，实在窘迫之至。若非郭嵩焘亲自相告，曾国荃亦不会知道广东"库藏之穷"。但国荃仍要郭在厘捐上想办法!②

　　关于厘务，郭嵩焘到广东后才洞悉情况与他省不同。一则广东货物不尽产于本地，多半接自外夷，无法酌中定数，以便取少于多；二则广东货物不归商行，悉听商贾自便，无以得知物价的低昂、行销的通滞，难以推求厘额；三则广东上下无不从事贸易，出厘之人就是办厘之人，利害关己，自难慷慨；四则香港成为粤商大行店的屯聚之地，以便依附洋人，规避抽厘；五则粤商依恃洋人为奥援，横生枝节，官吏害怕挟制，听其阻挠；六则广东习俗强悍，好勇斗狠，自厘金开办以来即时而哄闹。官吏怕事，含糊了事，形同姑息。至于官吏玩忽职守，甚至中饱，更不在话下。③是以，广州的坐贾与行商虽多，厘金实在难抽，官方有苦难言。除此之外，唯有靠捐输应急。曾国藩责怪郭嵩焘"下劝捐之令，民间鼎沸"，并不公

① 《郭嵩焘奏稿》，页30。
② 曾国荃，《曾忠襄公书札》，卷八，页2。
③ 《郭嵩焘奏稿》，页13—14。

平。所谓"民间鼎沸",无非是富商巨绅为了本身的利益而起的对抗。即郭氏所谓:"粤东贸易,皆仕宦之家为之,坐厘不能办也;所办行厘,又皆士绅包揽,分别设卡。"而郭接任后,裁汰各卡,归并一局办理,厘金收入遽增一倍,赖以筹饷之用。当地利益集团,虽然鼎沸,纵言官奏参,却无敢毁局者,实属郭氏的本领,其晚年回忆,犹乐道此事,浑忘当时的艰辛。①

督抚不和

郭嵩焘除筹饷之外,尚面临盗患,各江水师,虽支销巨万,盗案仍然"或数日一见,或一日数见"。他发现不少师船,实皆盗艘,实因官府纲纪废弛,乃先整顿水师,再事平盗,终于将官用命,盗贼止息;官船巡缉,节省省饷。当时"形神为之俱敝",感到齿冷;但晚年回忆,亦颇以能够"一心之运用"而自豪。②

然而郭嵩焘虽想大有作为,却为日常琐务,耗去不少精力与时间,例如接见文武属吏、过堂审案、交际应酬,以及处理不断的人事纠纷等。更使他感到意兴索然的是,"受抑于总督,难以施展"。他尝于日记中作悲愤之语:"身膺疆寄,而所供者,仅一幕友之职。"③ 想把他作为幕友驱使的,就是两

---

① 参阅曾国藩,《曾文正公手书日记》,册一八;《玉池老人自叙》,页13—14。
② 参阅《郭嵩焘日记》,册二,页139、140、142、147、157、159及174;《玉池老人自叙》,页12—13。
③ 见《郭嵩焘日记》,册二,页175。

广总督毛鸿宾。

毛鸿宾字翊云，山东人，道光十八年（1838）进士，于同治二年（1863）擢两广总督，与郭嵩焘同年到任。毛、郭二氏原本交好，毛且敬佩郭之文采，颇欲纳交，屡思延之入幕。而且据曾国藩说，毛为粤督后，即保举郭堪任粤抚，可谓有德于郭。问题出在督、抚同城的弊端，更何况毛虽知郭之文采，但未悉郭之脾性。曾国藩怨郭到任后，"彼此争权，迨后至于切齿"；又谓王闿运等一批文士到广东后更互相标榜，袒郭而诋毛；甚至说"郭负毛而毛无罪"，郭在粤"名望之坏，多误于王、左"①。事情非仅如此。

王即王闿运，是郭嵩焘的同乡老友，二人颇投缘，昔年在山东时曾同游畅叙。郭上任后，王自湖南来粤，停留七个月之久，直到同治三年七月才离开。左乃左桂，字孟辛。王、左等文士互相标榜以遭忌，应无可疑。王闿运飞短流长，形同挑拨，也有可能。② 但说郭在粤"名望之坏，多误于王、左"，必然言过其实。

郭嵩焘在粤名望实受损于督抚不和。按照曾国藩的道德标准，郭不应与保荐他的毛鸿宾"争权"，多少反映曾、郭虽是同乡老友，但性格上颇不相同。③ 郭嵩焘的思想与行为已超越

---

① 见赵烈文，《能静居日记》，册三，页189。
② 郭尝记："壬秋先后来言外间议论，为之怅然。"见《郭嵩焘日记》，册二，页157。
③ 曾致郭函有云："挟私固谬，秉公亦谬；小人固谬，君子亦谬；乡愿固谬，狂狷亦谬。"（见《曾文正公书札》，卷二四，页9—10）郭谅不敢苟同。

时代，故不能为同时代人所理解。假如郭氏像其他官员一样，乡愿敷衍，多一事不如少一事，根本不会有不和之事。但郭素有抱负，原以为巡抚一方，大可做出一番事业，岂知上压下撤，壮志难酬，他不甘罢休，不和自在意料之中。

毛鸿宾虽早慕郭氏文才，初不了解他的性格，以为得一能写文章、擅理财的巡抚做幕僚，岂不佳甚？哪知郭嵩焘不仅有主意，而且直言不讳。巡抚如此，总督自感不快，遂益加压制，使郭更无法施展，只能白天接见宾客，晚上审阅文书，不免因压抑而有所反弹。

清制督抚同城之弊，冯桂芬等有识之士早已洞若观火。郭嵩焘在毛鸿宾故意压抑之下，根本无权施展。督抚虽合同具名上奏，有时所奏"绝非实情"，郭亦无可奈何。[1] 有时郭条陈整顿办法，毛鸿宾不满意，乃请幕友徐灏另写，却诡称自拟，以隐没实情。郭氏甚感遗憾，但也无可奈何。[2] 至于克复信宜匪患的具奏，毛鸿宾更不顾督抚二人共同列名的惯例，竟谓："广东向例独不！"其强横自擅，令郭气恼不已。然郭虽不予计较，而毛变本加厉，更加陵藉。[3] 郭嵩焘最感失望的，不仅

---

[1] 参阅《郭嵩焘奏稿》，页15，自记。《郭嵩焘日记》有云："此折后数语，为寄公（毛）手笔，于吾心实不能安，而果致驳诘，此老于文章事理，两俱茫然，故为可慨。"（册二，页209）嵩焘评毛，亦极中肯。有谓："寄帅喜作好人，然多系口头人情，至于办事，则往往不能应手，又施不择人，行不择事，此最用人者之大忌，无以服人之心，未有能得人之力者也。"（见《云卧山庄尺牍》，卷八，页29）

[2] 《郭嵩焘奏稿》，页18，自记；另参阅页115，自记。

[3] 《郭嵩焘奏稿》，页28，自记；另参阅页151，自记。

是个人的屈从，更是巡抚尊严的扫地，让总督将他当作幕友看待。除了总督欺侮之外，藩司李瀚章（筱泉）好像亦与他过不去，时常抵牾挟持。① 总之，整个广东吏治使他悲观，他发现上下官僚"以办事为大忌，而又各怀私见，多所瞻顾，唯恐一有举措而不得保其私利"②。他曾向曾国藩抱怨，不但未得同情，反遭讥训。③ 曾国荃对郭嵩焘的处境则较为理解与同情。

内乱再起

曾国荃于同治三年（1864）七月中旬攻克太平天国的天京。消息传来，郭嵩焘当然兴奋莫名，更为老友的不世之功，感到骄傲与欣慰。是年曾国荃生日，嵩焘写了十三首七言绝句贺诗④，对曾氏兄弟不顾疑谤苦心经营，战功卓著，备致赞扬。其中第二首曰：

> 历尽红羊小劫年，乡兵缘始自孙坚。
> 龙搏水击三千里，撑起东南一柱天。

诗中将曾氏兄弟筹募乡勇起兵讨伐洪杨，与汉末孙氏兄弟起兵讨伐黄巾相提并论，将曾氏兄弟誉为东南一隅的擎天一

---

① 见《郭嵩焘日记》，册二，页151。
② 同上，册二，页174。
③ 见赵烈文，《能静居日记》，册三，页1906—1907。
④ 俱见《郭嵩焘日记》，册二，页185—186。

柱。第四首追怀当年征战情况：

> 阿连一旅起偏师，耿耿孤忠天下知。
> 记得青原山下路，横戈跃马薄城时。

下一首最有诗意韵味，更具言外之意：

> 万户邱墟九土尘，由来盗贼本王民。
> 战功略似诗人笔，点画江山若有神。

前两句抒诗人之悲悯，后两句发诗人之豪情。诗人将国荃的战功比拟为诗人之笔，点画江山，若有神助，潇洒之至。然而功高震主，曾氏兄弟不免遭遇"危难兼疑谤"，故最后一首则有劝退之意。不久，国荃果然成为众矢之的，愤而称病请辞。郭嵩焘的先见之明，盖因其于当时的世道人心，早已洞悉至微。诗云：

> 人心世道两嵚崿，与世周旋暗自疑。
> 谁似功成身早退，味回好在梦醒时。

湘军克服金陵，太平军虽遭到致命打击，但战乱并未迅速平息。太平军中既多粤人，大有南窜之势，反而增加广东防务上的紧张。金陵未破前，郭嵩焘在湖南驰书伯兄，即已预测"若金陵克服，则当以闽粤为归宿"，因而"庾岭险要，不可

不先事筹防"。果然，同年九月初四（1864 年 10 月 4 日），太
平天国侍王李世贤南下，占领广东镇平（即蕉岭），再南趋松
口，有攻夺潮州之势，且有进占台湾的企图。九月十四日又占
领漳州。郭嵩焘调度水师，驻扎汕头，以便防阻，然"寄帅
（毛鸿宾）主兵而不知兵"（崑焘语），不免掣肘。①

　　广东内乱不绝，防务日亟，军费的开支已极为浩大，然而
广东仍需协济他省，筹饷之困难，可想而知。郭嵩焘为了公平
起见，稍事更定章程，使富商分摊捐输，使一般平民的怨气稍
平。哪知巨商富贾避居港澳，依附洋人，并散布流言，说是官
府逼捐，使富绅大贾纷纷逃亡，民间恨之切骨。此时又因江南
初定，遣散的苏州勇丁，拥回广东佛山等地，纠众打劫，使朝
廷大为震动，遂于七月十一日严旨参劾督抚。② 同治三年九月
初六（1864 年 10 月 6 日）又有人奏参广东督抚派捐，任意逼
勒，显然是有钱人为了一己私利不惜造谣毁谤。然由于来势汹
汹，朝廷密谕广东将军瑞麟查访。③ 于是郭嵩焘将办理厘捐情
形上奏，指谣言之传闻无实，斥造谣者"影射规避，挟私求
逞，断难凭信"④。奏入，上谕以"不可一意孤行"⑤ 了结。
郭氏日记所谓"朝廷听言太杂，最为今日大患"⑥，应指此事

---

① 参阅《郭嵩焘先生年谱》，上册，页 300—302；郭崑焘，《云卧山庄尺牍》，
　　卷八，页 19、22、26 及 27。
② 见《郭嵩焘奏稿》，页 114。
③ 见《清穆宗实录》，卷一一四，页 27—28。
④ 《郭嵩焘奏稿》，页 233。
⑤ 《清穆宗实录》，卷一二五，页 5；另见《郭嵩焘日记》，册二，页 209。
⑥ 《郭嵩焘日记》，册二，页 178。

而言。

革职留任

　　但被参的难关并未渡过。本来毛鸿宾与郭嵩焘发起"捐廉助饷"，得到"从优议叙"的奖励，然而广东学政、司道等所捐，均分别移奖子弟。当毛、郭亦将一体办理，朝廷认为"意存计较，不识大体，所见卑陋，命将捐银发还"，不但撤销"从优议叙"，而且还要"交部议处"。① 郭抚显然是受了毛督之累，但是"波及之冤，无可自明"②。"议处"的结果是"革职留任"。原来的处分是较重的"降调三级"，故"革职留任"尚属恩典，必须谢恩。郭在《革职留任谢恩疏》中，除表达"惶恐图报之义"外，表达绝无"营私之意"，希望不要将已捐之俸退回，否则"何颜对诸寮属"。③ 他在疏中不能自明的心迹，多年之后在疏后的自记中，表露无遗："此疏实碍难着笔，而私衷愤郁之气，又不能不稍自明，与此曹共事，公私交受其累，为之拊膺浩叹而已。"④ 此曹非毛鸿宾莫属，移捐俸奖励子弟原是毛鸿宾的主意，郭氏受累，犹如哑巴吃黄连，有苦难言。

　　郭嵩焘到广州上任之后，既与同官龃龉，又遭绅商诋毁，原有的雄心壮志又冷却了不少，崐焘虽劝其"独居愤郁，当

---

① 《清穆宗实录》，卷一二○，页3—4。
② 《郭嵩焘日记》，册二，页185。
③ 《郭嵩焘奏稿》，页162—163。
④ 同上，页163。

众怒訾，于事何补"，但仍不免感到孤掌难鸣，中怀郁郁，又
受累蒙冤，不为朝廷谅解，更觉激愤。[①] 他于同治三年十二月
十九日（1865 年 1 月 16 日）抄录黄石公《素书》六篇，其中
有一段是：

山将崩者下先隳，国将衰者人先弊。根枯枝朽，人困国
残。与覆车同轨者倾，与亡国同事者灭。

《素书》六篇，出后人伪托，意味亦浅，郭氏所以全篇抄
录，因为"其间多有切中鄙人之隐病者"[②]。金陵克复后的短
暂欣喜，罩不住国家前途的暗淡，许多问题并不因太平天国的
覆亡而可以解决。其实大乱之后又有新的问题，如何安排退伍
军人，就是一极为头痛的事。沈葆桢建议"加以豢养"，庶免
"构祸之事"，但郭嵩焘很不同意，认为不能将国家"有用之
财，养无用之人"，何况财政已十分窘迫，唯有俟"天下大定
之后，裁撤归农"的办法。[③] 总之，社会的动乱并不因金陵克
复而纾解。就广东而言，由于"贼势南窜"，形势反而更加
不好。

郭氏悲观之余，又萌生退志，同治三年岁暮和陈懿叔诗
中，已见"归隐"二字：

---

① 郭嵩焘当时愤激之心情可见之于郭崑焘家书，见《云卧山庄尺牍》，卷八，页
　17 及 19—20。
② 《郭嵩焘日记》，册二，页 197。
③ 参阅《郭嵩焘奏稿》，页 156—160。

> 梅花开尽已冬深，暖气翻成暄暄阴。
> 老景渐催年似日，世途苦隘古犹今。
> 殊方纷扰蛟螭窟，大地微茫蚤虱音。
> 堪笑先生好归隐，尘埃苦耐鬃毛侵。①

　　广州地处南陲，天气炎热，而这一年的冬天，尤其晴燠，元旦前后还甚燥热。但暖和的天气并不使他心情开朗，他将所居的“殊方”，比作纷扰的蛟螭窟，其心情之坏，固可想见；其欲离去之情，亦呼之欲出。

　　郭嵩焘的意绪怫郁，曾国藩已有所闻，遂于同治四年正月初二（1865 年 1 月 28 日）写信给郭，望其不计毁誉，“俯默精勤，以冀吾志之大白，不宜草草赋归”②。郭至二月初一日才收到，邮递竟长达一个月。③ 李鸿章也来信劝慰，说是“主少国疑”“粤匪残焰犹张，中土边疆传烽正盛”，老成宿将不宜引退。④

　　不久两广总督毛鸿宾因在“湖南巡抚任内，失察藩司，委属不公”，于同治四年正月二十六日（1865 年 2 月 21 日）交部议处，降调一级。三月初三，广州将军瑞麟（澄泉）奉

---

① 见《郭嵩焘日记》，册二，页 203。
② 见《曾文正公书札》，卷二四，页 26。
③ 见《郭嵩焘日记》，册二，页 215。
④ 见李鸿章，《朋僚函稿》，卷六，页 1—2。郭氏似于二月十一日才收到，见《郭嵩焘日记》，册二，页 2—7。

命兼署督篆，郭嵩焘始知毛被降调①。郭与毛不和，彼此心照不宣，仍待之以礼，处处忍让，仅将毛之委琐无能，形诸字里行间。毛鸿宾的去职也许一时之间打消郭之辞意，然而郭在广州的境遇并未改善，仍然不能依自己的理想办事。瑞麟也不是有识见、有担当的人，当时又逢广东军事紧急，与瑞麟协调防务多不顺心应手，再加上与左宗棠反目为仇，相煎至甚，使他痛苦万状。

---

① 《郭嵩焘日记》，册二，页226。

第十章　粤东攻防与左郭交恶

曾左龃龉

左宗棠，字季高，又字朴存，湖南湘阴人，与郭嵩焘是小同乡。左比郭大六岁，二人自小相识，曾同避寇于家乡之东山。咸丰二年，左因郭之劝导，应湖南巡抚张亮基之请入幕府；后又襄助骆秉章，颇得骆氏赏识。郭在京师南书房行走，咸丰皇帝召对时，曾极力推崇左宗棠的才能与品德。咸丰十年（1860），左即由曾国藩保荐，襄办皖南军务，并自组楚军五千人，转赴江西作战。翌年三月，败太平军侍王李世贤于乐平，奉命襄办江南军务。同年十一月，李秀成攻克杭州，浙江巡抚王有龄自杀。左宗棠接任浙抚，转败为胜，渐次恢复浙江，擢升为闽浙总督，赏太子少保衔，封一等恪靖伯、赐黄马褂，威望至隆。同治四年（1865），太平军败退广东，左宗棠即南下节制福建、江西、广东三省军务。就在此时，左宗棠与粤抚郭嵩焘发生摩擦，煎迫甚厉，直至郭离粤而后止。嵩焘家书中有谓：

浙江与安庆水火益甚，盗贼未平，诸君之意见尤难平，念之慨然。①

浙江为左宗棠所在地，安庆为曾国藩驻地，可见内乱未平，曾、左意见已经不同，显然左以郭为曾之同志而难之。

粤防吃紧

曾国荃既克金陵，太平军经由江西南下，粤防顿形紧张。早于同治三年七月十八日（1864 年 8 月 19 日），郭嵩焘已与总督毛鸿宾联名奏请饬曾国藩等严守赣南，防阻太平军入粤。郭于亲拟的"防贼窜粤"一片中指出："岭表地广人稠，无业游民数倍于耕作之众，且群贼多籍隶粤东"，易与南窜之寇会合，所以，为了防止太平军与粤东盗贼勾结，"必以控制赣南为第一要义"②。郭担心曾国藩重施故技，为了保全赣西，兼顾西楚，将纵寇入粤，所以声明今次事异情迁，必须扼守赣南以保粤，此次若让败寇进入岭南，贼势又将复张。他主张乘太平军余党窜粤之前，"合数省之全力，乘大捷之余威"，一鼓而歼灭之。为此，他"飞咨曾国藩、左宗棠、杨岳斌、李鸿章、曾国荃、沈葆桢等会商"，将"于闽粤交界之处会同江西大军进剿"，并"督同各地方文武协力守御"。③

---

① 郭嵩焘，《云卧山庄尺牍》，卷八，页 30。
② 见《郭嵩焘奏稿》，页 96。
③ 同上，页 96—98；参阅《郭筠仙侍郎书札》，页 31—32。

广东兵力甚薄，独力绝无法防堵。但江西会剿未举，太平天国侍王李世贤部已经南下。曾国藩驰函郭嵩焘力辟"驱贼入粤"的流言，并答应援粤。可是在粤东攻防战守上，郭仍受制于总督。例如广西提督冯子材自江南赶到广东，深受郭之赏识，留他督办东江军务，结果被毛鸿宾调走，郭虽力争而不果。① 后来毛虽被降调，瑞麟升任总督，但瑞麟较毛鸿宾更等而下之，不仅见解浅陋，而且办事猥琐夸张，全不识大体，更不通夷情，内心全无主宰。瑞麟的官运无非由于他是满族亲贵，与慈禧太后同出一族。

同治四年四月初七（1865 年 5 月 1 日），在湖北金口的鲍超的霆军正拟开赴甘肃，太平军降卒突然哗变，陷咸宁、崇阳两县。郭嵩焘于同月二十七日闻变，并于五月中旬得悉叛军已从湖南的安仁到达永兴，已靠近赣、粤边境，乃就商瑞麟，要求急调副将郑绍忠一军，前往粤北南雄防守，调方耀驻嘉应、卓兴权驻龙川，以便兼顾。这种必要的军事调度，竟遭瑞麟反对，坚不肯调，以防守嘉应为托辞。② 事实上，粤东嘉应一带已有四万重兵，而粤北南雄至和平数百里地无一兵一卒。郭嵩焘力争无效，使他感到这位总督既不知兵亦不明事情的轻重缓急，至为气愤，在日记中写道："毛公（鸿宾）以傲很为能，

---

① 见《曾文正公书札》，卷二四，页 23—24；《郭嵩焘奏稿》，页 151—152。郭曰："禀请用兵，此事重大，制军（毛）乃专任一凶横无礼之武员主持之……此事始终不能一申吾志，念之慨然。"见《郭嵩焘日记》，册二，页 215，另见页 244。
② 《郭嵩焘日记》，册二，页 240 及 250。

此（瑞麟）又以阴凝为力，两俱不可共事，而毛君优矣。"①
相比之下，反而觉得毛总督还不错，其厌恶瑞麟之情状可知。

　　未出郭氏所料，霆军叛卒果然攻陷粤北乐昌（在南雄之
西）。郭又请瑞麟调冯子材（时在粤西）前往防堵，又不允；
终使叛卒与汪海洋所部汇合，形成很大的威胁。在此之前，郭
已与瑞麟论事不合，甚至"抵排攘斥"。至此，他更加瞧不起
瑞麟。以前还称之为瑞老或澄帅（瑞麟字澄泉），后则遽称之
为瑞君，觉得与此曹共事，真是莫大的冤屈与耻辱。替毛鸿宾
写折稿，已感不值，替瑞麟司奏章，更感可笑，"为庸笔所点
污"，已想拂袖而去，只是军事紧急，未便立即乞辞罢了。②

左宗棠拆台

　　当时闽浙总督左宗棠已在福建追剿李世贤、汪海洋部，甚
是顺手，前锋逼近龙岩、漳州一线。左氏尤得力于淮军将领郭
松林、杨鼎勋两支部队的协力。松林字子美，湖南湘潭人，曾
隶曾国荃军。同治元年（1862），从李鸿章率淮军赴上海，与
忠王李秀成大战于沪西，战功甚著。同治四年（1865），太平
军入闽，李鸿章派郭松林由海道赴援，助左宗棠追剿。杨鼎勋
字少铭，四川华阳人，应募从军，咸丰七年（1857）从鲍超
作战。同治元年（1862），李鸿章督师上海，杨乃离开鲍超，
加入淮军，以功升至副将，并习西洋枪队，作战甚是英勇。同

---

①　《郭嵩焘日记》，册二，页251。
②　同上，册二，页247、282、284及286。

治四年（1865），杨随郭松林赴闽支援。① 郭、杨二军由李鸿章派往福建，以协助左宗棠作战。

李世贤与汪海洋既被围逼于闽南，其出路不是入海，就是逃往粤东、赣南。所以，朝廷一再告谕，要求各省合力围剿，一举歼灭。同治四年五月，漳州府城与南靖先后克复，建立大功，左宗棠与郭松林都受到奖赏。但粤东防务也就更加吃紧。果然，败退的汪海洋部众由闽入粤，于五月下旬占领粤东镇平，达三个月之久。

漳州既复，李鸿章曾上奏请调淮军北上，以便在江西、湖南边境迎击；上谕乃令左宗棠"就近妥为调派"。然而当时康王汪海洋部既已抵达镇平，势必由长宁、安远，进扰江楚，而郭、杨淮军既驻云霄，距粤边颇近，郭嵩焘乃与总督会奏咨调苏军（即郭、杨所率之淮军）由云霄直驱潮州、嘉应，再取道平远，出长宁，而后开赴江楚，以成合围之势。所以郭嵩焘吁盼苏军来粤，除咨左宗棠外，并亲函郭、杨，有云：

此间军事距大营为近，缓急机宜当能澄几审势，规画大局，盘视而迅击之，如疾风之扫秋箨，威焯旁达，遐迩瞻依。依计大军由云霄进发，三日可达潮州，韩江一水，上溯嘉应，计程亦不过六七日。眷望霓旌，当已荣临粤界，贼势屯踞镇平、江闽边境渐已合围，唯西路由平远以达长宁，尚无重兵，鄙意当俟大军到后，通筹部署。康军已驻松源，自东逶北，兵

① 参阅《清史稿》郭松林传，册四〇，页12307—12308及12311—12312。

力尚厚，大军当专任平远一路，南路委之方、邓各军，庶于少
荃宫保奏防江、楚边界之议，适相符合。

　　企盼之情，溢于言表。他更明言：听说左宗棠奏请调苏军
北上剿捻，认为淮军北渡者已万余人，应留苏军"为东南之
保障"；左氏奏调之议，实于"地势之宜，军情之因""皆有
所未详"，故要求郭、杨二军"且姑置左公之议"，至于军饷
当不至阙乏。[①]

　　左宗棠果然于闰五月初五上奏，谓侍王李世贤诸部已经剿
除殆尽，康王汪海洋余党也已无多，不难歼灭，而北方捻乱仍
甚猖獗，宜于直、鲁等地厚集兵力，郭松林部恰多皖人，应即
调回苏省，以备派遣。[②] 郭嵩焘虽致函子美（郭）、少铭
（杨），言辞恳切，显然难敌左宗棠的专横。郭松林军已迅奉
左宗棠之命，乘轮北去，杨鼎勋部亦随后续行，均于六月初相
继返抵上海。郭嵩焘于六月初八始知，叹道："季高此举，使
人郁闷。"[③] 郁闷之故，不仅不讲私谊，留商量的余地，而且
拆了他战略计划的台，不免有贪功图私之嫌。郭仑焘于致李瀚
章信中，即责左"骛于勤王之名，而未合筹其缓急，图远略
而未规近局"[④]。苏军在闽作战甚力，竟于全功告成之前北调，

---

① 见《郭筠仙侍郎书札》，页17—20；参阅《郭嵩焘奏稿》，页210；《郭嵩焘
　　日记》，册二，页268。
② 见《左文襄公奏稿》，卷七，页59。
③ 《郭嵩焘日记》，册二，页274。
④ 见郭仑焘，《萝华山馆遗集》，卷四，页46—47。

实难令郭嵩焘理解，故于致友人私函中痛斥左宗棠"此等处置，几于老悖不复可以理论"①。显然，左宗棠先后平定浙、闽，功高志骄，全不把郭嵩焘放在眼里，郭氏心里必亦有数，但左氏此举不顾大局，遗累粤省，则又何说？郭实难以理解。

乞师淮军

然郭嵩焘并不就此罢手，于郭松林已北调之日，仍驰函李鸿章幕友丁日昌，直言企盼郭、杨二军再度来粤追击败寇，并已备妥军食以待。郭于致丁函中，更明说心中的委屈，谓郭、杨二军开赴福建之初，即已邀之来粤助阵，岂知左宗棠不顾闽、粤相接，不惜借朝命，强将二军北调，真不知居心何在！激愤之情，已见乎其辞。最使郭嵩焘愤怒的是，左氏于军情汇报中，全不提调军事，故意把他蒙在鼓里，以便造成既成事实。他又向丁说明，粤军虽然"精悍能战"，但"积习太深，纪纲法度，一切废弛"，而在此紧要时刻，广东却有一"不知兵之督办""无纪律之方（耀）军"，实在难以担当澄清之责，所以不得不有请于李鸿章；他先与丁氏相商，如果可行，再上闻李氏。他在丁、李之前也不隐瞒对左宗棠的极度不满，认为"左帅此举，辜数省之望，遗累无穷，深所不解"②！

---

① 见《郭筠仙侍郎书札》，页33。
② 黄濬在丁文江家中见此原函，全文见《花随人圣庵摭忆全编》，上册，页99—100。郭在上疏中曾直指二军北调，"坐令贼势复张，阑入粤境"，见《郭嵩焘奏稿》，页243—244。

　　郭致丁函于六月初八写就，翌日托人带到香港付邮。① 但郭与丁商请李鸿章再派淮军南下相助，未成事实。由上谕可知，朝廷颇关注"发逆窜粤"，以及李世贤与汪海洋的下落，令左宗棠"迅催闽军入粤，会合粤省兵勇两面夹击，尽扫贼氛；不得以贼已出境，遂置粤事于不顾"。同谕并"着左宗棠、李鸿章斟酌调派，毋失机宜；如郭松林等业已赴苏，应如何添派劲兵，赴粤、赴江防剿，即着左宗棠妥筹兼顾，不得稍分畛域"②。清廷虽允准左氏北调郭、杨二军，隐然有责备左氏之意。左宗棠似难辞"不兼顾"以及"分畛域"之咎。

无奈乞休

　　闽乱虽靖，粤氛更炽。汪海洋大股残部占据粤东镇平，乘虚进扰嘉应一带。七月中旬（1865 年 8 月底）太平天国来王陆顺德、天将林正扬又占领了粤东嘉应与龙川之间的长乐，惠州受到威胁，"搬徙一空"。郭嵩焘乃决定亲自前往惠州督师，不意大触瑞麟的忌讳，再四不许。他益加感到这位总督，"识暗而情愈僻，力柔而毒愈深"③。更使他感到离奇不解的是，瑞麟竟认为巡抚"越职侵权，有意陵冒"。但郭嵩焘认为，国

① 见《郭嵩焘日记》，册二，页 274。

② 同治四年六月初六日六百里寄谕，录于上书，册二，页 282—283。另谕因六月二十五日瑞、郭之奏，又命左宗棠等"迅速调派，督率各军，同时并进，不得存此疆彼界之见，意存观望，贻误军机"。见《穆宗实录》，卷一四八，页 18—19。

③ 《郭嵩焘日记》，册二，页 293。

家定制由总督主兵事，乃指额兵而言；"至于募民为兵，防堵边界，保守城池，抚臣例当会办"。他身膺封疆之寄，不能晏然坐视，而"惠州为省垣屏蔽，渐次向前督帅，仍系正办"。何况"瑞麟兼任将军，职在居守，臣以身御贼，仍请瑞麟具奏，似非越职"。他不仅将此事毫不隐饰上报，更直陈广东办理军务"幕客、门丁、书吏扶同渔利"，以及批评总督"慈柔宽裕，狃于见好"，自叹"竟无可为自效之术"。①

同治四年七月三十日（1865 年 9 月 19 日），郭嵩焘于失望之余正式具稿以病乞休，请另简能员接任广东巡抚。他辞职之前虽已听说瑞麟"有密件发递"，但"乞休"确是"其计早定"，并已向老友们透露，所以曾国藩、李鸿章、刘蓉等等，一一来函相劝。前因军务倥偬，无词言退。至七月初步和懿叔诗有云"拂衣归理湘江槎"，去志已萌。七月二十三日，送崙焘回乡之际，已经过朋友相商具疏乞病。至此崙焘以及友人们也都赞成他辞职。②

他在乞休疏中，以"才力浅薄，百不从心，年余以来，疾病侵寻，衰态日作"为由，请"准予开缺调养"。但在附片中，直言无忌，痛劾毛鸿宾、瑞麟先后失误，以致积习相仍，不讲实际，"非有刚强严毅之员接任巡抚，帮同瑞麟经理，直恐隐忧日积日深，终至不可收拾"。他又另附一片请饬左宗棠督办粤东残寇，认为左虽有越境追剿之命，但粤、赣、闽三省

① 《郭嵩焘奏稿》，页245—246。
② 《郭嵩焘日记》，册二，页286及293。

兵力，并"不相联属，将自为营，人自为战，日久相持，使贼得以其间休养余力"，所以他建议以左氏威望来统一事权，以利攻战。① 可见，他虽已与左龃龉，却不以私害公。反而，他讥嘲瑞麟"以左帅督办三省剿匪事宜为嫌"，认为做人、治军、行政要有二义"自强"（意谓刚强自断）与"下人"（意谓接受别人的意见），他笑瑞麟既不能"自强"，又不能"下人"！②

乞休疏所附的第三片是驳斥御史潘斯濂对他的参劾，涉及二事：一为广东捕务因循，盗风日炽；二为桑园围银案。关于捕务，他毫不讳言"盗贼公行，历年已久"，并指出原因为吏治废弛，以致"相率以讳盗"。但对于潘御史所谓"近年捕务废弛，较前更甚"，则不能苟同。他辩称该御史所举盗案，均在同治二年自己到任之前；而近年治安已大为改善，吏治也较前清明。至于银案，他直言："该御史远在京师，于桑园围本末缕举无遗，而提用各款十余年之久，未闻议及。臣勉力筹还，乃反加之苛论。"他指出所以遭忌，乃因"又谬思整顿，于地方一二绅士，诚惧不免稍有参差，动辄得咎"！③ 动辄得咎，最能表达他不能有所作为的苦衷，使他不能不求去。

---

① 　见《郭嵩焘奏稿》，页243—247。
② 　见《郭嵩焘日记》，册二，页283及295。
③ 　《郭嵩焘奏稿》，页247—250。

冤家聚首

疏上之后，除了诏命饬令左宗棠赴粤督师、节制三省军事外，不仅不准郭嵩焘开缺，而且严行申饬，因为如此直言无讳的上疏，在当时官场极为罕见。上谕谴责他"何至以无可自效，谬思整顿等词，冒昧入奏，殊失立言之体"，认为他之乞休，意在负气，所以拒斥。① 郭嵩焘既然辞不掉职，留在广东当巡抚，与左宗棠的直接冲突，也就无法避免了。

事实上，郭嵩焘并非全是负气请辞，的确有病在身。他不仅患严重的失眠症，而且水土不服，周身痒痛，夏苦疮患，秋冬又苦蚊虫。② 不过他乞休不准之后，瑞麟办事一改旧观，多中肯綮。他遂又称瑞为澄帅，诚心与瑞合作。③ 可见郭氏之对事不对人。他与瑞麟的关系有所改善，尚不知左宗棠正磨刀霍霍，来势汹汹。

左氏节制三省军事之后，奏责粤军会剿不力，谓闽军追剿六昼夜，"未闻粤军一卒一骑会剿"，而粤东土匪反而乘机袭击官军，伤勇夺械；并指控粤军于上年杀害湘勇，故请饬下广东督抚严办。④ 瑞麟与郭嵩焘于十月十二日（1865 年 11 月 29

---

① 见《清穆宗实录》，卷一五二，页 2—5。
② 有诗为证："岭表三年事事乖，无端怅触上心来。寒蚊绕榻冬逾猾，病眼支更漏转催。肺附全教真相变，疮痍先为一身哀。大言自合干天忌，眼食于今竟两载。"见《郭嵩焘日记》，册二，页 316—317。
③ 见《郭嵩焘日记》，册二，页 305—306。
④ 原奏见《左文襄公奏稿》，卷一五，页 33—35。

日）接奉九月二十四日六百里寄谕，传达左氏请饬粤省严办各折片，并责令"瑞麟、郭嵩焘责无旁贷，着迅派兵勇，将此起土匪会同闽军实力剿洗"；又左氏指控粤军方耀部残杀张运兰所属湘勇二百余名，"均着瑞麟、郭嵩焘即行捕获贼犯正法，毋稍宽纵"。①

约当同时，郭嵩焘闻说左宗棠请辞三省督剿之命，以为左因不愿入粤而请辞。②岂知左又在请收回成命奏章中，直指瑞麟、郭嵩焘均不胜督抚之任，谓郭氏"勤恳笃实，廉谨有余，而应变之略，非其所长……粤事贻误已深，忧惧交集"，并谓广东督抚须得李鸿章、蒋益澧之才代之，方克有济。③左以蒋与李相匹，以其亲信蒋益澧代郭之心，已昭然若揭。左氏心知肚明，朝廷忧虑逆寇再度蔓延，必有赖其统一筹划，大可以退为进，满足自己的要求。果然朝命坚欲左宗棠节制三省诸军，并谕促赴粤督剿。左氏既以撤换广东督抚为条件，郭之去粤实已成定局。唯郭迟至同治五年二月十六日始知左之参折，叹谓："左帅之用心，亦曲矣！"④

左宗棠于朝廷撤换广东督抚之前，仍迟不入粤，且继续上奏抱怨粤方之不得力。郭于同治四年十月二十八日接奉同月十二日六百里寄谕，附有左氏奏片，复陈广东军务贻误情形。瑞

---

① 见《郭嵩焘日记》，册二，页 317—318。
② 同上，册二，页 318。
③ 见左宗棠，《左文襄公奏稿》，卷一五，页 38—39、63。
④ 见《郭嵩焘日记》，册二，页 357；另见郭致曾国藩函，载《陶风楼藏名贤手札》，册二，页 591—597。

麟与郭嵩焘因而遭到"严行申饬"。于明降谕旨中，饬令："郭嵩焘亦当和衷商酌、务求至当，不得偏执己见。此后该督抚遇有公商事件，总当以国事为重，毋许各怀私见，再蹈前非。"①

全力倾轧

当时朝廷看重左氏，有赖他统一事权，以尽扫妖氛，难免事事迁就。至十二月初，粤东嘉应为汪海洋占据，好像落实左氏的指责，朝廷也更需要左宗棠即行入粤，调度各军，遂发十二月初九上谕，授权左宗棠"入粤后，妥筹调度。如江、粤各省之兵有疲苶不能得力，贻误事机者，即由该督严参治罪"，并命瑞、郭将粤军方耀等部队归左宗棠指挥。另因左指控广东布政使李福泰虚报战功，"着先行交部议处，并着左宗棠察看，如始终不能得力，即另拣妥员统带，将该藩司撤回参办"②。可见朝廷已完全站在左宗棠的一边，以期一鼓而荡平太平军的残部。

左宗棠既在公文中指名参劾，谓郭"应变之略，非其所长"，又在私函中极力诋毁。郭嵩焘力促苏军入粤，以及此事所引起的风波，使左甚感不满，将郭函置之不理。当左接受节制三省之命，势必赴粤督师，不得不与郭氏联络，然而竟在函

---

① 《郭嵩焘日记》，册二，页325。左于九月十八日奏折中，指名郭嵩焘"应变之略，非其所长""咎由自取"等等，见《左文襄公奏稿》，卷一五，页61—64。

② 引自《郭嵩焘日记》，册二，页344。

中托辞不知邀郭松林入粤事，否认"虚骛勤王之名，而纵目前应剿之寇"，又说"粤东、江西、吾闽之兵，约逾十万"，何忧残寇不灭，"何必苏军而始灭"，认为郭嵩焘之要求全无必要。而残寇之所以窜粤，左责怪粤军之"讳罪居功，讳败言胜"，反而教训郭嵩焘要"明察诸将功罪，而多方激厉之"。① 同时左于致福州将军及福建巡抚信中，径言："以局势论，贼势平定，屈指可期；若以人事论，则杞忧方甚矣！"② 所谓人事，显指广东的督抚，左于郭之轻蔑不值，已至非去之而不快的地步。

由左宗棠统筹三省军事，原是郭嵩焘的主意，见诸郭之奏疏。及郭闻诏命，欣然驰书祝贺。哪知左竟复书相讥，谓"粤东兵事，谬误太甚，怪阁下不能发谋以匡救之"，盛气凌人。又说粤军非其能节制，已"拜疏恳辞"，表现出不能接受之傲慢。然后更以教训之口吻，谓"督于抚虽有节制之义，然分固等夷，遇有龃龉，应据实直陈，各行其是；惟因权势相倾轧，则不可耳"，悍然责怪郭以权势相倾轧。更语及毛鸿宾事，谓"老兄于毛寄耘，心知其非而不能自达其是，岂不谓委曲以期共济，而其效已可睹。兹复濡忍出之，迨贻误已深，而后侃侃有词，则已晚矣"。遂以断然的口吻说：粤军"贻误各节，则昭明较著，无待察访也"。③ 此私函不啻挑战的檄文。

① 见《左文襄公书牍》，卷七，页59—60；《左文襄公奏稿》，卷一五，页63。
② 《左文襄公书牍》，卷七，页68—69。
③ 同上，卷八，页14—15。

郭嵩焘尚未接读此讥嘲之书，已先寄左一函至漳州。左于十月中旬又复一书，仍认为粤事贻误太深，非彻底整理，无能为力。① 其斥郭之无能，以及不屑入粤相助之意，有如单刀直入。但不久之后汪海洋部由江西折回，攻占嘉应，左被形势所逼，不得不移驻广东大埔，入粤终成事实。

十一月中旬，左宗棠在闽粤边界，再度复书相诋，对郭嵩焘所建议的战略，批驳殆尽，以为不值一文。于郭之抚粤，左认为"阁下开府两年，于粤、楚人才，未甚留心，已难辞其咎，而小处则推求打算如弗至，此所以近于迂琐也"。左既骂郭"迂琐"，又说："广东固以推诿为善策，阁下所为亦近之，观其预为诉苦，知其概矣，然则谥之迂琐，不亦宜乎。"② 出言已甚不逊，极尽嘲弄之能事。及十二月初，左宗棠于诏命催促下，决定进军广东，乃请郭嵩焘筹备粮草，代雇运夫，设立米局，制造船炮等，郭一时未应，左大不高兴，更严词讥诋，斥郭"才明弗逮""不自省责"，既怪郭谋饷不力，又谓："吾窃料公所为，亦无以远过毛、瑞也；才之不可强，而明之有弗逮也，人乎何尤！"③ 直以郭与毛、瑞为一丘之貉，其意在刺伤郭氏，已经十分显露。

同治五年（1866）正月之初，嘉应既已克复，郭嵩焘拟赴粤东与左宗棠面商，左不仅拒之，而且再度以盛气凌郭：一

---

① 《左文襄公书牍》，卷八，页18—19。
② 全函见同上，卷八，页30—32。
③ 《左文襄公书牍》，卷八，页39—41。

则自诩其功，谓"阁下览至此，亦必服其裁定之敏，调度之周"；另则斥"粤东吏治军事玩愒粉饰"，谓"阁下力图振作，而才不副其志，又不能得人为辅，徒于事前诿过，事后弥缝，何益之有"；并作忧愤语，谓"巨寇虽平，忧虑正迫，如何！如何"①！

　　左宗棠于奏疏中四度劾郭，又于私牍中力诋广东督抚贻误无能，其意图已甚明朗。早于上年十二月中，左已奏保其亲信蒋益澧由浙赴粤办理军务及筹划粮饷，意在取郭而代之。郭亦心知肚明，于正月二十六日致蒋一信："以左帅奏令来粤，意在排挤鄙人，不知鄙人七月一疏，原拟举蒋自代也。"② 郭于左，可谓先意承志；而左于郭，则毫不留情面。

交恶刻骨

　　郭嵩焘对于左宗棠的讥诋，初不甚介意，因他一直自认广东吏治玩愒，军务不振，左之相责，令他深自愧恨而已。如同治四年十一月十八日（1866 年 1 月 4 日），郭"接左帅咨十余件，指陈军事，与鄙人批饬李星衢、张寿泉者，无一不相符合，而词加严。发声振聩之功可喜，亦窃自愧也"。四天之后，他又接到左宗棠的信，"诮责之中，至流于悖谬。内见嫉于同事，外见侮于故人，吾亦且无以自解，岂非天之厄我哉"，仍然深自谴责居多。再五天后，又"接季帅一信五咨，

① 《左文襄公书牍》，卷八，页 41—43。
② 《郭嵩焘日记》，册二，页 351。

嘻笑怒骂，无所不备，乃使我等诸君同受此辱，可慨也"。到十二月十七日，又"接左季高信，立言愈谬，诟詈讪笑，皆吾辈所不肯以施之子弟者，君子交接不出恶声，所以自处宜如是矣。是夕以一信复之，嗣后于此公处境不宜时与通问也"。①至此，郭嵩焘才动了肝火，以致于左终身不谅。左于收复嘉应后，自诩大功；但在郭氏眼里，"左帅以盛气行事而不求其安，以立功名有余，以语圣贤之道，殆未也"②。左固轻郭，郭对左的敬重，亦已不复存在。

粤东平定，郭嵩焘自亦有功，朝廷诏赏二品顶戴，然而未久即奉解任上谕，并诏命蒋益澧为广东巡抚。有功反遭解职，自非无故，显因左宗棠与郭势不两立之故，以蒋益澧代之，更可知左氏用心私多于公，攻击郭原有起用亲信之目的。③郭嵩焘早有辞意，只是朝廷不准，原无恋栈。他感到难以释怀的是左宗棠对他不留余地，明明有私心，反而大言欺人；既不顾惜旧谊，又恩将仇报，于公于私，两无凭借，使郭无从谅解。此一不谅解不仅未与时淡忘，反而与时俱增。郭于解职之后，驰书曾国藩，于左氏有意夺位，深致遗憾，说是"鄙人致憾左

---

① 见《郭嵩焘日记》，册二，页330、331、332、342。
② 同上，册二，页350。
③ 见《清穆宗实录》，卷一六七，页14。郭嵩焘原为三品顶戴，升了一级，郭之谢恩疏见《郭嵩焘奏稿》，页316—317。左宗棠荐蒋益澧不遗余力，若谓："浙江布政使蒋益澧才气无双，识略高臣数等。若蒙天恩，调令赴粤督办军务，兼筹军饷，于粤东目前时局，必有所济。"见《左文襄公奏稿》，卷一六，页41—42。

君，又非徒以其相倾也，乃在事前无端之陵藉，与事后无穷之
推宕"①，愤恨之情犹见乎辞。

至光绪六年（1880）七月，左宗棠奉诏命自新疆回都，
十月十四日请训，诏授两江总督，于十一月二十五日，由京师
返抵长沙。十二月初二返湘阴故里，初八日即赴江宁上任。左
在长沙时，曾与郭相会，也是二人最后一次见面。左是登门拜
访，时在十一月二十八日。一见面左氏大骂沈葆桢，指沈忘恩
背义，令郭心想左竟不自知乃忘恩背义之尤者。不过左谈及直
隶开河事，郭觉得还很能"自成其说"。左来访时，随从多至
百余人，气派自是不小。左、郭二氏虽有心结，郭仍有憾于
左，但毕竟还是亲家，见面时仍维持礼貌。左之大而化之，侃
侃而谈，郭也无可奈何。第二天郭还回拜左氏，黄濬说郭
"竟不答拜"，是不确实的，郭之日记可以为证。不过十二月
初一左离省之前邀饮亲朋，郭致送"蔬肴数品，由弟弟崑焘
往陪"，他本人不去，虽经友人黄彭年（子寿）等促驾，依然
不愿屈从，颇显示了郭嵩焘的硬性子。②

光绪十年（1884），因马江之役，左宗棠奉命视师福建，
翌年七月二十七日卒于福州，郭嵩焘于八月初三日由家信得
知，竟"伤憾不能自已"：

　　计数三四十年情事，且伤且憾之。伤者，生平交谊，于国

---

① 见《陶风楼藏名贤手札》，册二，郭致国藩长函（页591—597）。
② 参阅《郭嵩焘日记》，册四，页241、242及243；黄濬《花随人圣庵摭忆全
　编》"郭嵩焘左宗棠仇隙"一条有误，见上册，页102。

为元勋，所关天下安危；憾者，憾其专恃意气，可以为一代名臣，而自毁已甚也。凡其所以自矜张，自恣肆，皆所以自毁也。曾文正之丧，顾念天下，若失所凭依，怅然为之增悲。恪靖（左）之视胡文忠、江忠烈，遗泽之及人者，犹未逮也。①

　　此乃郭对左的盖棺定论，伤与憾兼而有之。左宗棠遗体于十八日成服，郭亲往行礼。② 然而郭对左之不谅解并未因此而消失，晚年犹谓："文襄（左谥文襄）不察事理，不究情势，用其铺张诡变之情，使朝廷耳目全蔽，以枉鄙人之志事，其言诬，其心亦太酷矣！"③ 又曰："最不可解者，与某公至交三十年，一生为之尽力。自权粤抚，某公来书自谓百战艰难，乃获开府，鄙人竟安坐得之；虽属戏言，然其忮心亦甚矣。嗣是一意相与为难，绝不晓其所谓，终以四折纠参，迫使去位而后已！"④ 某公者，左氏也。郭嵩焘因左宗棠的刻意倾轧，刻骨铭心，没齿难忘。

---

① 见《郭嵩焘日记》，册四，页574。
② 同上，册四，页577。
③ 黄濬，《花随人圣庵摭忆全编》，上册，页104；参阅《玉池老人自叙》，页30。
④ 《玉池老人自叙》，页28、31。

第十一章　荔湾话别前后

济变之才

郭嵩焘署广东巡抚，在短暂的任期内，极为艰困的情况下，做了不少有益的事。他清理积弊，解决问题，时而化解危机于无形，而其功劳则隐而不显。内政若是，与洋人交涉亦往往如此。

他到任后不久，即见到英国领事的照会，因洋行经理被香山人骗去银二十余万两，咨查三年没有结果，乃至于愤责。他立刻严檄香山县限期解决，查办十余日立见结果，英国领事来函申谢。又如与荷兰交换条约，但有洋文而无汉文，他乃据理争持，果据约应如此办理，另缮汉文，荷使并致歉意。再如太平军森王侯玉田（管胜）在香港接济南京天朝，他以侯行劫海中，有违公法，以法控之，而顺利由香港解归广州巡抚衙门处决。他又曾与英使罗伯逊商定设立船厂，派粤绅主之，并建议设市舶司，以分洋人之利。类此与洋人交涉，甚是顺手，所凭借的就是循理，益使他感到处置洋务，可以理求胜，亦即是他自信洋务一办便了的根据。他并于同治三年（1864）在广州开同文馆，培养洋务人才，晚年回忆，犹感得意："在粤处置洋务，无不迎机立解；常谓开谕洋人易，开谕百姓难，以洋人能循理路，士民之狂逞者，无理路之可循也。"① 就在他已知即将离任时，又不动声色地帮助解决潮州入城事件。

潮州入城事件拖沓有年。潮州开埠虽早在咸丰八年（1858），但潮民拒之甚力。咸丰十年（1860），英国领事据约，拟进城与地方官晤谈，为当地绅民所阻。英国公使布鲁士（Frederick Bruce）、威妥玛（Thomas Wade）曾先后向总理衙门抗议。朝廷虽屡次下诏，命令广东督抚按约办理，允许英人入城，但潮州绅民甚是固执，坚持不允。郭嵩焘出任巡抚后，也感到潮民强悍，不易处理。何况政府夹在潮民与洋人之间，左右为难。不过，他觉得与其强硬执行，不如设法开导。郭氏先派道员张铣探得民隐，知道潮民之所以坚不欲洋人入城，乃因怕洋人据通商条约入城"开张行店，设立关卡"，侵夺商利，另外则怕洋人建立高耸的天主教堂，有碍风水。张道员遂赴汕头与英国领事相商，英领事一口答应不开店、不建教堂。洋人既有此保证，潮民应无再拒入城之理，问题似已解决。此时适接同治四年八月三十日上谕，派瑞麟赴潮州办理洋人入城事宜。但因张铣已先行解决入城事，所以瑞麟未行。岂知张铣陪英国领事入城后，潮州府太守将栅门封闭，拒而不见；海阳

---

① 见《玉池老人自叙》，页 18，另参阅页 14—16；《郭嵩焘日记》，册二，页 608。

县令也继而相拒。英国领事坚乔治十分恼怒，乃申言将留住一个月之久。地方士绅见府守县令拒之，把一切罪状加之于道员张铣，并倡言要焚烧道署。张铣见事情闹大，诳骗英国领事，言太守请见，实则迅即送洋人出城，登舟而去，沿途仍遭百姓扔掷石块，狼狈而返。[①]

　　英国人恼羞成怒，向总署要挟，清廷恐事态恶化，遂于同治五年三月十五日（1866 年 4 月 29 日）寄总督瑞麟一道密谕，谓李鸿章推荐，派丁日昌来粤处理潮州交涉事宜。[②] 丁日昌遂由沪至粤。丁字禹生或雨生，广东潮州人，一直从李鸿章在上海帮办外事，与郭嵩焘亦为旧识。[③] 但是日昌与瑞麟都不敢亲往潮州。郭嵩焘虽已事不关己，仍然挺身而出，建议传令集合潮州士绅十余人至省城，其中包括王泽、林士骐、唐登瀛等人。他亲自晓谕，并令藩司印刷通商条约，每人一份，分剖情理，示以利害——条约既由谕旨允行，抗违即是违旨；并告以"条约所不载，以理拒之；条约所载，不得不俯从"，否则将蹈叶名琛的覆辙。潮绅乃唯唯而退，俟丁日昌所派的李福泰到达潮州，即日定议，解决了入城的难题。此案既了，瑞麟于四月初八日单衔奏报，折中竟未一提郭氏之功。此事原由粤督及丁日昌承办，而郭又将解任，居然独任艰巨，虽自称素性所然，终不免有郁愤不平之气。后日回顾，仍耿耿于怀：别人因

---

① 参阅《郭嵩焘奏稿》，页 264—270；《郭嵩焘日记》，册二，页 308。
② 见《同治朝筹办夷务始末》，卷三五，页 34—37。
③ 丁传，见《清史稿》，册四一，页 12513—12514。

此升官，唯他罢官。[①]

　　熟知内情的人当然会敬重郭氏处置得当。不仅潮民感戴，丁日昌更是心服口服，对郭益加推誉。郭对丁的洋务才能虽未必高视，却大有知己之感。郭于四月二十五日（1866 年 6 月 7 日）记道：

　　丁雨生过谈甚畅，雨生言吾所为，粤东二百年无此办法。吾谓此言也，鄙人亦心存之而不敢自言。乾嘉以前，人才盛矣。而时际承平，雍容文酒而已有余，虽才无所表现。道光以后，则直相与酿乱而已矣，人才实不多见。吾辈身际其艰，所以自命，亦直不肯自居第二流人物，非敢自信其才力之裕，亦值时然也。此意也，吾与雨生亦心会焉，而不可与俗人言也。此粤东三年所最心焉领受者也。[②]

　　丁日昌一番知心话，确是他在粤三年中最“心焉领受者”。翌日又偕友与丁作竟日之谈。五月初一日，郭已等着交接，到孔庙行香时，友人王少鹤惠赠一诗，他乘兴唱和，得句“我思涧户通幽径，君亦琴书返故村”[③]，已见归思浓郁。

---

① 参阅《郭嵩焘奏稿》，页 268；《玉池老人自叙》，页 18—19；《郭嵩焘日记》，册二，页 368。
② 《郭嵩焘日记》，册二，页 370。
③ 《郭嵩焘日记》，册二，页 371。

卸任身轻

郭于粤抚任内，屡遭阻厄，曾奏请开缺；但他的请辞，似不无以退为进之意，以冀有所作为，何况他的上疏乞休，并未被批准。真正导致他离职的乃是同里故友左宗棠的恶意相倾，一心欲将亲信蒋益澧取郭而代之。郭知之甚稔，若谓："左季高三次保蒋公，必得此席而后已，可谓全力以争矣。终亦不能测其为何心也。"① 如此罢官，不能不令他感到窝囊，甚至愤恨。

同治五年（1866）四月初四，郭嵩焘听到蒋益澧已抵福建崇安，立即分致左、蒋各一函，催蒋早来。同年五月初二，犹未见蒋来，乃遣专人探问。蒋氏终于五月初四到达广州之南城，郭氏亲自前往迎迓，并即于当日移交。② 郭于交卸署理广东巡抚之后，对财务尤一清二楚，并见自奉之俭，于《致笙陔叔》函中，自称"侄之节省，由于性生，出客公服间有添补，居常衣服一袭家居之旧，未尝更制，日食上下一例，玩好什物除置买书籍外，未尝浪费一文"③。

郭嵩焘既已交卸印信，大有"一日去官而身为轻"之感，④ 当日赴朋友家到处聊天。第二天为端午节，闭门谢客，

---

① 参阅《郭嵩焘日记》，册二，页365；《郭嵩焘奏稿》，页317；《玉池老人自叙》，页29。
② 见《郭嵩焘日记》，册二，页368、372。
③ 见郭嵩焘，《养知书屋文集》，卷一〇，页33。
④ 《郭嵩焘日记》，册二，页372。

料理应酬字件以及裁成留别诗四首：

浩劫东南未息兵，遭时我亦忝专城。
知民疾苦真惭位，与世乖违敢近名。
蜎叶文书勤拂拭，断斋心事剧分明。
三年尺寸曾何补？孤负深宵对短檠。

世事江河日夜流，古人先我有深忧。
输琛西海犹唐典，鼓桴南宫但越讴。
犀首直须无事饮，鸢肩岂信有功侯。
六条行部吾安放，虚拥旄麾学督邮！

积雨翻成暍暍阴，刺桐拂槛影萧森。
粤台濆洞龙蛇窟，虞苑销沉草木林。
无纵诡随民病巫，是何濡滞主恩深。
谁言肺附戈矛起，惭愧平生取友心。

衰迟闻道未名家，生世波澜岂有涯？
新涨光阴过小麦，故山梦寐见秋瓜。
人才邱壑违尘轨，归计沧江理钓槎。
满眼疮痍心未展，更余情思寄蒹葭。①

这四首律诗于主粤政三年期间的遭遇、感怀、遗憾，以及

---

① 见郭嵩焘，《养知书屋诗集》，卷一〇，页5—6。

心中块垒，尽情托出。

五月初六日，郭嵩焘与朋友们作了一次有纪念性的游览话别。他们一起前往荔枝湾的潘氏海山仙馆——为当地的名园胜境——园之四周有小溪环绕，名曰胭脂水，为极佳的风景区。同游的人有王少鹤、丁禹生、何伯英、吴子登、陈兰甫、陈古樵、张伯義、章旭初、邓星海、左亮甫，以及儿子刚基。文人雅集，少不了作文吟诗。丁日昌病体初愈，也赋诗述怀，写下二律：

> 暂抛簪笏遂登临，领略风光各浅深。
> 病眼看花原似雾，闲云出岫本无心。
> 巢痕尚记谈温树，归计依然载郁林。
> 欲举离觞倍惆怅，未能去后卜晴阴。
>
> 苍茫白塔耸平芜，前尽西樵后海珠。
> 岭外名山无泰华，古来游屐有韩苏。
> 诸公等是萍浮水，未老先愁雪染须。
> 记取鹓鸾向台阁，野塘仍忆白鸥无。①

同游者之中，丁日昌是唯一做官的人，其余都是寓公文士。日昌虽然年龄最小，须已先白。他对郭嵩焘之敬重，可说是言行一致。他认识到郭在粤，"泊来粤考求一切措施之宜，

---

① 录自黄濬，《花随人圣庵摭忆全编》，上册，页103；另参阅《郭嵩焘日记》，册二，页372。

无一不搜求底蕴，维持而匡正之。取怨一时，成名数年之后，而收效则远及数十年之久，此王道之久道成化者也"①。郭引为知音。荔枝湾之游，丁氏尚未痊愈，五月二十一日郭氏动身，丁又来相送，旋因病返归，意甚殷勤。翌日郭在途中寄丁一诗酬谢：

> 艰苦流传有谤书，自纫兰芷袭琼琚。
>
> 故人乡里来宣诏，深语邱山恐过誉。
>
> 向日公才庭引凤，浮云世事瓮生蛆。
>
> 沧江一别应回首，归计兴公赋遂初。②

　　首联显指左宗棠"相煎"事。郭自序残稿有云："文襄（左宗棠）不察事理，不究情势，用其铺张诡变之情，使朝廷耳目全蔽，以枉鄙人之志事，其言诬，其心亦太酷矣。非得丁雨生急力为我解说，稍自宽譬，几无复性命之存矣！"③ 继则言丁奉诏命来粤，会心欢聚之情；今日一别，怎能不频频回首，依依难舍。

　　另一敬重郭氏者乃学者陈澧。陈澧字兰甫，号东塾，广东番禺人，长嵩焘八岁。郭初至广州任巡抚，即赴陈府拜访，二人并无公务关系，而私谊甚笃。陈佩服郭为政之仁明，为学之

---

① 《郭嵩焘日记》，册二，页373。郭氏返湖南后于同治六年二月二十一日编定《海南证别诗文册》，见页424。

② 同上，册二，页375。

③ 录自黄濬，《花随人圣庵摭忆全编》，上册，页104。

深大，临别感慨，不胜依依。① 郭启行之日，陈又随众送至佛
山始归，郭以诗为别云：

> 山海崇深此别情，更于诸老感平生。
> 土田疆理思南纪，朝野艰虞赋北征。
> 欲就青山论出处，懒随春草校输赢。
> 炎天送远听鸣鸟，乔木森森急友声。②

辞显而意挚，既记当时的心情，更感陈澧诸老友声之急
切。他虽不愿与"春草校输赢"，但终不免耿耿于怀。

郭嵩焘离佛山后，取水路北上。到三水后再北行至清远，
东向穿过清远峡（又名飞来峡，因飞来寺得名）到琶江。再
从大庙峡（又名香炉峡）到波罗坑。沿途山势高峻，舟行峡
中，夜间月印江心，饶有诗意。过波罗坑出峡，再北上至英
德，已是六月初一。自英德过曲江后，"江路曲折，处处皆
滩，船重水浅，行甚迟滞"。翌日抵韶州西关，应酬游览两日
再启航，水道愈来愈浅，沙滩愈来愈多，船行也愈来愈缓，两
天之后始抵乐昌。乐昌县令为郭氏准备六十只小船，称为
"双单船"，以便浅水行驶，其中二十六只装行李，二只为轿
船，其余随从人员各一艘。船小易驶，但遇到水势陡落时，也
颇惊险。到坪石后，水太浅不能行舟，改由陆路到宜章。

---

① 见陈澧，《送巡抚郭公入都序》，载《东塾集》，卷三，页 3。
② 见《郭嵩焘日记》，册二，页 375。

　　宜章已在湖南境内，再北上至良田过夜。翌日到郴州，因行李未到，在县城留候一日。不意多停留了两天，行李仍然未到，甚感"愤闷"。候至第四天才启行，经永兴到耒阳。耒阳县令为雇大船一只，"稍可坐，意甚感之"。乃循耒水北上至新城。时正值暑天，亢旱日甚，河水亦较浅，时而搁浅，颇感辛苦。再北上经泉溪市到衡州（今衡阳）附近的耒河口。再转入湘江北上经雷家市、朱亭，于七月初一抵达湘潭。当天晚上雇夜行船驶往省城长沙，于翌晨到达。府守县令都在江干迎候，随即雇小轿子进城，往见巡抚李瀚章（筱荃）。在省诣亲访友数日之后，于七月初五日卜居于长沙北乡的罗汉庄，营建寒波塘山庄。家眷于七月十二日移居新庄，但此新居实系旧屋，除上房两间外，均待修葺。

　　郭嵩焘于五月二十二日自广东佛山启行，七月初二才抵达长沙，在途中五周有余。沿途颇多应酬、游览。其余的漫漫长日，徐徐舟行，除了读书写信外，有足够的闲暇感慨省思。他在粤三年的经历，以及不快的去职，能不思潮起伏，郁愤难平？他于途中致书友人周寿山，曾附题一绝曰："老去深知世事艰，故人天末远相关。此书到日求相报，莫作区区怨谤看。"其怨谤之情，实难遮掩。① 曾国藩来函劝慰，亦不过是以"幸出恶风骇浪之外"为说。②

---

① 郭自佛山至长沙经过，参阅《郭嵩焘日记》，册二，页374—391；另参阅《中国历史地图集》，册八，页42—45。
② 曾复郭函，见《曾文正公书札》，卷二五，页40。

第十二章　寒波塘山居

择居长沙

　　郭嵩焘离粤时，朋友们原是送他入都，因为朝命乃调他回京，另有任用。但他已厌倦官场，意颇怏怏，回到长沙之后，同治六年（1867）正月二十六日得旨，赏假一个月。二月中旬，湖南巡抚李瀚章（筱荃）派专人送来复授两淮盐运使的通知，他不免有点失望，立即具呈乞病开缺。至五月十六日，李瀚章来信，"朝廷不许他推辞，再赏假一月调理"。但郭氏辞意仍坚，终于在七月二十九日（8月28日）获准开缺。①

　　郭嵩焘回湘后，择居长沙北乡，距省城不远，当天可以来回。他的山庄在寒波塘，与二弟崑焘（意城）的荷叶塘新居、三弟崙焘（志城）的安庄，相距也不远，时相往来。寒波塘山庄原系破旧老屋，初迁入时仅有上房可用，住得并不舒适，而修葺工程浩大，先换新门楼，再及其余，连续三个多月，花

---

① 　见《郭嵩焘日记》，册二，页 421、423、425、437；李慈铭，《越缦堂日记》，册九，中集，页 24。

费一千余金，但下雨时仍然漏水，使他十分恼恨。除了住的问题外，吃亦不方便，海味、鸡鸭、蔬果之类都不易买到。而且山居并不能阻止不断的访客，仍然川流不息，缠绕不休，令他厌烦，山居并不宁静。[①]

他在粤为官清廉，自谓"在广东三年，除整顿厘税捐输正款，随事经营筹划，交应军饷四五百万，节省浮费亦一二百万，历任采用藩库杂款相沾稿件涂销无数，始终未开支分文，皆有案卷可稽"[②]，应系实情。然而当了三年巡抚，还是有相当的积蓄，正俸虽不多，但养廉银颇为可观。巡抚年俸可得一万三千两；三年即有三万九千两，足可经营庄田，成为当地的地主。

应酬繁剧

此时郭嵩焘刚好五十岁，已是湖南的大名人。生辰之日，贺客满门，仍颇出他的意料之外，他请了六桌客人为寿。自此在湘一住八年，应酬不绝，有时人客纠缠，至晚不能息，颇以为苦，自感"人生如此度日，真亦无谓"，但似亦无可奈何，仍然时有"出门应酬一日"的记录。[③]

无法摆脱应酬，固然由于他是名人，但他本人亦有不少亲密的朋友，其中颇有风流雅士，难免不经常聚首聊天，或午

---

① 参阅《郭嵩焘日记》，册二，页391—393、401—404。
② 见《郭筠仙侍郎书札》，页5。
③ 参阅《郭嵩焘日记》，册二，页426、503、521、639、646、757、761、713、727、770、776。

酧，或晚宴，已足够他周旋奔波的了。在此八年中与他来往较多而又较知名者，除了曾国潢（澄侯）、曾国荃（沅浦，一作沅甫）兄弟以及国藩长子曾纪泽（劼刚）之外，尚有较年长的吴敏树（南屏）与罗汝怀（研生）。吴氏乃湖南巴陵人，道光壬辰年举人，古文功力甚高，著有《桦湖诗文录》，曾国藩认为唯有吴敏树与郭嵩焘有资格替他写墓志铭。罗氏也是湘人，辑有《湖南文征》，郭氏和罗诗有"不道寒波住，偏多热客游"① 之句，罗就是热客（常来常往的客人）之一。同辈的热客自然更多，例如龙汝霖（皞臣），湖南攸县人，道光丙午年举人，咸丰十年与郭一起离京，转往山西当知县。此时回湘，老友自多来往。邓辅纶（弥之），湖南武冈人，富家出身，喜读书作诗，当年郭、龙连袂离京南下的另一旅伴就是他。他的弟弟邓绎（保之），博究经史，著有《云山读书记》五十余卷，也是郭嵩焘日常往来之一人。杨彝珍（性农），湖南武陵人，道光庚戌年进士，曾任兵部主事，著有《移芝室诗文集》，与郭常有饭局。张修府（东墅），江苏嘉定人，道光丁未年进士，在湖南当知府。李元度（次青），湖南平江人，擅文章，著有《国朝先正事略》《天岳山馆文集》。朱克敬（香苏），甘肃皋兰人，曾任湖南龙山县典史，著有《瞑庵杂识》等书，此时在长沙与郭氏甚"亲爱"。王闿运（壬秋），湖南湘潭人，以文章名世，早已是郭氏多年老友。较年轻的则有张自牧（力臣），湖南湘阴人，才学兼备，著有《蠡测卮

---

① 《郭嵩焘日记》，册二，页405。

言》十卷，旁及西学，并比勘中外得失，颇得郭之赏识。还有陈宝箴（又铭），江西义宁人，倜傥负才略，郭氏称赞他的"见解高出时流万万"①。

　　与郭嵩焘交游、会饮、早饭、午酌、晚宴的官绅名士，绝不止此，其余如易佩绅（笏山）、黄彭年（子寿）、郭松林（子美）、恽次山、罗小溪、王拯（少鹤）、唐荫云、金安清（眉生）等等，一再出现于郭氏同治六年至十三年的日记之中。②此外，他也勤于写信，与曾国藩、李鸿章等时有书信来往，即使在附近的友人也有专人（称为专足）传送信件，自认"一生精力，多耗于往来书牍"③。

君山快游

　　郭嵩焘的至交好友中，刘蓉（霞仙）自属交情最深之一人。同治六年（1867）三月，刘蓉自陕西巡抚任上归里，于二十日抵达汉口，写信给郭嵩焘与罗汝怀相约作君山之游。君山在洞庭湖中，故亦称洞庭山，位于岳州府西南十五里。郭接信后，即派人赴省城雇船。四月初一日，郭赴罗汉庄与罗汝怀会合，随即开航至靖港。翌日过湘阴，稍微停泊后，即乘风驶入洞庭湖，晚上停泊在南星港。四月初三日，郭、罗以及当地一些朋友，同登岳阳楼游览，继至陈少海处会饮聚谈，并遣专

---

① 见《郭嵩焘日记》，册二，页824。
② 另可参阅朱克敬，《暝庵杂识》以及《儒林琐记》《雨窗消意录》。
③ 《郭嵩焘日记》，册二，页559。

足送信给刘蓉，相约在象骨港见面。但初五那天风大不能行舟，乃派肩舆至象骨港迎接，但刘蓉因病到初六才来。郭又陪刘再登岳阳楼观赏风景，并作久谈。翌日二人同去看望吴敏树（南屏），并约吴同游君山。

四月初八日，郭、刘等人终于放舟于君山之下。凉风习习，微雨洒尘，甚感舒畅。空山雨过，春水潮生之后，来到湖外的洞庭君祠。古祠面对平湖，回味昨日夜泊，与故人把樽言欢，在幽静的园林世界中，只闻飞禽二三声。他们又纵探轩辕台，观赏秦皇赭樟、柳毅井、传书树（系橘树）、二妃墓诸古迹。二妃墓前有银杏一株，甚是奇古，于斑竹青林、满湖烟雨的气氛中平添几度兴废之感。眼前但见沙痕处处，水气蒸蒸。山中多雾，使古藤长寒。前朝的多胜寺、崇胜寺，都毁坏无存，唯寺外岩畔尚见咸淳四年的旧钟。石阶下只留下两具铁瓮，难免不生今古遗憾。

崇胜寺毁后，在遗址上修建了九江楼，登楼可望君山。楼之右有息亭，与芝台相望。左边空地建有东轩，内有古松一株，大数十围，因曾为雷火所燔，久呈赭色。移置轩中后，比秦皇赭樟，更呈奇古。郭氏一行邂逅若干山僧，承煮茗相待。君山之茶，既清且厚，饮罢兴来，口拈诗成。刘蓉玩得高兴，坚持多留一日；大家乃乘北风渡湖，前往磊石山。磊石为一孤岛，别有磊石湖，又名青草湖。故人扁舟，游兴正浓而南风骤作，于暮雨中不得不扬归帆。刘、郭二船因此分离，未再相遇。刘蓉径回湘乡故里，郭、罗则先泊舟于芦林潭。二老散步洲上，黯黯芦林，月上平沙，水平如天，湖田久被泛耕，烟火种田人家并非常农。此时此景，郭氏忽感已是五十知命之年，大兴老大蹉跎的感叹。到湘阴县城后，罗氏先雇一船回长沙，郭氏延至十三日才动身回到寒波塘山居。他与刘蓉未握即别，后来到七月初四日，始在长沙再度聚首言欢。①

郭嵩焘辞官返乡，又作君山之游，甚是畅快，但仍难忘左宗棠的盛气凌人。他初返长沙，即闻蒋益澧在粤处处与他为难，却号称新政。蒋之"狂悖"，甚令他为广东感到不幸。他明知蒋之主子是左宗棠，没有左之撑腰，蒋氏何敢"狂悖"？益使他感到左氏相倾之甚，更不满左氏利用小人来济私。② 君山之游后，刘蓉来信提及左宗棠北上经过江西时，语及左、郭构怨，归咎于郭氏自取。左不仅未倾郭，反而出考语以保全郭。这番说辞使郭更哀叹左氏"负其强辩之才，伸缩自由"，以冀取信于人。左宗棠的横蛮令郭愤恨异常，不禁口出怨言："其心果何心哉！使天理而未尽绝于人世，吾未敢信左君之必邀天眷也。"③

左氏八梦

同治七年（1868）九月中旬，郭忽梦见与左会晤，左"深自引咎"，甚至"批掌自责"，郭因而亦稍感释然。醒后始知是梦。郭嵩焘自解其梦曰："季高阴贼险狠，鬼神亦欲于其

---

① 君山之游参阅《郭嵩焘日记》，册二，页429—433及451；另阅郭嵩焘，《养知书屋诗集》，卷一〇，页14—16。
② 见《郭嵩焘日记》，册二，页390、410、414、502。
③ 同上，册二，页441、476、480。

睡梦之中督使省悟。"① 其实，照心理学的说法，并非鬼神，而是郭氏本人在"督使（左宗棠）省悟"。梦乃视觉的一种印象，郭见过左，左才能在郭之梦中出现，而梦又象征被压抑的欲望与冲突。睡梦之中，自我的压抑松弛，遭受抑制的情绪释放，遂浮现于梦中。郭迭遭左之欺凌，愤恨情绪日渐积压。内心深处之紧张与冲突，一旦放松，遂现之于梦中。左氏"批掌自责"，未尝不是一种私下欲望的完成，郭亦因而稍感释然。然而，梦境毕竟不是现实，郭醒后回到现实世界，便知左"厉气方昌，殆非鬼神所能斡旋者矣"②。

郭嵩焘致憾左宗棠，最初并未得到国藩、国荃兄弟以及刘蓉等老友的同情。郭因于同治七年（1868）五月写了一封极为直率的信给曾国藩，列举左氏相倾的证据，硬将蒋某荐为粤抚的事实。而左、蒋并非真正相契，不过是相互利用的小人关系。左不仅诬郭，而且不断诟骂国藩。郭颇以国藩偏袒左氏，感到不公。③ 国藩回信谓早已听说左宗棠"朝夕诟詈鄙人"，但早已将褒贬置之度外；"以不诟不詈、不见不闻、不生不灭之法处之"④。言下之意，怪郭过于介意。其实，曾氏于复函中虽然说得洒脱，内心何尝没有郁结。果然同治九年（1870）六月，李篁仙自京师回湘，语郭在直隶时见国藩，国藩自谓平生不生气，而独对左宗棠不能忍受。篁仙又说，恭亲王奕䜣尝

---

① 《郭嵩焘日记》，册二，页515。
② 《郭嵩焘日记》，册二，页515。
③ 见《陶风楼藏名贤手札》，册二，页591—597。
④ 曾国藩，《曾文正公书札》，卷二六，页13。

问曾氏，何以同乡左君，攻之甚力。曾答道，左君原只一孝廉，于二年之内推荐其为总督，自责无知人之明。国藩向李筜仙提及此事，仍然不胜愤怒。[1] 可知曾国藩也不能全无芥蒂。

郭嵩焘或不如曾国藩胸襟宽广，因而对左宗棠的霸道行为，更难原谅，且久萦于怀。同治十年（1871）岁暮，郭氏结识自甘肃来的一个年轻人，姓易名文斌，字小亭。易文斌文笔潇洒，曾替总兵陈国瑞（庆云）[2] 作函痛诋陕甘总督左宗棠，因而遭左之忌，于赴甘途中，被系州狱。易在狱中上书告哀，左乃批令回籍读书，闭门思过，并传檄陕甘不准容留。易作诗曰"老泉曾著《辨奸论》，留与千秋作品评"，以讥刺左氏。郭嵩焘钦佩易君的胆识而特加赏识，并为此忘年之交题诗，大有相惜之意：

> 宛邱年少狂将军，平诋权豪天下闻。
> 岂意当时随草檄，争夸邑子妙能文。
> 呼鹰健句销岩雪，驻马寒皋望陇云。
> 凛凛元戎仇介士，刊章钩党更怜君。[3]

宛邱年少者，易文斌也；狂将军者，陈国瑞也；权豪者，左宗棠也。赞少年胆识，讥权豪凶横，益可见郭嵩焘挟嫌之

---

① 见《郭嵩焘日记》，册二，页603。
② 陈国瑞，湖北应城人，《清史稿》有传，见册四〇，页12278—12281。
③ 《郭嵩焘日记》，册二，页691—692、694。

深，历久不衰。

编撰方志

　　郭嵩焘此次辞官家居，颇致力于编撰《湘阴县图志》，企划三十四卷，其中图六卷、表十一卷、志十二卷、传三卷；若一卷太长，则分为上下卷。撰写结构则以图说表志并重，颇含新意。他虽写本乡的地方志，然视野不局限于一乡一县。他认为县乃国家的基点，或谓国家乃众多郡县的积合。郡县得理，天下即治；郡县失理，天下大乱。因而凡有关礼仪、政化、人心风俗、树艺、堤防、疏浚、营造等事务，天下与地方大致相同，无非是兴利除害。是以治理一县与治理一国，虽有大小之分，其理则一。他编纂此书，亦望能"鉴古以知今"，从往事中得悉处理今务的教训。在体例上虽然"无以逾于今人"，然而在论撰上可与时贤立异，后之贤者苟能观览切究，必可从中领会要旨。[①] 他的编撰旨趣，端在经世，自谓："鄙人颇欲以区区一县之掌故，尽古今人事之变。"以为治平的方略。裴荫森（樾岑）在序中亦谓"体例与近人大殊"，以"一县以推见天下古今之得失也"[②]。

　　同治六年（1867）六月，他写完四卷。[③] 一年之后，完成十三卷，并寄给曾国藩看。国藩因忙于处理扬州教案，一时无

---

① 　见郭嵩焘，《湘阴县图志序》，《养知书屋文集》，卷七，页27—28、29。
② 　《郭嵩焘日记》，册二，页481。裴序见郭嵩焘，《湘阴县图志》，卷首，页1。
③ 　见《郭嵩焘日记》，册二，页438。

暇阅读，至同治七年十一月初才从扬州复函，提出对稿本的意见。曾氏誉为"杰构"，特标出"直欲以一邑而备具天下政治之得失，古今典章之要最，纳须弥于芥子，决治忽于片言"，可谓深得郭氏微意。曾氏只于《吏书》《刑书》《五行略》等篇，签出十数条，作为商榷，颇令郭氏敬服。①

　　曾国藩于复函中，言及"尊著又别出机杼"。此"别出机杼"，竟遭到保守人士的严厉批评，连老友李辅堂亦指郭"改变旧志规模，贻书相诟"；李元度也不以"改变旧志规模"为然，并驰函诟责。郭氏因而暂时搁笔，一直到光绪七年（1881）始续成全书。②

　　郭嵩焘暂时搁置县志，又参与《湖南通志》之编纂。同年十一月，湖南巡抚刘琨（景东）与布政使李榕企划修纂《通志》，并请郭嵩焘与曾国荃为总纂。十一月二十六日，郭、曾会晤于长沙，商议志局办事章程。十二月初一日，湖南通志局开局，局址设在长沙府学的尊经阁。其他参与者计有吴敏树、黄彭年、罗汝怀、李元度等人，都是郭嵩焘的朋友。③

　　但开局之前已有纠纷。十一月二十七日，曾国荃约同郭嵩焘、吴敏树、罗汝怀、李元度等人在湖南乡试馆集议，定下《通志》事宜章程八条。翌日在巡抚刘琨座上，曾国荃不满章

---

① 《曾文正公书札》，卷二六，页42。另阅曾国荃致兄函有谓："兄所批《湘阴志》，签出十数条，博大、精细、平正、公允，见者无不钦佩，不第筠老一人倾倒也。"载《湘乡曾氏文献》，册八，页5192。
② 见郭嵩焘，《湘阴县图志序》，《养知书屋文集》卷七，页29；另阅郭嵩焘，《湘阴县图志例言》，《湘阴县图志》，卷首，页1。
③ 参阅《湘乡曾氏文献》，册八，页5173、5177、5192、5247。

程中有关薪水与伙食的规定，甚至"动色相争"。郭嵩焘觉得国荃不在昨日议定章程时争之，却于巡抚座上争之，"思之不得其故，废然自返而已"。十二月初一日开局，国荃又避宴席不与。郭嵩焘至曾寓探视，始知已回湘乡，他顿感后悔参与此事。① 此外，李元度在体例上有不同意见。② 又志局一开，请托频起，人事上不胜其烦。更有人因失望而谣言中伤。总之，《通志》开局以后，很不顺利。郭嵩焘欲罢不能，唯有尽力去做，不时来往于寒波塘与长沙志局之间。

曾国荃并未真正撒手不管志局事，他只是雅不愿与能文的郭、吴、罗、李、黄诸公在学问上争胜，志在"联络在局之人心，搪塞局外之风波"。换言之，他有意在行政事务上总揽一切。③ 郭嵩焘赋性直而强，开局时国荃不告而别，很可能不满意郭之主持一切。一山不容两虎，志局由郭、曾总揽，卒不免扞格。内心的不快也不能被表面上的亲密所掩遮，局务进展自然受到影响。同治八年（1869）四月，巡抚刘琨鉴于诸事不顺，告知郭氏《通志》事不如"善为收束"。郭觉得遽而收束不好，即访曾国荃会商局务。④ 但同年十月底，复有流言，责郭把持志局，阻塞士子生计。⑤ 同治十年七月，郭召集十七人在通志局集议，议定分派工作，以便有所进展。⑥ 可是困难

---

① 《郭嵩焘日记》，册二，页523—524。
② 见李元度，《天岳山馆文钞》，卷二六，页22。
③ 详阅《湘乡曾氏文献》，册八，页5215。
④ 《郭嵩焘日记》，册二，页540。
⑤ 同上，册二，页566、599。
⑥ 同上，册二，页671。

依旧重重，至同治十三年（1874）郭嵩焘离湘前，《湖南通志》仍无显著的成果，足见办事的困难。

第十三章　伤逝

结姻曾家

　　同治五年（1866）九月十四日，郭嵩焘离开寒波塘山居，前往长沙，宿于荷花池。应酬数日后，于二十一日南下湘潭，宿友人黄麓溪家中。二十七日返长沙，适曾国荃在省，共进晚餐。二十九日午后，郭嵩焘自长沙登舟赴湘阴故里扫墓，沿途风雨交作，不断阻风、阻雨。既至湘阴，于十月初六日，祭告宗祠，中午与族人会饮，并酌量资助乡亲。翌日下午即返长沙。①

　　回到寒波塘山居不久，于十月十二日接曾纪泽来信，知曾家急于定亲。郭嵩焘的长子刚基（乳名簏儿）与曾国藩第四个女儿纪纯原有婚约，初订于同治四年年底在广东举行婚礼，然因国藩希望婚礼在湖南举行，郭也有离粤之意，遂展延婚期。② 至此曾府由纪泽函商佳期，拟定在十月十九日，也就是

---

① 　《郭嵩焘日记》，册二，页406—408。
② 　参阅《湘乡曾氏文献》，册二，页1004—1007、1012、1016、1027、1032。

一周之后。但郭府因居室尚未完工，不能即办喜事，又改定佳期于十月二十四日。

郭、曾两府遂于十九日为"安床日"和"铺房日"。曾国藩的夫人亲自送女儿到长沙，郭府于二十三日自长沙迎娶新娘。当日举行婚礼，由嵩焘主持，并祭告祖先。翌日午刻行合卺礼，喜宴内外各四席，自有一番热闹。曾夫人于十月二十六日离寒波塘山居先返长沙，郭府又遣人至长沙，向曾家致送礼物。① 曾国藩本人虽未参加婚礼，但对婚事极为关怀。②

新郎郭刚基，字依永，为陈夫人所出。陈氏为嵩焘的原配，患难与共二十六年，感情弥深③，所生此子，聪明且能读书，又擅书画歌诗。结婚时虽还不到二十岁，郭氏下一代已寄望于他。嵩焘亦有所依仗，同治六年（1867）元旦，即命刚基到故里宝树湾代为展谒祖先墓地，他的心情，可略见之于是年元旦诗中（每逢元旦，赋律一首，几已成为他的习惯）：

又是人间一度春，江山歌咏得闲身。
冰泉放溜风鸣涧，雾嶂捎檐雨洗尘。
小放园梅潜改岁，半温炉火细熏人。
及归领略清闲味，回首钧天隔紫宸。④

---

① 《郭嵩焘日记》，册二，页409—410。
② 参阅《湘乡曾氏文献》，册九，页5866—5868。
③ 参阅《养知书屋文集》，卷二七，页5—7。
④ 《郭嵩焘日记》，册二，页418。

除了投闲江湖与朝廷日渐隔阂的遗憾外，其轻松自在之意，一览无遗。

同年九月二十四日，曾纪纯产下一子，名本含，嵩焘有了孙子，国藩添了外甥。嵩焘先报此佳音给曾国荃，国荃即驰书庆贺，谓"吾长公（国藩）闻之，亦当欣慰无已也"①。果然国藩欣喜之余，复函道贺，并称赞刚基之拟墨，"斐然可观"，感到"至为庆慰"。② 在曾国藩的心目中，刚基无疑是乘龙快婿。

同治七年元月四日为刚基二十岁生辰。三月初，国藩夫人自家乡前往金陵，道出长沙。刚基、纪纯夫妇前往省视。三月中旬，刚基前往县城应试，第一场被录取为第二十八名，四月初三日午时县试揭晓，夺得案首，于初六自县回家。嵩焘知儿子"文笔挺拔舒展"，又已取得成绩，自感欣慰。③

痛失爱子

同年闰四月初二，郭刚基赴省城应府试，然因患喉痛，嵩焘遂于二十三日派人接回。到七月中旬，刚基再赴省应院试。八月初二得院试信，知已录取为第二十四名入学。月底再赴长沙，领取花红（奖品）。十月初九，又得一子，命名为本谋。但两个孙子生下来以后都是常常生病，有时郭嵩焘非但不能成

---

① 《郭嵩焘日记》，册二，页473。曾国荃复函见《八贤手札》，页96—99。
② 见《曾文正公书札》，卷二六，页23—24。
③ 见《郭嵩焘日记》，册二，页485、486、491—495。

寐，而且忧虑万分，颇感精力不支。次年十一月中旬，媳妇曾纪纯忽患严重痘疹。刚基也接着生病，至月底上颚肿痛。十二月初三晚上，病突加剧，嵩焘竟夜不能睡。次日，嵩焘更亲祷于神，终不能挽救爱儿的生命，于是夜亥刻病逝。①

刚基遽逝，给郭嵩焘的打击既深且远，接连三日幻如梦寐，不知所以。至初七大殓时心已摧，泪已枯。刚基淳厚聪明，颇得岳丈国藩的欢心，国荃更素以侄女纪纯之夫将有尚书或侍郎的官运。嵩焘更是望子成龙。怎奈福慧难全，未及高第、享大年，就如此短命而终。老父在堂，寡妻在室，婴儿在抱。②

郭嵩焘痛悼爱儿，刻意找一好墓地埋葬，故先权厝瓦雀塘。同时料检亡儿的遗稿，看到不少七言律诗，自成特殊的格调，大可追踪杜牧，竟未尽其才而去，更感痛惜，竟"不知涕泗之交颐"。除夕那晚，他仍然在"追忆亡儿"，独坐涕零。③后来，他为二十岁的亡儿，辑成《食笋斋诗》二卷。食笋斋乃郭自粤东归后，在所居竹林旁所建的书斋，刚基生前常读书其中，故以此为纪念。④

同治九年（1870）的元旦，郭嵩焘的心情消沉悲戚，往年的宗堂拜年，开笔写吉祥语等俗套，一概免除，只是循例写

① 参阅《郭嵩焘日记》，册二，页498、500、508、509、512、517、529、554、563、567、570。
② 同上，册二，页571。
③ 同上，册二，页572—574。
④ 参阅《养知书屋文集》，卷八，页18—19。

了一首律诗，以寄哀感：

> 忽忽行年五十三，世情冷暖已深谙。
>
> 一悲兰玉衰迟感，四饮屠苏醉梦参。
>
> 渐暖山岩销冻溜，先春梅柳拥晴岚。
>
> 年年景物山川在，独立空庭泪暗含。①

而正月初四又恰是亡儿的生辰，他又作诗哭之：

> 汝念生辰岁岁新，汝今一月九原人。
>
> 晨昏已断门闾望，霜雪何心天地春。（是夕立春）
>
> 砚匣注泉犹带润，书帷扫地欲生尘。
>
> 伤心豚酒年年会，落日空庭独怆神。②

凄绝之余，更见苍茫失落之情。他自念儿子结婚连举二孙之后，深自慰幸，世上的恩怨已多淡忘，不再计较别人的欺侮。于一切待人接物，亦每从退一步自处，不敢过分。哪知鬼神也来欺侮他，厉鬼抢走了他的儿子，使他倍感无力抵挡的凄凉。③ 他的伤逝、伤感，绵绵不减。有时想到往年的贺年信，都有篪儿代劳，而今触景兴悲。有时想到篪儿的棺木简陋，深

---

① 《郭嵩焘日记》，册二，页 575。

② 同上，册二，页 575；另参阅《养知书屋诗集》，卷一一，页 7。

③ 同上，册二，页 577。

自歉疚。三月初七他自己的生辰，虽亲友来贺，仍感意兴索然，尽是老年失子之痛。

刚基逝世一周年时，他亲自料检一切，留送冥资的亲友吃饭，并撰写祭文，大感"服则有制，而哀无穷"①。遗下大孙三岁，次孙不到二岁，尚不能执丧哭拜。死者虽已，怎奈存者太悲。郭嵩焘自感"衰颓、途长、力痛"，而不敢惮劳，唯有"号咷祷祝"，哀呼"儿乎归来"！②

同治十年正月初四，刚基二十二岁冥诞，嵩焘仍然"凄然于心，谢免应酬"。几天之后，偶见去年悼亡诗，又不禁怆然流涕，步原韵又作一首：

> 万事凋残物候新，世间谁是百年人？
> 独悲晓暮缨绅寂，再见园林榆柳春。
> 雪霁山川浑似醉，梦回谈笑总成尘。
> 飘零遗稿存无几，凭仗文章自写神。③

郭嵩焘为亡儿寻找适当墓地，并不顺利。既不是买不到墓地，也不是价格问题，而是因为爱儿心切，力觅最理想之地，而时俗讲究风水，更是挑不胜挑，以至二周年忌辰到时，暂厝于瓦雀塘的灵柩才起行，运往县城。但既到墓地，有人力言不

---

① 《郭嵩焘日记》，册二，页579、581、586。
② 祭文见《养知书屋文集》，卷二七，页8；另阅《郭嵩焘日记》，册二，页636。
③ 见《郭嵩焘日记》，册二，页642；另参阅页641—642。

可葬，嵩焘亲自登山审视，果然犯了风水书上所谓"砂飞水劫"，乃决定将灵榇暂厝于昌浦塘。嵩焘本已是伤心之人，葬事不如意，更觉心摧。是夕回宿舟中，因伤神过甚而病，中夜呻吟与哭泣相间。[①]

同治十一年的元旦，大雪逾尺。三天后，又是亡儿刚基的生辰。前年所写悼亡诗，每一诵之，辄增呜咽。去岁曾步原韵另写一首，今再次原韵志哀：

> 精华销歇鬓毛新，剩此支离踽曲人。
> 衰弱提携三世泪，死生乖隔两年春。
> 积阴压地风回雪，小阁焚香雨洗尘。
> 到处穷途消一哭，蹉跎诗笔岂能神？[②]

而此年开春以来，风雨沉迷，正与低迷的心情相系，更添感伤。回首往事，觉得"触绪皆悲"，无法排遣。[③] 同年十二月，刚基三周年忌辰时，终于找到满意的墓地，于初六日辰刻下葬，并将陈夫人之棺移此，且为自己以及曾婿百年后定下归骨之所。[④] 郭嵩焘自称卜地三年，又误于阴阳风水之说，至此始葬，哀叹"一棺之土，亦若是其艰"，怀疑"抑亦吾儿之自

① 《郭嵩焘日记》，册二，页690。
② 同上，册二，页699—700。
③ 同上，册二，页715。
④ 同上，册二，页738、744、746。

愤其不终，不肯即葬，以求保其遗骸"①，嵩焘为儿营葬，费时费力之多，可谓至矣。

郭嵩焘伤心长子刚基之死，时常独洒思儿之泪，经久不稍减。光绪六年（1880），自海外归来，十二月初四刚基忌日，虽已历十二年，仍然"念之凄然"②。

刚基死后，郭府凶讯频传，第八个女儿亦因喉症而死，不到几个月，如夫人邹氏亦久病逝世。邹氏为郭嵩焘于咸丰六年所纳之妾，自陈夫人亡后，抚养一子二女，甚得嵩焘敬重。后来续弦娶钱氏女为继室，或即因郭同等看待钱、邹二女，钱女吵闹不休，只好让钱氏自粤返回娘家。不明内情者误会嵩焘弃妇，嵩焘亦不屑置辩。王闿运曾当面追问，始知郭意若勉强要钱女归来，必不能相安。可见为了邹氏，嵩焘于不明事理、不察人情的流俗之论，认为不值得深论。③ 同时表示了他不从俗的个性以及对邹氏的感情。嵩焘实已视邹氏为夫人。同治八年（1869）三月，邹氏身体不佳，为他纳婢女冯氏为妾。两年之后，冯氏生子，名立辉，字炎生。翌年四月，邹氏病势日重，终于二十四日酉刻身故。嵩焘除亲自治棺殓殡外，还写了长篇奠文，情意真挚。自钱氏覆水不收后，邹氏实系一家之妇，掌理一切。念及相从十有四年，能不悲悼。邹氏遗言要求延僧超

---

① 见《昌蒲塘告奠亡儿柩文》，载《养知书屋文集》，卷二七，页 9。
② 《郭嵩焘日记》，册四，页 125。
③ 见王闿运，《湘绮楼日记》，册一，页 171。

度，故灵柩初存南关外的金刚院，于同治十年十二月下葬。①
丧事尚不止于此，同治十一年女婿左浑（左宗棠侄子）夭亡，
女儿痛不欲生。未久甥儿亦病夭。短短数年之间，死亡六口，
真令嵩焘有鬼神都不饶他的凄惨。

至交凋零

除了亲人相继亡故外，郭嵩焘的两个总角至交——曾国藩
与刘蓉——也先后谢世。国藩深知嵩焘亡儿之痛，亦为女儿纪
纯悲，于复书中曾说："以依永（刚基）之仁慧，又念亲家之
伤怀，悯弱女之早寡，百绪凄悒，而拙文不能道达千一。"②
其悲戚似不下于嵩焘，此时国藩年事并不甚高，健康已经不
佳。同治九年四月十四日，曾国潢（澄侯）告诉嵩焘，国藩
的左眼已经失明；不到二年，于同治十一年二月十四日，曾国
荃忽报国藩之丧，据谓正月底国藩已有昏眩之状，二月初四日
饭后，在东园散步时突然昏眩大作，遂于戌刻告终，遗体从南
京经武昌运回故乡。五月中旬，郭嵩焘赶赴岳州，迎接国藩灵
柩，于十六日午时大风雨中见之，为之一哭。③ 曾氏灵柩由岳
州运到长沙，最后葬于长沙。郭氏的挽联，不仅是真情流露，
而且表明了二人的密切关系。

上联是：

---

① 见《郭嵩焘日记》，册二，页 569、593—597、690。郭氏《玉池老人自叙》
（页 39）谓"葬周夫人"，邹、周之异待考。
② 《曾文正公书札》，卷二七，页 7—8。
③ 《郭嵩焘日记》，册二，页 718。

论交谊在师友之间，兼亲与长，论事功在唐宋之上，兼德与言，朝野同悲惟我最；

下联则是：

其始出以夺情为疑，实赞其行，其练兵以水师为著，实发其议，艰难未与负公多。①

郭嵩焘直言，曾国藩之出山以及编练水师，实得自他的建议，可惜的是他未能与曾继续艰难与共。所谓有负于曾，即属此意。此外，郭尚有挽诗五言四首：

> 溟海沉星日，江淮泣雨辰。
> 皇图资底定，臣节凛艰辛。
> 力洗烟尘净，重开日月新。
> 蛟龙惊夜半，一瞬失斯人。

此首志曾文正公的功勋。

> 恩重心逾小，功深虑转微。
> 累封崇命数，辞宠倍光辉。

---

① 录自薛福成，《庸庵笔记》，页 69—70。

> 荐祢英贤奋，依冯士女归。
>
> 暮年幢盖赐，陶侃愿终违。

此首于曾氏晚年的过于谨慎，似有微词。他原已有评语："湘乡晚年，精意销失。"对于曾氏遗折，亦叹其"冗弱不伦"①。

> 心契唐虞表，文窥贾董余。
>
> 六经身羽翼，百代手芸锄。
>
> 取证群言妙，研寻万化初。
>
> 卅年陪讲论，流涕抚遗书。

此首言曾文正公的学问与文章，"陪讲论"，亦蒙"叨指授"，对遗书而泣下，自见真情。

> 擢拔无遗士，经纶天下才。
>
> 独无书荐达，相对语谐诙。
>
> 吾道邱山重，天门阊阖开。
>
> 只今余二老，洋溢楚人哀。

此首自注有云："公于刘霞仙中丞（蓉）及鄙人从未一荐

---

① 见《郭嵩焘日记》，册二，页709、757。

论，盖知两人之心不在是也。"① 曾文正公生前擢拔贤士不遗余力，而独不及刘、郭，益见三人的道义之交。三老皆楚人，曾死，仅存二老。

其实不久只剩下郭氏一老。曾国藩死后不到八个月，刘蓉于十月初一日病卒，得年五十八岁。郭嵩焘于初七日才从张自牧（力臣）处得悉噩耗，仍不详其病状。② 翌年二月，刘蓉葬期已近，郭氏决意冒雨登舟赴湘乡祭拜，在途中思念亡友，感赋一律：

> 感逝伤离一泫然，江湖来去自年年。
> 孤舟日暮风吹树，细雨春深水拍天。
> 近岸人家沽酒饮，傍山僧阁抱云眠。
> 生平留滞真吾分，弃置樯帆为汝怜。③

郭氏舟行，于初三日过湘潭，初七日抵湘乡县，十二日往哭刘蓉灵柩。十四日去看刘蓉卜葬之地，二十二日写了四首挽词，除表彰老友之穷识通理，感叹斯文沦丧之外，更念"夙昔三人友，峥嵘万古情"，而今只剩下他一人白头痛哭，衰病心惊。曾、刘之丧后，熟人何子贞与吴南屏也于同治十二年先后逝世。频年伤逝，郭嵩焘的心情自大非昔比。

---

① 挽词四首俱见《郭嵩焘日记》，册二，页 814。
② 同上，册二，页 792。
③ 同上，册二，页 810。

第十四章　城南书院

主讲城南书院

　　郭嵩焘于爱儿刚基病故后，搬离寒波塘山居，于同治九年
（1870）二月十五日举家迁入位于长沙的新居①，并掌教城南
书院。城南书院最初为宋朝张栻所建，位于长沙城南三里的妙
高峰，江流环带，诸山屏列，有谷名玲琼。道光初年重建，除
文庙外，新建的文昌阁、南轩张子祠，以及增建的二贤祠、前
后五忠祠（祠中有讲堂和斋舍），都在妙高峰旧址。但自从咸
丰年间太平军兴，变乱频年，各祠都倾坏不治，书院的斋堂也
多毁漏。郭氏接掌后，得到湖南巡抚刘琨等赞助，重新修葺已
经剥落的各祠讲堂与斋舍，并于南轩旁空地新建王船山先
生祠。

　　书院规模初复，院长郭嵩焘聘请孝廉成果道（静斋）董
理院事，罗世琨（小园）为斋长，同心协力，更进而规复被

---

① 《郭嵩焘日记》，册二，页583。

侵占的土地。于是书院焕然一新，又增经费数百贯。郭氏更定下制度，使经费无虞，账目清楚，职权分明，书院渐步入正轨。①

嵩焘主讲城南书院，特重船山（王夫之）之学。船山著作宏富，但二百余年来一直湮没不彰，郭氏慧眼独识，誉为继宋代五子余绪，发明先圣微旨甚多，尤精研四子，推知诸儒得失，并开有清朴学的先河。察郭氏之意，不仅是表彰乡里先贤，使知有王学，更重要的是，他深佩王学能道"盛衰之由""国家治乱之故""非元、明以后诸儒所能及"。②王闿运则颇不以船山之学为然，"薄其隘而不欲深"，虽怪郭氏力尊船山，仍然佩服郭氏能得船山之要。③郭氏以山长倡议在妙高峰建船山祠，也有人反对，因其坚持而得以完工。同治九年闰十月十一日，他亲诣船山祠，并挂上亲笔写的祠联，又于十一月二十三日亲拟王船山先生安位文，并于翌日诣城南书院王先生祠安立神位。④船山之学的复兴，世人多知曾国荃武昌刻书之功，不悉郭嵩焘实乃呼吁光大王学的健将。

城南书院于同治九年三月十八日开课，未投帖注册而应课者（旁听生），多达四十余人。自此郭嵩焘为书院学生评定课卷甚忙，如于五月十四日记道："城南课卷充积，数日评阅甚苦。"学生甚至还要和他开玩笑，他在讲课时曾说，"万物皆

---

① 参阅《养知书屋文集》，卷八，页19—20。
② 参阅《养知书屋文集》，卷二七，页7—8、13—14；卷二五，页10—12。
③ 《湘绮楼日记》，册一，页174、176—177。
④ 《郭嵩焘日记》，册二，页622、628。

备"一语是论仁体，而非说性，如能反身而诚，则乐莫大焉，孟子就隐然自道所得。诸生听后戏撰一联曰"万物皆备孟夫子，一窍不通郭先生"，使他甚为生气，认为"楚人好谣善谤，其端实自士大夫开之"。不过，城南书院还是出了不少人才，同治十年（1871）四月会试放榜，书院学生陈理太、瞿鸿禨、曹昌祺三人中选。瞿氏后来位至相国，名声显赫。①

潜心治学

同治十一年（1872），湘人因感念曾国藩，相与筹资兴建祠堂于长沙小吴门正街，翌年九月，郭嵩焘名祠旁的校经堂为思贤讲舍，聚徒授学，以光显曾氏。讲舍建成后，郭氏曾在此主讲，并在舍内立船山祠，悬挂王氏巨幅画像，题有郭氏亲笔撰写的像赞，尊为先知。郭嵩焘又书楹联一副，有"继濂洛关闽而起，元明两代一先生"之句。民国以后，思贤讲舍停顿，谭嗣同的老师刘人熙，乃以讲舍旧址，开办船山学社。②然则郭氏亦可称为开近代研究以及仰慕船山的先河。

郭嵩焘自粤返湘后，读王船山书之余，完成了《礼记质疑》一书的初稿。此稿早于咸丰二年（1852）即已着手，当时山居避乱，可说是忧患之作。不久应邀出山，助攻太平军，著作难以继续。此时辞官家居，乃得续成。不过，初稿虽成，

---

① 参阅《郭嵩焘日记》，册二，页590—592、599、600、660、786。

② 阅唐明邦，《王船山史迹访问记》，《王船山学术讨论集》，册二，页589；另参阅郭之《船山祠祭文》，《养知书屋文集》，卷二七，页11。

意犹未尽，稿亦未定。不久奉诏北上，出使西洋，无暇理稿，直到光绪十六年（1890），才与《大学章句质疑》以及《中庸章句质疑》两稿同时付梓，由思贤讲舍出版，那时他已七十三岁。① 《礼记质疑》一稿原称《礼记郑注质疑》。② 按《礼记》据《汉书》有一百三十一篇，留存下来的有戴德的《大戴礼记》和戴圣的《小戴礼记》，不论《小戴礼》是否由删《大戴礼》而来，今本《礼记》即《小戴礼记》，由后汉马融、卢植编定。郑玄再依据马、卢之本加注。所谓郑注质疑，并非一意辨正郑玄之注，也在表扬郑君传经之功。后因李慈铭的建议，径以《礼记质疑》为书名。③

班固认为《礼记》乃"七十子后学者所记也"④，大致是从战国到汉初时期的儒家作品，历代学者视为经书的一种。郭嵩焘亦不例外。不过，郭氏虽有通经之意，其著作的志趣，更在致用。所以，他不存汉、宋门户之见，旨在发舒疑义与余义，阂而析之。他认为"《礼》者，征实之书，天下万世人事之所从出也，得其意而万事可以理，不得其意则恐展转以自牿者多也"⑤。可见他直以礼为治事之所必需。儒家的礼就是儒家的制度，可以作为统治国家与维持秩序的工具。所谓"即

---

① 《礼记质疑》与《大学章句质疑》以及《中庸章句质疑》可说是一书三稿，见《养知书屋文集》，卷三，页1。
② 郭于同治十一年九月十三日记："录所著《中庸章句质疑》及《礼记郑注质疑·郊特牲》一卷。"《郭嵩焘日记》，册二，页731。
③ 见李慈铭，《越缦堂日记》，册二五，丁集二，页15—16。
④ 见《汉书·艺文志》。
⑤ 郭嵩焘，《养知书屋文集》，卷三，页3。

事之治"，就是以礼来维护秩序的办法。但若要善用此一工具，必先充分得其精意。郭嵩焘向往儒家礼乐教化，固不待言；但他面对鸦片战争以后的变局，在致用上绝不泥古。如《礼记·礼器》篇有句："礼时为大。"王船山释曰："礼谓制礼之道时，乘天之时也。"而郭氏则进一步说："时者，一代之典章，互有因革，不相袭也。生乎今之世，反古之道，则与时违矣，故时为大。"① 他认为礼须不违于时，则以礼为本的政教，岂能不应时而变革？足以显露他求变的思想。如谓他借此"托古改制"，亦不为过。

郭嵩焘讲学城南书院，住在长沙城里，耳濡目染，颇感叹长沙风气的凋敝，既缺少真正的有心人，而世道人心又坏，担心湖南乱机已伏。② 更由于在长沙省城中接触较多，始知官绅之间互相猜忌，而同时相互"酒食征逐，音乐繁兴，莫知其非"③，颇使他感到忧虑。同治七年秋天，更久雨成灾，晚谷大歉，令他惊恐。④ 他于致郭柏荫（远堂）函中，更具体指出湖南的乱源，一是太平天国之后，湖南的退伍军人有数十万之多，骄横毒狠，成为习性，难以终安田亩之间，虎视眈眈，令他有"变生肘掖不测之忧"。二是湖南不若东南数省破坏之厉害，而因乱猎取富贵功名者多，令他感到"岂有戕贼东南生命而加厚吾楚以使久享之理"。三是湖南数十万人中，高官大

① 郭嵩焘，《礼记质疑》，卷一〇，页3。
② 《郭嵩焘日记》，册二，页467、497、511。
③ 同上，册二，页645—648。
④ 同上，册二，页547、555。

爵，厚拥资产者毕竟是少数，穷困者实多，重以水旱频仍，民气强悍的湖南，恐不惜铤而走险。有此致乱之端，而重以吏治败坏，人心偷薄，风教陵夷，令他有莫知所终之感。①

郭嵩焘自粤东乞归，虽欲"闭门却扫、谢绝人事"，但事实上忧时伤逝，心情极不平静。

---

① 详阅《郭筠仙侍郎书札》，页23—30。

第十五章　海疆多事奉诏入京

夷事再起

同治十三年（1874）二月，日本借台湾生番杀害遇难琉球渔民，兴师进犯，三月登陆琅𤩅（恒春），进攻番社。清廷遂于四月诏授沈葆桢为钦差大臣，赴台办理，并于五月命沿海各省筹防，再于六月初八日诏命郭嵩焘、杨岳斌、曾国荃、丁日昌、鲍超、蒋益澧来京陛见。[①] 显因国家危机当头，招集干才能吏赴京商量。此事既涉外交，更需征询熟知洋务之人。郭氏知晓洋务，早已闻名，在诏命之列，并不意外。他奉诏入京，新的官职可期。

郭嵩焘于六月二十五日才从湖南巡抚处获知诏命，然自感精力已衰，颇为踌躇。念及任广东巡抚期间的遭遇，更不敢求仕。他并不是完全不想做官，而是有做官的一贯原则：要做官，就要能做事；不能做事，就不必做官。他在广东尽力做

---

① 见《清穆宗实录》，卷三六七，页 8。

事，结果吃力不讨好，他的一番宏图，处处遭制约，不能施展，名为巡抚，实同幕僚。左宗棠给他的打击尤大，尝谓："自为左君所倾，慨然念仕宦之不可为。"① 所以他回湘八年之中，从来没有想到再出，也不曾离开湖南。他已决定在乡长期家居的心情，可见之于同治十二年（1873）的元旦诗中：

> 楚江云雾霭寒空，楼阁春回澹沱风。
> 鬓发萧萧无恙在，乾坤扰扰有生同。
> 幽居悟道形骸外，薄俗论交潦倒中。
> 复辟嗣皇千万寿，曙霞晴眺日生东。②

家居八载，渐趋平淡；诏命突至，不免吹皱一池春水。他对官场早已灰心，但对朝廷与国家的忠爱之心，并未稍衰。他仍期盼清廷能改弦更张，希望提倡自强的洋务派有所作为，尤寄望于李鸿章。他以鸿章与沈葆桢以及丁日昌三人的"言论风采，高出一时"，比诸"太华三峰"。鸿章于同治七年（1868）剿平东西捻之后，威望日隆，入京觐见时，受赐紫禁城骑马之殊荣。其与恭亲王奕䜣、文祥等谈论国事时，特别推重郭嵩焘"通达夷务"，"请召用京秩为宜"。③

---

① 见郭致沈葆桢函，载《道咸同光名人手札》，集一，册二，页125。
② 见《郭嵩焘日记》，册二，页749；另参阅同册，页829、831。
③ 见《道咸同光名人手札》，集一，册二，页125；李鸿章，《朋僚函稿》，卷八，页53。

内政为重

郭嵩焘虽家居，国事时时萦心。他认为最根本的问题是纲纪与法度的废弛。明清专制政体的有效维持，贵于"治官以严，治百姓以宽"。道光皇帝讲求恭俭仁慈，结果宽在官吏，导致吏治日偷，纲纪大坏，相与因循粉饰，苟偷旦夕，百姓反而蒙害。道光以"人非圣贤，岂能无过"来训诫臣工，但知过能改，才有意义，否则文过饰非，相为掩蔽，反而作伪愈工，吏治愈弛。道光的宽松也改变了康、雍、乾三代人君独揽、群臣拱手听命，以及六部守法以绳天下的局面。于是大权委于六部，使一二阘茸无能的大臣俗吏，得以控制朝政，导致人才日靡，国家日隳，纲纪与法度终至败坏而不可支。①

纲纪与法度废弛的例子，就郭嵩焘个人的经历而言，已不胜细举。最荒唐而严重的，莫过于同治十三年（1874），内务府与奸商李光照以修复圆明园工程为名，官商勾结，向四川、云南、贵州、湖南、湖北、广西六省采办木料，准免各关课税，而六省督抚都不敢议驳。当陈宝箴告诉郭嵩焘此一丑闻时，郭氏的反应是："鬼蜮盈朝，不顾国体，为之浩叹而已。"②

郭嵩焘虽一直关心洋务，但认为症结在内政，如果内政修明，人才得用，洋务并不难办理。他深信若僧格林沁听他的建

① 《郭嵩焘日记》，册二，页801—802。
② 同上，册二，页807。

议，咸丰朝英法联军之祸，是完全可以避免的，事后与友人谈及，仍不胜唏嘘怃然。他在广州与洋人交涉也颇顺手，晚年自叙犹谓："在粤处置洋务，无不迎机立解；常谓开谕洋人易，开谕百姓难，以洋人能循理路，士民之狂逞者，无理路之可循也。"所谓"能循理路"，就是有一定处置的办法。只是上下大小官僚昧于此一理路，以致进退失据，害国伤民。他曾目击总督瑞麟见到洋人，倒地便拜，并以总督之尊在洋人面前执属员之礼，令他气懑异常。同治九年（1870）在家与友人聚会时，他还引为笑谈①。可见当时许多大官已属"惧外"和"媚外"，而不是排外——但不论惧外或媚外，绝不知如何处置洋务。

他知洋务可办，且有满腔自信："方今天下，能推究夷情，知其所长以施控御之宜，独有区区一人！"但他的建议每不见听，更无权放手去办，反遭同僚大臣扞格。如塘沽之失，他的警告一一应验，但为时已晚。又如他在广州当巡抚时，有鉴于广东商人多依附洋人制造轮船出洋贸易，与洋人深相结纳而官不能过问，乃主张明除国家商船出海的禁例，仿元制在沿海设立市舶司，管理出海的商船，让商人制造轮船并在市舶司报籍，官置的轮船也归市舶司经理，庶能使中国轮船与洋人争胜。他认为仅靠官办轮船无济于事，必须要让商民也造轮船，才能分洋人之利，才能与洋人争胜。他还曾与英国领事议及造轮船事，拟设立船厂，以广东绅士主之，从造小型轮船开始，

---

① 郭嵩焘，《玉池老人自叙》，页71。有关英法联军事之回忆，见页51、52、57；另见《郭嵩焘日记》，册二，页431、607。

每船花银四万即可。但他去官后，此议亦寝。左宗棠任闽督后，承朝廷之议，大事铺张，设立船政大臣，以沈葆桢任之，三年之后始成一船，已费银百余万两，实被洋人欺侮玩弄。郭氏认为商务应由民办，若让官办，则官愈大于事理愈隔，正愈可被洋人舞弄。听闻船政事，他只有感叹："吾言不用，而左君之策行，亦国家气运使然也！"①

谏言"同文馆"

同治元年六月十五日（1862 年 7 月 11 日）同文馆成立，号称新政。② 其实，早在咸丰九年（1859），郭嵩焘在南书房工作时，有鉴于康熙曾用荷兰商人致书俄夷之旨，请饬萨克图办事大臣求通晓俄文者二人，请饬江、浙、广、闽四省求通晓英、法、米（即美，郭氏似不知美国人用英文）三国语言文字各一人，到京师在理藩院供职，咸丰帝听后颇动心，曾命郑王、怡王会同军机大臣议行，终因无人敢赞助而无下文。直到京师失陷，国体大伤之后，才开办同文馆。郭氏于同治九年（1870）回顾此事，仍不免感到遗憾。③

同文馆原是学习外国语文之地，先后设有英、法、俄语言文字各馆，由洋教习讲绎。同治六年（1867）正月总理各国事务衙门恭亲王奕訢与文祥等上片，建议添设学习天文算术

① 见《郭嵩焘日记》，册二，页 431、608—609。
② 见《同治朝筹办夷务始末》，卷八，页 29—30。
③ 《郭嵩焘日记》，册二，页 607。

馆，咨取进士、举人，恩、拔、副、岁、优贡生，翰林院庶吉士、编修、检讨，以及同等出身的京外各官，经考试录取后入学，并条议章程在案。① 学习天文算术是为了制造轮船洋枪之用，也就是自强派要"师夷长技以制夷"。英法联军之役，恭亲王留京与夷人交涉，感受特深，故事后力倡自强。然同文馆开天文算术馆，并招正途出身的士人学习，引起保守派大哗。大学士倭仁尤慷慨激昂，以为"立国之道，尚礼义不尚权谋，根本之图，在人心不在技艺"②，更反对请西人为教习。恭亲王为释群疑，力驳倭仁，并以上谕命倭仁在总理各国事务衙门行走，以明事体，逼得这位大学士称疾乞休。③ 此一争论，前所未见，故颇轰动一时。

郭嵩焘在同年七月的日记中，也详谈此事。他是在同文馆创立前，即已主张习外文者，恭亲王请开天文算术馆的奏折中也提到他，并与曾、左、李等并称，谓："当兹权宜时势，预筹制胜，既经疆臣曾国藩、左宗棠、李鸿章、郭嵩焘、蒋益澧等与臣等往返函商，必须从此入手。"④ 郭氏还早在同治四年，以广东巡抚身份推荐广东的邹伯奇、浙江的李善兰，认为他们二人"淹通算术，尤精西法，宜并置之同文馆"⑤。但他对同治六年同文馆的争议，并不是一面倒的。他固然认为"倭公

---

① 见《洋务运动》，册二，页27—28、31—37。

② 倭仁折，见《洋务运动》，册二，页30、38。

③ 参阅《清史稿》，册三八，页11737。

④ 见"同治六年三月十九日总理各国事务奕䜣等折"，载《洋务运动》，册二，页36。

⑤ 同上，册二，页53。

理学名臣，而于古今事局多未通晓"①，对于颇为传诵的杨廷熙《同文馆十不可解疏稿》，也认为"其言尚直，然恰无一中窾语"，像倭仁、杨廷熙等议论，乃承袭宋代以来浮阔无当之论，徒博流俗称誉，无补实际，② 但他对同文馆开天文、算术两馆的章程也不以为然，甚至认为荒谬，不惜逐条辩之③：

（一）专取正途人员入馆肄业之不当。他认为人才并不尽在正途。当时许多封疆大吏多由军功保升，并非科甲出身。若以科甲正途以重其选来取媚洋人，则士人将引以为耻。以翰林之尊跟洋人学初级的天文与算术，亦将引起反感。他指出天文、数学乃实在的专门之学，专取正途科甲，已先蹈虚浮。以考试录取的方式也不恰当，因学习天文、数学至少需三年才能有所成就，若一切试之于入馆之前，一经录取即可滥求进仕，必然相率作伪。

（二）令学习人员，一概留馆住宿、饭食备给，"出入由提调设立号簿，随时登记，以便稽查"之不当。他指出洋人工作从八点到三点，用力专而又有能力以资游息，故能久而不倦。从洋人学习，何妨仿效洋人的办法，多置馆舍，听其住留。若出入设立号簿，毫无自由，形同强迫学习，要翰林如此，更不可思议，必然引起稍有廉耻与自立之心者的反感。

（三）按月考试，以稽勤惰。他认为这一条尚可行，不过管同文馆事务的人应与在馆诸人，一起留心讲习，逐渐开达

① 《郭嵩焘日记》，册二，页446。
② 参阅同上，册二，页460—461。
③ 见同上，册二，页442—445。

新知，若仅课功于一日之试，不免犹同具文。

（四）将天文、数学大考比同翰林大考之不当。他认为学习天文、数学应以三年为期，三年后能通知布算之术者留馆，不能者罢去。如有人"于西人代、微、积三法，能推阐发明以求新义者"，可给高等与优职，但若非别有委任，亦都留馆，以资讨论。若以翰林大考之法待之，一列高等，便得高位以去，反而将考不过的留下，则又将考试视为奖进门生之具，难怪倭仁误以为朝廷此举乃为朝官升级而计。

（五）厚给薪水，以期专致。这等于是奖学金，他认为可行，每月给银十两，可称适宜，不能说是菲薄。但称之为"厚给"，或"优加体恤"，或"俾资津贴以无忧内顾"，则不免说得太琐屑，对在官的翰林而言，更属笑谈。

（六）优加奖叙，以资鼓励。三年学而有成，以利禄奖叙，固然可以鼓舞人心，但他认为"以利禄为名而眩使就之，君子必引以为耻"。何况因从洋人学而高官厚禄随之，更会引起物议，伤及廉耻。

郭嵩焘对总理衙门所立六条章程的批评，可称剀切。聪明正直之士果然裹足不前，而应征者并非合适之人，实为失败的主要原因。很多人归之于保守派势力太强，也有人认为恭亲王与文祥未得慈禧的全力支持。[①] 但依郭氏之见，章程根本有问

---

① 如 Kwang-Ching Liu, "Politics, Intellectual Outlook, and Reform: The T'ung-wen kuan Controversy of 1867", in Paul Cohen and John Schrecker ed., *Reform in Nineteenth Century China*, pp. 96–98。

题。他的建议是：

开同文馆算学，召海宁李善兰为之都讲，而择西人精算学者二人，分东西两斋课之。大员子弟及各省州县才俊，皆准保送，斋各二十人为额，缺者补之。期年而小成，三年而大成。听西人教算学者，量才进退，而都讲主之。三年一试，别其等第，授以职司。高第者得授官，而仍兼司馆职，总理衙门主之。而于火器营添设西洋制器局，其职司由同文馆生叙补。①

郭嵩焘的办法显然较为实际可行，他知道"天文算学，征实之学也"，也较明了如何去学习西学，所以他嫌总理衙门所拟章程，"不过以虚文相应而已"。反对者又以虚文攻之，在他看来，好像是"群盲相遇于途，辩争哄击，相与哗然而终一无所见"②。举国上下于西学夷务，"一无所见"，正是他感到孤立悲凉之处。是以他自信独知夷情，似乎自负，实多感慨！③

他感慨无人真正通晓洋务，而同治七年（1868）已届总署与外国十年修约之期，沈葆桢引胡兴塽之言，认为英、法两国正与普鲁士作战，自顾不暇，换约必不成问题，只须弛关税二三成与之，必定欣然受约。曾国藩颇赞赏此论，但在郭氏心中，不免为之茫然。他驰函国藩，直率责问：换约有何枝节？普法构兵又有何关系？至于弛关税与之，更是荒唐。④ 贤者如曾、沈的见识如此，怎不令他感慨？

---

① 《郭嵩焘日记》，册二，页445。
② 同上，册二，页445。
③ 参阅郭嵩焘，《玉池老人自叙》，页71。
④ 见《陶风楼藏名贤手札》，册二，页600。

梦遇圣祖

他的感慨还包括救时的无力感以及怀才不遇感，深恨"吾此身不获生康熙、乾隆之世"①。他自谓曾经二度梦见康熙。第一次是同治七年四月三十日，康熙南巡，他扈从召对，为圣主明君办事。同时召对的还有二人，都能犯颜直谏，而康熙毫不介意。召对完毕，出门时梦醒。他自己的释梦是："以吾生平尝憾不生圣祖时，得上受圣人之陶成，庶几有所成立，此梦因积想所致，所谓幻因也。"② 幻因有其实感，他的实感乃是生不逢时、怀才不遇。

第二次梦见康熙在同治十一年（1872）的二月初四夜里，他在梦中听说康熙已经复位，惊问相距百余年，圣祖藏身何地，而于今日突然复位？答称康熙因见时局艰难，必须出来料理。他既喜又怕，怕的是将受重寄，恐有负平生之志，因而惊醒。他自念家居五年两梦圣祖，"岂其精神意趣，犹有不忘用世之心耶"。③ 他自己已经感觉到，至少在潜意识里，他仍然是"不忘用世"的。

因此，虽然在理智的考虑上，他对仕途已经相当灰心，在家靠收租度日，无虞匮乏，大可逍遥事外，但潜意识的阴影，难以任意抹除。当诏书下达征他入京时，他彷徨数月，莫知为

---

① 见《郭嵩焘日记》，册二，页436。
② 同上，册二，页501。
③ 同上，册二，页704。

计①，最后在朋友们的怂恿下，觉得至少应该入觐，乃决定北上应召。②

起程入都

　　他于同治十三年（1874）十月二十二日登舟，系陈宝箴新置的麻阳船。十一月初一日到岳州，有水师迎迓。初四日到湖北，泊舟鲇鱼套，巡抚李瀚章（筱荃）上船相视。初六日登黄鹤楼，看到李鸿章写的对联："数千里奔湍激浪，到此楼前，酒罢一凭栏，江汉双流相映照；十余年人物英雄，恍如梦幻，我来重访鹤，沧桑三度记曾经。"气势不凡。他还游览了归元寺。他在武汉等候轮船九天，于十四日才顺江而下，十九日抵达南京。翌日上岸，许多朋友前来迎接。③

　　郭嵩焘于抵达南京之日，即往见两江总督李宗羲（雨亭），谈到政治。二十一日游莫愁湖时，经过曾国藩的祠堂，念及国藩生前屡约江南之游，今日到来，曾氏已逝世三年，禁不住在祠中哭泣，以"至于大恸，不能自已"！是晚酒罢回船，风雪并作，泊舟于下关。二十二日济川轮船将他所乘的船拖到草鞋夹，再登上白云号轮船，驶往清江。二十四日到扬州，二十九日抵高邮，三十日到达淮安府。④

　　郭嵩焘离开扬州后，即沿大运河北上。到顺河集，改由陆

---

① 语见郭致沈葆桢函，载《道咸同光名人手札》，集一，册二，页125。
② 《郭嵩焘日记》，册二，页829、831、832。
③ 同上，册二，页843、845—847、849。
④ 同上，册二，页849、850、854。

路至峒峿镇住宿。当时正值大雪，路上有积水，其中载书的一车倒翻，大半为水所渍，他懊恼不已。十二月初六日进入山东境内的郯城，翌日北渡沂水，至沂州府。十一日在风雪中到达泰安府。十四日抵禹城，听闻同治皇帝因痘疹毒发，病情增剧，两宫召见军机。十六日过景州城，已入直隶境内。州牧宋静山为设茶点，迎候于道。十八日进入高阳县，高阳系李鸿藻的家乡，适李于同日入都，没有见面。次日赴保定府，地方官均至城外迎接，晚上他分别给李鸿章与曾国荃写了信。①

郭在保定颇有应酬，二十四日才动身，送行的人很多。他的同年好友黄彭年（子寿）更远送数里始返。出良乡县后，入长兴店，得知李鸿章要他在长兴店相候，乃住下。鸿章此时已官至直隶总督，统筹洋务，积极谋划海防。二十七日鸿章至，与嵩焘谈到深夜，次日又至郭住处，深谈后始别，所谈必及洋务与海防。鸿章既知郭氏行程甚稔，两人早有联系；郭之北上，也很可能与李有关。

郭嵩焘别过李鸿章，即启程入都，先与曾国荃会合，同住北京法源寺。国荃先一日抵京，特备盛餐佳肴为郭接风。同时奉诏入京的蒋益澧（芗泉），突于二十二日去世。②

---

① 《郭嵩焘日记》，册二，页854、856—860。郭致友人函有谓："悄然北行，沿途迎候，竟如在官。炮船护送纷纷，江南加派小轮船护送清江，诸多烦费。"见《清代名人手札》，页151。
② 见《郭嵩焘日记》，册二，页861、862。

第十六章　重游京师与新任命

入京访友

　　法源寺在北京城宣武门外的西砖胡同内，乃京师中有名的古刹。贞观十九年（645），唐太宗为纪念征辽将士而建，原称悯忠寺，明代改建后称崇福寺，清代始称法源寺，有雍正皇帝题匾。郭嵩焘抵京后即寄居于此。光绪元年农历元旦（1875 年 2 月 6 日），曾国荃又约他一起吃饭，饭后共同上街游玩，至关帝庙行礼、求签、叩问大局。① 此庙应即是正阳门的关庙，有董其昌等题碑，颇具规模。②

　　郭氏此次应诏入京，循例应尽快赴宫门请安，然此时正值同治皇帝新丧，吏部尚书协办大学士宝望（佩蘅）认为，郭氏宜俟百日后再请安，但郭之同年进士兵部尚书协办大学士沈桂芬（经笙），则认为请安不宜缓。郭遂于元月初九日入东华门，先至九卿朝房小坐，然后一杨姓"苏拉"（秘书）引郭到

---

① 《郭嵩焘日记》，册三，页 1。
② 参阅刘侗、于奕正，《帝京景物略》，页 97—100。

内务府朝房，见军机大臣恭亲王奕䜣、宝鋆、沈桂芬、李鸿藻等人。见后仍回九卿朝房。然后六额驸景寿引郭入月华苑，到内朝房小坐。内侍传恭亲王命到军机处相见，宝鋆让座给郭，郭谦让，恭亲王说郭乃南书房旧人，不必拘礼，遂问郭之家世甚详，并推许郭熟知洋务，向宝、沈二人说："此人洋务实是精透。"坐谈之后才回到西屋，再由六额驸引领至养心殿，内侍掀东屋帘，入内跪安，在席边见到坐在御榻上的四岁小皇帝——光绪。御榻的两边以及前方都有青布覆盖的小桌子相护，榻后垂帘，坐着两位太后。慈禧太后问他在外几年，在广东几年，在路上是否遇到雪，以及地方上是否安静；又问他曾在京城当何差使，是否因病回家，今年几岁。问答之后，退到外朝房，遇到一些大官，坐谈、寒暄、辞出。①

次日郭又与恭亲王久谈。又一日，往见文祥（博川），在内室谈了两小时之久。威望甚高的文祥对他极为推重，语次问及郭在广东被谤之由。不过此事牵涉到左宗棠，不便详谈，只能略为申说。② 当时恭亲王与文祥为总理衙门的要员，主管洋务，而都推重郭之"洋务精透"。招郭来京，除了李鸿章外，当然还有此两公的意思。

京师是郭嵩焘的旧游之地，自有不少朋友，酬应甚是繁忙，往往夜深始能回寓。友朋之中有不少佳士。苏州人潘祖荫（伯寅）就是其中之一，此时潘方授大理寺卿，补礼部右侍

---

① 参阅《郭嵩焘日记》，册三，页2—3。
② 同上，册三，页3。

郎。潘氏家学渊源，为大学士潘世恩之孙，通经史而富收藏。潘氏读了郭著《礼记质疑》与《中庸质疑》两部稿本后，为之各写一序。郭氏收到后，甚是高兴，敬服序写得"沉博精当，可谓能手"！①

此年正月二十日，光绪皇帝正式登基。郭嵩焘约同曾国荃等同入东华门，先到九卿朝房等候，而后到太和殿庆贺。庆典之后，到处访友，直至夜深才返寓。②

此时郭嵩焘尚未找到固定而惬意的住宅，然自二月起已见了不少洋人。初三日到总税务司赫德（Robert Hart）处谈，又顺道往访丁韪良（W. A. P. Martin）。初六日与曾国荃同诣英国公使威妥玛（Thomas F. Wade），再访丁韪良。韪良取字冠西，为同文馆教习，对郭氏印象颇佳。③ 初七日与曾国荃同往见美国公使，谈及美国独立一百年之庆。④ 这些迹象都显示郭嵩焘将在总理各国事务衙门行走，留在京师办理洋务。李鸿章在正月初十致郭嵩焘函中，也认为筠翁将"跻总署一席"，并指出以嵩焘的性格，任京官或较外官为宜。⑤ 郭氏本人亦认为将留京师，并于二月初三日找定住房，位于延旺庙街地藏庵的后进。但是二月初九日得知郭氏诏授福建按察使。六天之后，曾

① 《郭嵩焘日记》，册三，页4。
② 同上，册三，页5。
③ 参阅 Martin, *A Cycle of Cathay or China South and North with Personal Reminiscence*, p. 381；《郭嵩焘日记》，册三，页7。
④ 《郭嵩焘日记》，册三，页7—8。
⑤ 李鸿章，《朋僚函稿》，卷一五，页6。

国荃诏授陕西巡抚,① 曾、郭二人均未授京官。

外派福建

郭嵩焘奉诏入京,最初并未期待官职,还想觐见后托病辞归,但文祥相待甚厚,促使他改变初衷。② 不过此一任命,多少有点意外。以官职而言,郭早已署广东巡抚,虽然不是实授,然多年之后简放臬司,岂非不升反降? 但郭嵩焘应知此乃因事择人,以尽其才。当时恭亲王与文祥正大事筹议海防,福建为海防重地,日本侵台事件刚过,沈葆桢尤力主经营台湾,并有闽抚驻台的主张。派郭赴闽,正要仰赖其能办洋务的长才,襄赞闽抚。

郭知此意,故于前往福建之前,上了《条议海防事宜》一折,畅述己见。除战术意见外,更提出卓越的战略建议。西洋各国东来,旨在图谋商利,不一定喜欢打仗,更不欲因战争而碍商利。所以他建议鼓励中国的商贾造船、制器、贸易,发达商人资本,以与洋人争利,并巩固中国的利权与海防。如果仅由官方筹防,不得商贾的合作,不通官商之情,不究公私之利,根本无以防海。此外,他又提出本末问题,像海防与边防都是末,而兴政教、明吏治才是本;自强是末,而自立才是本。他引总税务司赫德之语,谓内事与外防为两大要事,内政弱,外交无以强,故内政是"本"而外交是"末"。此一条陈

① 《郭嵩焘日记》,册三,页7—9。
② 可见之于郭致沈葆桢函,《道咸同光名人手札》,集一,册二,页126—127。

送呈总理衙门后，总署大臣奕诉等认为"语有可采"，于"中外情形，夙有体会，非比空言"，乃归入五大臣其他各奏之内，"恭呈御览"。① 郭之条陈可为恭亲王"洋务精透"一语作证，益见因郭精透洋务才被派往福建。

郭嵩焘于三月二十七日（1875 年 5 月 2 日）离京，翁同龢亲自相送②，到天津后，晤直隶总督李鸿章。四月十三日自天津搭海轮赴上海，五月初抵达福州。福建巡抚王凯泰（补帆），为道光进士，曾入李鸿章幕，与郭嵩焘也相知有素，时已奉命驻台，与郭相见商议后，遂于五月中旬前往台南。③ 当时沈葆桢尚在台经营整顿。自同治五年（1866）沈氏主持马尾船政以来，即致力于闽海的自强事业。沈于七月二十二日自台内渡晤郭。沈、郭原是旧识，在见解上也颇相契。沈氏内渡不满一周，郭又奉诏命开缺回京。如郭留在福建，最可能继任闽抚，因王凯泰到台后与闽浙总督李鹤年不和，复因多病，意欲乞退，不久病逝。李鸿章也有意以郭为替，卒因郭迅被调离而未果。

滇案难办

何以郭嵩焘被派往福建，仅及两月，又"饬令即速交卸起程北上"呢？原来是滇案难办，招郭回京商议。滇案发生

---

① 参阅《郭嵩焘奏稿》，页 339—347；另参阅《洋务运动》，册一，页 135—144。
② 见《翁文恭公日记》，册七，页 44。
③ 见沈葆桢，《沈文肃公政书》，卷五，页 65。

于光绪元年正月，英国使馆翻译官马嘉理（A. R. Margary）前往云南与缅甸边境，于迎接自印度来的英国探路队时被戕，探路队也为参将李珍国所阻。同年二月，英使威妥玛向总理衙门严加诘问，径指由云南巡抚岑毓英主使。在英国压力之下，清廷遂于五月中命湖广总督李瀚章前往云南查办，并由李鸿章与英使在天津交涉。七月中旬，威妥玛提出六项要求，包括派员赴英通好谢罪。鸿章上闻，以郭嵩焘明通外情，在粤抚任期与英人颇有交往，又在赴闽前曾与威妥玛见过面，乃于七月底请诏郭回京，以侍郎候补。总理衙门的恭亲王并于七月二十九日（1875 年 8 月 29 日）照会英使，将简派郭嵩焘等出使英国。[①] 当时郭尚在福州，由李鸿章函告，并转达总署之函，要郭"早日命驾北来，务乞于奉旨后迅速交卸，附轮舶至津、面商一切"。鸿章在函中提到："威使调集兵船多只，恫喝要挟。所求各事，势难尽允。且滇案正文，尤无妥结之法，即我以为妥，彼仍必多方吹求。唯赖明公到津后会商开导，设法挽回，俾无决裂，大局之幸。"[②] 是知招郭回京，不仅是为了出使，而且还要借重他与英国人交涉，以排难解纷。

　　郭嵩焘离开福州前，沈葆桢恰又自台返闽，再得相见。葆桢已于五月间授两江总督兼通商大臣，曾拟以郭为船政替人。马尾船政由左宗棠手创，沈氏虽知左、郭积憾，仍与将军文

---

① 八月初八日，始明诏以郭嵩焘及许铃身充出使英国钦差大臣，见《光绪朝东华录续》，卷五，页14；另参阅郭致沈葆桢函，见《道咸同光名人手札》，集一，册二，页141。

② 李鸿章，《朋僚函稿》，卷一五，页25。

煜、闽浙总督李鹤年共同上奏，请"俯念船政关海防大局，可否准将郭嵩焘臬司开缺，赏给卿衔，督理船政。俾得专折奏事"①。但疏上次日，得郭氏出使之信，只好作罢。郭、沈遂相商推荐丁日昌督理船政，奏上报可。② 及王凯泰病逝，丁氏兼署福建巡抚。

郭嵩焘于五月间接任福建按察使，八月初交卸，前后仅两个月，为时虽短，却已在处理案件的律例上立下良好的规模。丁日昌任闽抚之后，得睹郭氏政绩"度越一切，使人心目为开"③。六月间郭帮助李鹤年、文煜等与丹麦大北公司（Great Northern Telegraph Co.）改议马尾设电线合同。经郭与丹麦人再三辩驳交涉，终于改议成功，电线仍由大北公司承办，竣工后则由中国验收，自行管理，价格也由七千余元减为四千元。④ 郭遂为总督李鹤年解除一大忧心之事，功劳不小。

郭嵩焘搭乘济安号轮船离闽，于九月十一日抵达上海，泊小东门，未上岸居住。但地方文武官员前来迎访者，相属于道。两天之后，上海英国领事麦华陀（Walter H. Medhurst）于照会各国领事衙门后，亦来与郭行"宾主相见之礼"。其他各国领事也到船拜访，郭一一答拜。十八日自沪启航北上，于二

---

① 见沈葆桢，《沈文肃公政书》，卷四，页75—76。
② 见《海防档》，《电线》二，页205。
③ 参阅郭嵩焘，《玉池老人自叙》，页21—23。
④ 参阅同上，页23；另《海防档》，《电线》一，页173—175、187—190、193—199；《玉池老人自叙》，页22。

十二日到达天津。①

拜会英使

郭抵津后，住在直隶总督官署，见到李鸿章以及淮军洋教习马格里（Halliday Macartney）。马氏通中文，取字清臣，答应充当郭出洋期间的英文参赞。郭即约见英使威妥玛并发公函如下：

> 大清国钦差出使大臣郭嵩焘谨奉书大英国钦察威公使大人阁下：
>
> 春间承望颜色，奄忽至今，企想高风，有逾饥渴。嵩焘顷奉命出使大国，由闽泛海至津，询知贵大臣已赴上海，为怅惋久之。此行必与贵大臣一晤叙，而未卜返斾何时。恐谕旨催促启行，交互海上，与大舟歧左，在京师久候，又虑津河冰合，岁内不能出洋。敢以书道意，应于何处相见，伏候示知。敬颂台安。
>
> 嵩焘顿首。②

此一公函有礼而得体。自滇案发生以后，英使威妥玛一再要求在行文上"大英"与"大清"并列，并将"大英国"字

---

① 见《申报》光绪乙亥九月十三日，页2之报道（重印本，册一三，页8372）；九月二十日，页2（重印本，册一三，页8420）。
② 载英国 Public Record Office，F. O. 682/325/1，No. 15。

样抬头书写以示尊重。清廷已不敢轻慢英国，只是旧日体制一时难改，而郭嵩焘此函可说是得风气之先，充分表现两国平行的新式外交格局。遗憾的是，郭以礼相待，而威妥玛竟傲不作复，有失西方的礼仪。郭、威相见最后是在李鸿章总署的座上，已是十月二十七日（1875 年 11 月 24 日）的事了。①

威妥玛先是催派中国使节赴英，后又改口说等滇案解决，再行派遣。行期既难定，李鸿章乃留郭在天津总督行辕暂住。一个月后，内河即将冰封，鸿章急欲赴保定料理事务，嵩焘亦随之入都。

同年十一月初四诏授郭嵩焘为兵部侍郎，在总理各国事务衙门行走。② 他于走马上任之前，先上一疏，直言滇案难结的根本原因，乃中国尚未以礼对待外国，而士大夫又不察理势，徒放高论，更不知取法西洋 "强兵富国之术，尚学兴艺之方"，反加诋毁，以致屡生事端，穷于应付。他毫不讳言，滇案由于巡抚岑毓英 "举动乖方"，意存掩护，不查明情由，据实奏报，"而一诿罪于野人"，岑抚虽有功于云南，然而 "封疆大臣与国同休戚"，必须 "责以酿成事端之咎"，以 "期使功罪各不相掩"，请旨将岑毓英交部严加议处，"以服洋人之心"。③ 他认为封疆大吏于中外交涉事宜，不能事前预防，以致造成衅端，例应议处；何况议处岑毓英，英国人便无所要

① 载英国 Public Record Office，F. O. 682/325/1，No. 15。
② 见《清德宗景皇帝实录》，卷二一，页4；参阅《道咸同光名人手札》，集一，册二，页149。
③ 见《郭嵩焘奏稿》，页348。

挟，一切都可据理折之以平息风波。①

　　郭氏虽就事论事，但此论一出，引起各方非难。当时朝论廷议明显偏祖岑毓英，而郭嵩焘居然要求严加议处，予人有"事事依附英人"之嫌，自然会遭遇到强烈的反弹。而此时郭又有出使英国之命，更被时人视为辱国之举。诸事激荡，遂起轩然大波。郭氏一身成为众矢之的，时人的交相攻讦使他百口莫辩，唯有忍辱负重。

---

① 参阅《使英郭嵩焘奏办理洋务横被构陷折》，载《清季外交史料》，卷一二，页 27—28。

道光皇帝

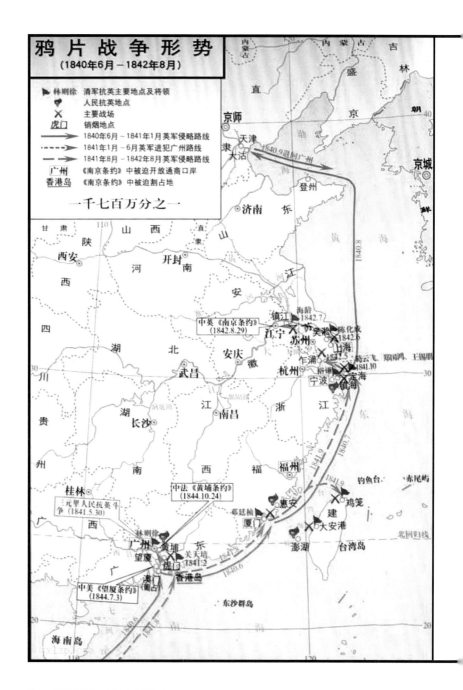

第一次鸦片战争形势图（局部）

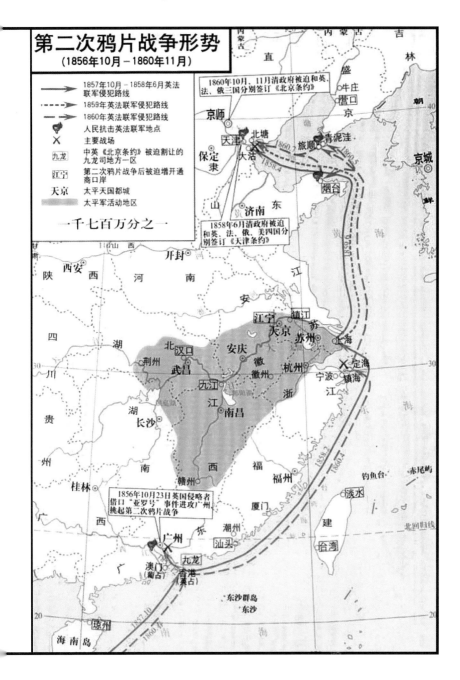

第二次鸦片战争形势图（局部）

咸丰皇帝

恭亲王奕訢

郭嵩寿

刘锡鸿

李鸿章

曾纪泽

THE CRYSTAL PALACE.

英国维多利亚时期的水晶宫

维多利亚女王

《使西纪程》

以小事大者畏天者也而引湯事葛文王事昆夷以為樂天漢

高祖一困平城而遣使和親唐太宗至屈尊突厥開國英主不

以為諱終唐之世周旋回絕吐蕃隱忍含垢王者保國安民其

道故應如此以夷狄為大忌以和為大辱寶自南宋明兩朝之

李其效亦可觀矣西洋立國二千年政教修明具有本末與遂

金韃起一時倏條衰情形絕異其至中國惟務通商而巳而

窟穴巳深遍處憑智力兼勝衍以應付處理之方豈能不一

講求并不得以和論無故懸一和字以為刼持朝廷之資侈口

張目以自快其議論至有謂甯可覆國亡家不可言和者京師

巳屢聞此言召公之戒成王曰祈天永命祈天者兢兢業業克

严复

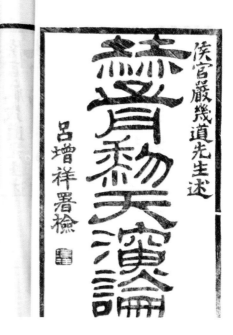

譯天演論自序

英國名學家穆勒約翰有言欲考一國之文字語言而
能見其理極非諳曉數國之言語文字者不能也斯言
也吾始疑之乃今深愉篤信而歎其說之無以易也豈
徒言語文字之散者而已即至大義微言古之人殫畢
生之精力以從事一學當其有得藏之一心則為理
動之口舌著之簡策則為詞固皆有其所以得此理之
由亦有其所以載焉以傳之故嗚呼豈偶然哉自後人
讀古人之書而未嘗為古人之學則於古人所得以為
理者已有切膚精怵之異矣又況處時久遠簡牘沿訛

严复译《天演论》

郭嵩焘著作

第十七章　　出使前的波折

排难解纷

　　郭嵩焘虽已有出使英国之命，然一时行程难定，暂以兵部侍郎入值总署。然由于出使以及参劾岑毓英，成为朝野士子攻击的目标，即使好友亦感无辞为他解说。王闿运惋惜他"以生平之学行，为江海之乘雁"，李慈铭则认为出使"无所施为""徒重辱国而已"。由于根深蒂固的华夷种见，只有高昂的情绪，没有冷静的是非。他指岑毓英处理滇案不当所引起的强烈情绪，已足令他知晓滇案之不易了。而滇案与他的出使又有不可分割的关系。

　　英国驻华公使威妥玛即因不满清廷对滇案的态度，拒绝与奉命使英的郭嵩焘相见，无从商量出使事宜。郭乃于光绪元年十一月底往访总税务司赫德，以探询英方意见。赫德认为宜早日出使赴英，滇案既一时难了，不应等解决后再启程；何况出使并不全因滇案，英国有中国的公使，才能随时处理两国间的事务。赫德说，英国对华并无领土野心，只求双方互惠。郭氏

想从赫氏处探听英国方面对于滇案的看法，果然英方不满中国
处理该案之敷衍塞责，以及拖延与不公。①

　　李瀚章查办滇案的报告上达后，清廷于十一月十二日发表
上谕，仍认为马嘉理由滇至缅，地方官妥为护送无误，但由缅
返滇时，因未经知会地方官派人护送，以致为匪徒戕害。是以
中国方面并无责任。然而诏命开革了两名小官，显然意在敷衍
英方。② 同月二十四日，英国使馆的汉文正使梅辉立走访郭嵩
焘，不满李瀚章的调查以及上谕的说法。郭氏尽力解释，略谓
谕折所述并非最后定论云云。③

　　为了解决问题，郭嵩焘力请梅辉立安排与威妥玛直接晤
谈。十二月初，威氏居然登郭氏之门造访。郭外出未遇，遂即
修书致歉，并订于十二月十二日回拜。有此突破，嫌疑略释。
见面之后，威对郭的印象不错，对郭氏见解也有深一层的了
解，乃积极支持郭氏早日出使。④ 郭氏赢得威妥玛与赫德的
敬重。

　　郭嵩焘对他自己的识见既自负又自信，故能择善固执。在
士论大哗中，并不因畏缩而改口，在复沈葆桢的书翰中，仍然
不讳言"彼土人才，实胜中国"，依然畅论"与外人相处之

---

① 参阅英国外交部藏《赫德备忘录》（1875 年 12 月 31 日），译文见《郭嵩焘先生年谱》，下册，页 511—512。其实李鸿章于致郭嵩焘函中亦谓："此案其绌在我，彦卿一味蛮横，恐无妥结之法。"见李鸿章，《朋僚函稿》，卷一七，页 20。

② 此一上谕见《清季外交史料》，卷四，页 13。

③ 英国外交部档案，引自《郭嵩焘先生年谱》，下册，页 513。

④ 参阅同上，下册，页 514—515。

道，在去猜嫌之见，求因应之宜，视彼所长而效法之"，并责备京师士大夫的虚骄，横生议论而不考求事理，二十多年来并无长进，坐失效法西洋所长而及时图功的良机。至于滇案，他仍以为本易处理，"徒为议论所持，濡延至今"。① 他也常与户部侍郎翁同龢纵谈洋务，颇令翁氏折服，推为方今洞悉洋务的三人之一，其余二人是李鸿章与沈葆桢。②

这种称赞，于郭而言，固然是知音，但于国家而言，正见人才之少。因"方今十八省与洋人交涉略少者，独湖南与山西耳。能知洋情，而后知所以控制之法；不知洋情，所向皆荆棘也"。③ 此一事实仍不为大多数的士大夫所明察。他们不求知洋情，只喜诟毁洋人。但是浮嚣何用？郭嵩焘甚感独手难以挽澜，虽在兵部与总署上班，接晤外使，但日感困顿。

内外交困

光绪二年二月初九（1876 年 3 月 4 日），郭嵩焘在兵部值日时突蒙召对，由奕劻带见。太后颇关心与外国交涉事。她问及滇案，更忧虑日本在朝鲜寻衅。郭谓日本一意学习西法，意在兼并，而西洋各国逼高丽通商，未尝不暗中怂恿日本。至于应变之道，他一本前说，认为外国意在通商牟利，中国不可先存猜嫌之心，必须应付得法，使不致有所要挟，一回要挟即伤

① 此函收入黄濬，《花随人圣庵摭忆全编》，上册，页88—89。
② 见《翁文恭公日记》，册一五，页5—6。
③ 《郭嵩焘日记》，册三，页11。

一回元气；要应付得法，先要审度事理，然后随机应变，以理争之、折之。他进而解释洋人的脾性，认为洋人好胜，办事快便，辩论有制断，若能知彼，未尝不能使彼就范。太后固然甚是关心夷务外交，却未必真能领会郭氏的睿智特识。①

同月二十一日，郭氏在总署目睹威妥玛逼人的气焰，而署中诸公唯唯听训，正是他所说被洋人要挟的实例。背后骂洋人，而当面又怕洋人，使他感到气短，不免消极；益觉精力疲乏，不能自支。②

外见英使的凶狠，内有乡人的毁谤，而士大夫蒙昧无知，横议误国。郭氏情绪恶劣，精神上的刺激影响到他身体上的健康，以致身心俱疲，遂决心引退。这次不是称病，而是真的病了，威妥玛还派英国医官来寓视疾。但沈桂芬、文祥、宝鋆等人知无人肯代郭氏出使，坚不允辞，只给病假。三月二十一日假满，又续假十日。十日之后，他仍然决心引退，并具折请假回籍调理。四月初二上谕再赏假一个月，无庸回籍，枢府诸公也刻意慰留。郭嵩焘知脱不了身，遂于四月二十四日移居后铁厂住宅，继续上班。③

不过，郭嵩焘并未放弃坚辞的决心。他不仅因久病不愈，苦苦思归；而且士论大哗，使他感到无所作为，自觉心灰意冷，遂于光绪二年五月初，再度上疏请求回籍。初二即奉谕再

---

① 召对对话见《郭嵩焘日记》，册三，页14—15。
② 《郭嵩焘日记》，册三，页19。
③ 参阅《郭嵩焘日记》，册三，页21—31。

赏两个月调理，仍然不准回籍。六月初一，他上书沈桂芬，"力陈乞归之旨"。次日晚上接到谕旨，准他开缺总理衙门的职务，但仍须留京听候出洋。① 至少他得以离开总署，因处理滇案，与署中的当权派早已意见相左，难以共事。七月初五日，郭嵩焘再度具疏，全力求退，但这次开缺兵部左侍郎署缺，却仍不开缺出使大臣，"着届期前往"。② 至此，开缺其官，而不准其归，他始知求退无望。郭嵩焘坚决求退，似乎对出使英国并不热衷，甚至避之唯恐不及。于无可推避之后，又感十分怨恨，责怪沈桂芬的"侮弄"，斥其"居心险狠"。③ 此一态度自与郭氏晚年自叙，以及后人所谓"毅然出使英国"的描述，并不一致。日记所记更能表达当时的心情。当时（光绪二年）郭嵩焘确是心不甘情不愿出使的。不过，近人夏泉解释郭氏惧怕流言而产生一种"矛盾心态"，似乎并不尽然。④

郭氏不愿出使的主因，并不是怕"苦差使""坏差使"，而是他坚求退出官场的一部分。既要退，当然不会也不必去出使。他要退的主因，也不仅是恐惧"流言"，因早已习惯，并加以鄙视，认为是一种不负责任的浮嚣士论。他一再无视朋友劝告，坚持所见，显然是无惧物议或流言。他给朋友的信札

---

① 《郭嵩焘日记》，册三，页42。
② 同上，册三，页47。
③ 见《郭嵩焘日记》，册三，页47。
④ 夏泉，《郭嵩焘出使英国时的矛盾心态》，《近代史研究》，期五七（1990年5月），页288—293。

中，也说"谤毁遍天下，而吾心泰然……于悠悠之毁誉何有哉"①。流言虽对他有伤害，但绝不至于限制他的行动。

如说矛盾，应是一种进退的矛盾。他一直是在仕进与退隐的矛盾中挣扎。他有抱负，自然想出仕，有所作为。但是他的抱负与识见远远超过时代，碍难重重。当他发现无能为力、无所作为时，雅不愿为了做官而做官，乃毅然求去。他出仕不止一次，求去也不止一次。自粤返湘后决计退隐，但忽得诏命。觐见之后，感文祥的知遇，以为或能有所作为。自闽返京后，等候出使。在总署任职，目睹在处理外交事务上的猥琐无能。他的意见非但不被重视，反遭讥讪，以至排斥。如果在决策的总署只是"敛手画诺，无补毫末"②，则到英国去当公使，奉命行事，又有何可为？沈桂芬的阳奉阴违，与文祥的竭诚相待，更是强烈的对比。文祥使他愿意留任，而沈桂芬则使他坚决求去。郭崑焘在致友人信中，曾道出乃兄此一求去的心境："家兄之决计乞退，实因洋务无可办法，又无可与言者，却非避出使之艰难，然开其署缺而乃责以差使，俾其闲坐守候，则政府所以待之者，亦太过矣！"③

光绪二年七月十九日（1876 年 9 月 6 日），慈禧太后再度召见郭。从召对中可知，慈禧颇倚重郭，劝郭"此时万不可

---

① 函载《中和月刊》，卷一，期一二。
② 语见郭致沈葆桢书，见《道咸同光名人手札》，集一，册二，页150。
③ 函见同上，页198。而且郭嵩焘知道"西洋通使，专为修好……尽人能任之"。要紧的是需要"通知洋务之人"来"办理洋务"。所以认为重遣使而轻洋务，乃"本末俱失"（见《玉池老人自叙》，页23—24）。言下之意，他以洋务自许，遣使未免大材小用矣。

辞。国家艰难，须是一力任之。我原知汝平昔公忠体国，此事（出使）实亦无人任得，汝须为国家任此艰苦"。慈禧深悉郭之处境，故谓："旁人说汝闲话，你不要管他。他们局外人随便瞎说，全不顾事理，不要顾别人闲说，横直皇上总知道你的心事。"慈禧还要郭继续赴总署上班，说是"尔须天天上总理衙门，此时烟台正办着事件，时常有事商量，你必得常到"。此外也问到郭氏身体情况。① 太后的诚恳相劝，终于使他完全打消辞意，自谓："七疏自陈病状，坚请放归田里，而不蒙报可，以微臣乞退之坚也，忽传旨召对，温谕勤勤，反复宣慰，不敢复申前请。"②

---

① 　见《郭嵩焘日记》，册三，页49—50。
② 　见《道咸同光名人手札》，集一，册二，页163。

第十八章　郭大人出洋

忍辱负重

　　光绪二年（1876）七月十九日召对之后，郭嵩焘重返总署，协助处理外交事务，恭亲王也颇为倚重，常与会晤。八月初二又授礼部左侍郎，到礼部去办公，但他主要的任务仍然是积极准备出洋。在出洋的前夕，英国公使威妥玛再度展露帝国主义者的面目，以凶狠的脸色，逼问郭氏的行期，使郭之心绪，十分恶劣，深切体会到弱国无外交的苦楚。[①]

　　郭嵩焘于九月十五日（10月31日）具折请训，并保举出洋随员，以张自牧（后未成行）与黎庶昌为参赞，德明（张德彝）与凤仪为翻译，汪树堂、张斯枸、李荆门、罗世琨四人为文案。当日再蒙召对，实际上是辞行，除答问行期外，太后再度说：“汝心事朝廷自能体谅，不可轻听外人言语，他们原不知什么。”郭嵩焘忍不住说：“不知事小，却是一味横蛮，

---

① 　参阅《郭嵩焘日记》，册三，页58—60。

如臣家于此已是受惊不小!"郭氏所说，指的是八月中旬在湖南老家所发生的威胁事件。湘省乡试诸生痛恨洋人，力诋郭氏，聚集在玉泉山，要捣毁上林寺以及郭家的住宅，使郭氏一门受惊不小。太后听后，也只能抚慰而已。[①] 郭大人出洋，不仅要看帝国主义者的脸色，而且还要看自己老乡的脸色，而两种脸色均极凶恶难看，教他如何不感到"此行太无意绪"[②] 呢？

　　饯行、辞行都无意绪，尽量免掉。九月二十五日天未亮就料理行李启行。二十八日舟泊北塘，二十九日到天津见李鸿章，仍然宿于舟中。十月一日登海轮"丰顺"号，与马建忠同船南航。次日经烟台南驶，在黄海上遇到大浪，风雪交作，郭氏一家都不支而呕吐。十月四日申刻到达吴淞口。英使威妥玛已在上海等候，其他各国领事也一一来见。[③] 初八日，副使刘锡鸿以及其他随员也相继至沪。

　　西方各国互派使节早已习以为常，但对中国而言，还是第一遭，郭嵩焘是中国正式派往西方世界的首任公使，令中外瞩目。自英法联军攻入北京，烧毁圆明园，订城下之盟，西方国家即在北京设立使馆，但中国方面由于体制的限制、意识形态的束缚，以及风气的闭塞，迟迟未能向西方派遣使节，建立使馆。同治六年（1867），清廷曾派即将退休的美国外交官蒲安

---

① 参阅《郭嵩焘日记》，册三，页60—61；王闿运，《湘绮楼日记》，册五，页38；金梁，《清史人物志》，页129。

② 见《郭嵩焘日记》，册三，页61。

③ 同上，册三，页63—64。

臣（A. Burlingame）为"充办各国中外交涉事务大臣"①，可见遣使一事，势在必行，只因一时缺乏人才，所以必须"美"才"清"用。滇案发生后，出使事又感紧迫，而英使威妥玛刻意安排首次出使为一赔罪特使，为滇案向英国道歉！郭嵩焘当然心知肚明，自有屈辱之感，而滇案处理乖方，他早经指出，非但不蒙见听，反遭讥弹，而今更要为此案背黑锅，能不有满腹委屈？难怪他到上海候船出洋时，给两江总督沈葆桢写信，仍感激愤难平：

　　幼丹尚书同年大人阁下：……嵩焘乃以老病之身，奔走七万里，自京师士大夫下及乡里父老，相与痛诋之，更不复以人数。英使且以谢过为辞，陵逼百端，衰年颠沛，乃至此极，公将何以教之？默察天下人心，洋患恐未有已也……②

　　哪知后来到了英国之后，郭嵩焘才发现总署为他所准备的果是"谢过"特使；如需逗留，尚需新的国书。所以严格而论，他正式成为驻英公使，还是到伦敦以后的事。③ 如郭氏早知如此，恐怕更不愿受此辱命矣。

---

① 参阅《同治朝筹办夷务始末》，卷五一，页29。
② 见《道咸同光名人手札》，集一，册二，页169—170；参阅黄溶，《花随人圣庵摭忆全编》，上册。页89。
③ 参阅 Frodsham, *The First Chinese Embassy to the West*, "Introduction", p. i。

远渡重洋

郭氏一行外交人员齐集上海，候轮出洋。他们原拟乘法国轮船，但随行人员中有英国人马格里（Halliday Macartney），刻意安排改乘英国邮轮 Travancore 号，而且从上海到英国的南安普敦港（Southampton），沿途所经如新加坡、锡兰、亚丁、马耳他、直布罗陀，都是英国的属地。马氏认为如此可使中国外交代表团旅行半个地球，所见唯大英旗帜，其爱（英）国之心，昭然若揭。①

郭嵩焘在上海候轮出洋，酬应颇繁，除外国使节相互拜会，亲友问候外，他还去参观了上海的格致书院（Shanghai Polytechnic Institute）。此一书院为英国传教士傅兰雅（John Fryer）所主持，乃当时上海"西学"的重镇。王韬曾在此窥西洋的奥秘。上海的英文报《字林西报》，也特别报道郭氏出使，并评论中国初遣使节到西洋的意义，认为是中外关系的一大转变。②

光绪二年十月十七日（1876 年 12 月 2 日）的晚上，郭氏一行十五人，其中包括如夫人梁氏、副使刘锡鸿、参赞黎庶昌（莼斋）、翻译官张德彝（本名德明，字在初）和凤仪（夔九）、英国人马格里与禧在明（W. C. Hillier），以及随员刘孚

---

① 参阅 Boulger, *Life of Macartney*, p. 265；《道咸同光名人手札》，集一，册二，页 173。
② 参阅《申报》。光绪二年十月十二日以及《字林西报》（*The North China Daily News*）1 Dec. 1876 之报道。

翊（鹤伯、和伯）、张斯枸（听帆）、姚岳望（彦嘉），另外尚有武弁七人，跟役十余人，终于在虹口冒着风雨登舟，夜半启碇开航。

郭嵩焘虽早已是旅行的老手，但远洋航行仍然是第一遭，一出海即遇到大风浪，颠簸甚剧，第二天的风力更为强劲。郭氏终日不能起坐，自思五十余日的海程，甫一二日已狼狈至此；来日方长，真不敢想象。旅途不顺适又不止于此。船泊香港时，与另一艘轮船相撞，以致因修船而耽延。进入印度洋后，风浪更大。约在此时，厨子柳树仁忽患痘症，必须隔离，并即送往锡兰的医院，使全船受累。被迫停航两星期后才放行，并须换船，于阳历 12 月 25 日始自锡兰驶出。①

在海程中还遇到不常见的旋风，自有一番惊骇。即使轮船进入地中海，船身仍颠簸不已。郭氏以抱病之身，长期处此环境中，病体愈来愈感不支，自谓："风雨暝冥，颠危倾险，郁热尤剧，心气痛甚。此行上海患眼珠痛，登舟而鼻隼痛至二十余日，已而牙龈痛、耳痛，又苦心痛，尽五官之用而皆受患若此，异哉！"②

不过，身体上的折磨并未妨碍他眼界的大大拓宽。他毕竟首次走向世界，经过十八个国家或地区，接触到佛教、伊斯兰教、基督教三大文化区。而他又特别注意地理以及风土人情，并随时记录。近代西方物质文明的富盛，当然给了他深刻的印

---

① 《郭嵩焘日记》，册三，页 65—66、74—75、79、106—107。
② 同上，册三，页 136。

象，他早在咸丰年间的上海已见洋楼的宽敞、整洁，至此又见新加坡西式建筑的美观、苏伊士运河的伟大工程。到英国后，更目睹"灯烛辉煌，光耀如昼"①。不仅如此，他一出洋即见西礼之近古。他亲眼见到英国海军船舰升旗、鸣炮、奏乐、停航趋迎等礼节，不禁赞叹："彬彬焉见礼之行焉，中国之不能及，远矣！"② 自命为礼教之邦的中国，其礼竟远不及外国，可略知对郭氏的冲击之深，更加强了他一贯的看法：认为近代西方国家绝非辽、金蛮夷之比，而必须以礼相待，和平共存。十一月二十一日见到红海奇景，"两岸皆红土，山无草木得名。夕阳返照，见山色红紫辉映，如胭脂图画"③。不久驶入地中海。十二月初八日（1877 年 1 月 21 日），晚上八时，抵达南安普敦港。禧在明以及中国总税务司赫德、驻英代表金登干（James D. Campbell）等来接，转往伦敦。溯自十月十七日上海登舟，海程共计五十天。

---

① 《郭嵩焘日记》，册三，页 97。
② 同上，册三，页 66。
③ 同上，册三，页 87。

第十九章   首任驻英法公使

初抵英伦

郭嵩焘一行乘火轮车（即火车）于暮色中抵达伦敦，然后换乘马车，约一小时到达新城东南的波克伦伯里斯（Portland Place）四十五号使馆兼官邸。此为金登干预为代租的四层楼房，房间整洁、器皿齐备、陈设讲究，颇有气派，每月租金一百零五英镑，合平银三百六十七两五钱。郭氏对四周的环境也感满意，于到达后一日记道："昨日以晚至，今日出门亦以晚归。街市灯如明星万点，车马滔滔，气成烟雾。阛阓之盛，宫室之美，至是殆无复加矣。"① 立即体会到近代西洋都市文明的先进。

英国驻华公使威妥玛已先返伦敦。郭氏抵后翌晨，威即来访，并传言外相德尔比（Lord Derby），亟欲一见。德尔比为世家子，袭第十五代伯爵，父亲曾为首相，继乃父为相者即是

① 《郭嵩焘日记》，册三，页98；另参阅张德彝，《随使日记》，页12。

迪斯累里（Benjamin Disraeli），封比肯斯菲尔德伯爵（First Earl of Beaconsfie-ld），即《郭嵩焘日记》中的"毕根士由"。迪斯累里在内政上实施选举改革，在外交上积极进取，使英国保守党（Tory）声势大张。1874年（同治十三年），迪氏二度组阁，德尔比为外相。郭嵩焘抵英，正遇上此一保守党政府。

1877年1月23日（光绪二年十二月初十），郭嵩焘偕刘锡鸿、张德彝（德明）、马格里赴外交部拜会德尔比。英外相特别指出此乃中国派遣使节之始，并表达友好之意。威妥玛亦在座。当天晚上郭嵩焘召集使馆所有人员，约法五章："一戒吸食洋烟，二戒嫖，三戒赌，四戒出外游荡，五戒口角喧嚷。"并以此五戒比诸摩西之十戒，认为是"中国出使西洋立教之祖"①。郭嵩焘一到伦敦就注意及此，其意无非是预先立下规矩，以免有辱国体。

翌日，郭即行文照会英国外交部，请照会觐见君主、呈递国书之期。② 却因中国初派使节未谙西方外交，所携国书乃惋惜滇案文书，并非公使驻节文书。所携文书中亦未列副使刘锡鸿之名，例不能随同呈递国书。此一意外虽因英方通融解决，国书照递，刘锡鸿也随同觐见，但仍须补颁正式国书，否则不得认为正式的公使。③

---

① 《郭嵩焘日记》，册三，页98。
② 同上。行文内容见《郭嵩焘先生年谱》，下册，页577—578。
③ 《郭嵩焘日记》，册三，页102；《郭嵩焘奏稿》，页364—365；刘锡鸿，《英轺私记》，页53—54。

觐见英王

　　初次觐见英国女王维多利亚（Queen Victoria）定于1877年2月7日下午两点半钟，仅于前一日才通知中方。郭等询问觐见礼节，不得要领，刘锡鸿以为英方有意相难。[①] 其实并非如此，盖英方对这种礼节早已习以为常，原以中国使节与其他各国公使一律看待，没有特别照顾而已。

　　7日那天午后，正使郭嵩焘、副使刘锡鸿，以及张德彝（德明）、马格里等穿着朝服，乘双马车，车后有两位武弁并立，来到白金汉宫（Buckingham Palace）。先在铁门外停车，顶盔佩刀的守门军士导入，院落甚大，广约数百步，又转入一重门才下车。入门右转，上三楼至一长廊小坐，外相德尔比与驻华公使威妥玛均在。等候片时，玻璃隔扇打开，德尔比等先入，少顷复出，引导郭等进入，沿着回栏，进入一小室。穿黑衣裙、披盖顶白花巾的维多利亚女王在众人环侍下，立候来客。郭等行鞠躬礼，女王亦鞠躬还礼，凡三鞠躬乃至前。德明授郭国书以便诵读，然后由马格里口译为英语。诵词曰：

　　大清国钦差大臣郭嵩焘、副使刘锡鸿，谨奉国书，呈递大英国大君主、五印度大后帝：

　　上年云南边界蛮允地方有戕毙翻译官马嘉理一案，当饬云南巡抚查报。嗣经钦派湖广总督李瀚章驰往会办，并将南甸都

---

① 刘锡鸿，《英轺私记》，页57。

司李珍国拿讯。又经钦派大学士、直隶总督李鸿章驰赴烟台，与大英国钦差大臣威妥玛会商办理。威妥玛以宽免既往、保全将来为词，一切均请免议。中国大皇帝之心，极为惋惜，特命使臣前诣大国，陈达此意，即饬作为公使驻扎，以通两国之情，而申永远和好之谊。敬念大君主、大后帝含宏宽恕，仁声义闻，远近昭著，必能体中国大皇帝之意，万年辑睦，永庆升平。使臣奉命，惋惜之辞具于国书，谨恭上御览，并申述使臣来意，为讲信修睦之据。

此一诵词基本仍是惋惜滇案的敕书，不过加上"副使刘锡鸿"，以及"作为公使驻扎"等语句，以求变通。若由总理衙门另发驻扎国书，旷日太久，无以应急。更值得注意的是，全文显然以中国大皇帝与英国大君主，平等相待，而且因滇案，用词亦颇谦恭有礼，略无天朝蔑视英夷的痕迹，可为中国步入列国世界之证。不过，问题正如郭嵩焘一再所说，许多士大夫仍然心不服耳。

女王听毕诵词后，说："此次远来，为通两国之谊，庶期永保和好。"郭答："是！"女王又问："中国大皇帝好。"答曰："好！"又说："既接受大皇帝国书，亦当有书回致。"答曰："是！"最后再鞠躬而退，威妥玛相陪至一厅堂，观赏陈设。郭氏又顺道拜访了俄、德、美三国公使，才打道回府。①

---

① 觐见经过据《郭嵩焘日记》，册三，页103—104；刘锡鸿，《英轺私记》，页56—58。

正式派充驻英公使的国书以及清帝敕书，至光绪三年十月初四日（1877 年 11 月 8 日）才递到，郭嵩焘即交威妥玛译成英文后，于初六日照会咨送英国外交部，并请另定觐见呈递日期。①

此次呈递正式国书，因英主赴苏格兰度假未归，故定于 1877 年 12 月 12 日（光绪三年十一月初八），星期三。地点是温莎行宫（Windsor Castle，郭氏译为温色宫），此乃英皇自征服者威廉以来的主要行宫。郭嵩焘早于阴历十一月初四就接到外相德尔比送来有关呈递国书的照会。初八那天，英国外交部先约郭等于十二点钟到柏林登（Paddington），以便乘专车驶往温莎。抵时首相迪斯累里、外相德尔比等已先在。郭为当日接见的三国公使之一，女王见过首相迪斯累里后，即由外相德尔比跟随郭公使觐见，译员张德彝（德明）先传递国书，并为诵言道："中国大皇帝遣派公使驻扎伦敦，补递国书，恭呈大君主鉴收。"然后郭公使双手将国书授之英国女王。此一正式国书明言郭嵩焘以兵部左侍郎的身份，为钦差出使大臣，驻扎英国都城，并以国书"表真心和好之据"。女王接国书后，转授外相，说郭公使奉命长驻英国，闻之不胜喜悦。郭公使鞠躬而退，英方并以午餐招待，郭嵩焘坐在外相之右，同席的还有首相迪斯累里、英驻华公使威妥玛，以及萨瓦多尔国公使等。饭毕，仍由女王备车送往车站。②

---

① 《郭嵩焘日记》，册三，页 334；参阅《郭嵩焘先生年谱》，下册，页 700—701；《使英郭嵩焘奏奉颁国书照会英外部订期呈递折》，载《清季外交史料》，卷一二，页 31—32。

② 《郭嵩焘日记》，册三，页 359、361；参阅张德彝，《随使日记》，页 58。

此后，郭嵩焘又见过维多利亚女王，以及皇子、公主等多次，都是宫中的应酬活动，英伦的外交界多应邀参与。郭嵩焘代表中国，于英国高层领导人以及来自各国的公使之间，周旋交往，举杯寒暄，象征中国已步入国际舞台，侧身列国之林。只是郭公使虽跑在前头，他所代表的古国，在心理上仍未准备好，仍无法视列国为对等国。英国女王经常接见并招待各国公使，而清廷仍然无法做到，还不习惯这种做法。

勤勉为政

中国一向以天朝自居，英国却是 19 世纪后半叶的世界第一强国，就在 1877 年（光绪三年）的元旦，英相迪斯累里正式宣布大英帝国（The British Empire）的成立。不久中国请罪之使莅英，并在伦敦首创使馆，多少给大英帝国又增添一些"光彩"。当时英国人的踌躇满志，可以想见。

中国使节团的到来，仅以文化和种族上的差异而言，足以"惊动"一般的英国人。在英伦出现的中国代表们，不仅衣冠奇异，而且每个男人都有辫子。英国著名的政治幽默杂志《喷奇》（Punch）在一整页的漫画中，将郭画成一只带辫子的猴子，与英国狮子对眼相视。郭氏夫人梁氏及其金莲也成为谈笑的资料。[①] 知识分子如此，一般小市民更是不仅动口，还要动手了。

就在中国使馆开办不久的十二月十九日（1877 年 2 月 1

---

① Punch, 10 Feb. 1877, p. 65. *The Hlustrated London News*, 24 Feb. 1877, p. 171.

日），使署随员张斯栒（听帆）的家人张锡九，与另一随员刘孚翊（鹤伯）的家人阎喜，一起上街购物，在路上行走时，竟有人以杖击张锡九的头。张、阎二人不敢计较，但有四位行人路见不平，将攻击者布里（John Donovan）（爱尔兰籍铁匠），扭送官府。布里供称不喜欢异教徒，击头只是酒后的玩笑。英国法院因伤害罪判布里两个月劳役。郭嵩焘知悉后特寓书总理，请免科罪。① 此一事件公诸报端后，引起同情中国人遭遇的正义感，郭嵩焘的做法，更引起许多英国人的尊敬，认为极有风度。此事之后，据报载，路上英人见到中国人，同声欢呼，表示衷心欢迎之意。②

郭嵩焘在英国的二三年中，确能在一陌生的社会里，不同的文化环境中，积极参与，广交朋友，留心时事，注意彼邦风俗、人情与学问。他也给当地人士留下良好的印象，即使是不太称道人的自由派政治家格兰斯敦（William E. Gladstone），竟亦誉郭氏为 "所见东方人中最有教养者"（the most genial oriental he had ever met）。③ 郭氏还被推举为 "国际法改进暨编纂协会"（Association for the Reform and Codification of the Law of Nations）第六届年会的大会副主席。④ 足见郭嵩焘颇得人缘，也颇能在国际舞台上周旋应对，这是办理近代外交的有利条件。但是近代外交不能仅靠外交手腕，还须有知己知彼的外

---

① *The Times*, 2 Feb. 1877, p. 1ld. 《郭嵩焘日记》，册三，页 101—102。

② *The Hlustrated London News*, 24 Feb. 1877, p. 171.

③ *Blackwood's Magazine*（Oct. 1901），p. 492.

④ Immanuel c. Y. Hsu, *China's Entrance into the Family of Nations*, p. 207.

交战略。郭嵩焘最多在外交战术上有所掌握，但战略必须决之于总理各国事务衙门与朝廷。当时清廷仍昧于国际大势，士大夫仍然浮嚣不实，除了"以夷制夷"外，根本谈不上什么战略。郭嵩焘的"战术"没有"战略"相配合，当然难以真正有所作为。

郭嵩焘办外交所遭遇的困难，一方面是昧于外情的本国政府，另一方面则是如旭日初升的大英帝国。换言之，他必须在"愚昧"与"盛气"之间折衷求是办外交。在这种情况之下，办事不可能顺手如意，在短短两年之中，他的外交成绩单是乏善可陈的。不过，这件事不能以"成败论英雄"。郭之出使虽然是第一遭，但他表现了不凡的处事原则与手法。

郭嵩焘在伦敦，主要对手是英国外交部，他先后遇到两位外相——德尔比和索尔兹伯里（Marquis of Salisbury，即郭日记中"沙乃斯百里"）。至今英国外交部档案（Foreign Office Records）仍然保存了郭公使与两位外相之间的大量函牍。这些文件不仅展示郭氏任事的勤勉、细微不怠，而且证明他对问题掌握得颇为确切，能够注意到细节①。

《烟台条约》

郭氏出使的目的之一是完结滇案。他抵英后，滇案自然了结。但因滇案而签订的《烟台条约》，中国方面已于光绪二年

---

① 这些函牍藏 Foreign Office Records，17/768 与 794。

(1876)批准，而英方则迟迟不批。郭嵩焘一再交涉、照会，并无结果。直到光绪十一年（1885），英国才批准《烟台条约》，那时郭已离驻英公使任所六年有余了。

《烟台条约》，原由李鸿章与威妥玛分别代表中、英两国政府签订。内容有三端：（一）昭雪滇案；（二）两国官员会晤礼节；（三）通商事务。[①] 实质要项当然是第三项，关于滇案，英国无非借之要挟更多的商业利益，如添开宜昌、芜湖、温州、北海四通商口岸，并规定各口租界免收洋货厘金。不过，洋药（鸦片）与其他洋货有别，进口洋药仍须税厘并征，由各省酌定征收若干。问题就出在洋药税厘并征，在华英商固然不情愿[②]，盛产鸦片的印度英国殖民地政府更是极力反对。其他主要通商国家，如美、德、法、俄诸国，则不满意英国单独与华商定，也表示反对。在此情况之下，英国政府遂故意不批，一味拖延。

既然牵涉到鸦片，如能切实禁烟（鸦片自咸丰九年起成为合法商品），便无洋药税厘并征的问题。郭嵩焘到伦敦后，居然有谣言说郭氏吸食鸦片，后来于 1877 年 8 月 31 日《泰晤士报》（The Times）澄清不仅郭公使不吸烟，使馆中亦无别人吸食鸦片，却因而引起伦敦反对鸦片者的注意，郭氏遇到不少主张禁烟的英国士绅，他们还组织了"禁鸦片烟会"。光绪三

---

① 条约全文可见之于王铁崖编，《中外旧约章汇编》，册一，页346—350。
② 光绪三年七月初二日，马格里告郭，上海商人近寓书商会，请公呈（英国）外部，无允《烟台条约》。见《郭嵩焘日记》，册三，页266。

年二月初三日（1877 年 3 月 17 日）未刻，禁烟会士绅五十余人集会，郭氏亦躬逢其盛。会长夏弗斯白里伯爵（Earl Shaftesbury）首先起立诵读一份公函，接着另有人宣讲条例各款的意义，言之甚详。还有一位教士起立诵读各款。他们都对鸦片流毒中国，表示扪心自愧，希望中国能与英国并力断绝鸦片贸易。郭公使也应邀起立致词，对于英国士绅们言及禁鸦片事，义形于色，表示感悦。然而鉴于外交辞令之需，不能责怪英国贩卖，乃指出吸食鸦片已成中国的积习，故中国必先自禁吸食，然后再会同英国禁止贩卖。他认为鸦片烟为害无穷，每一个国家都应议禁。对于禁烟会诸公的仁义表现，他再三表示感激，希望在大家的努力下，数年之内能够禁绝鸦片烟。①

　　但是禁绝鸦片烟又谈何容易！英国士绅之中，虽有不少"视人犹己，仁至义尽"的禁烟者，然而他们并不一定是多数。他们想影响议院，然而议院更需代表商业利益。再说，郭嵩焘早已觉察到，要有效禁止鸦片贸易，中国必先要能自禁吸食。但是自从鸦片在中国合法销售后，烟税已成中国政府收入的大宗，即在中国方面，道德谴责与实际利益之间，孰轻孰重，也难以定夺。

---

① 参阅《郭嵩焘日记》，册三、页159；张德彝，《随使日记》，页24；刘锡鸿，《英轺私记》，页65—66；《申报》，光绪丁丑五月二十二日，册二〇，页12609，郭在会中讲词，报道有误，使馆乃备正式译文；特别强调公使促其本国政府禁止，否则无以与英国商谈禁烟贸易，全文见 Boulger, *The Life of Sir Halliday Macartney*, pp. 288—289。

禁吸鸦片

郭嵩焘于参加禁烟会聚会后五日，即奏请禁吸鸦片烟，并兼致总署与李鸿章。郭在折片中指出，鸦片烟实为中西构怨之源，当引为国耻。西洋贩烟日多，端因中国吸食之人日增。他到伦敦后，亲眼见到西洋有人要求禁烟，义形于色，对于国人男女僵卧吸食鸦片烟的景象，甚感惭愧，主张国家明令严禁吸烟。他建议禁烟不能仅赖法令，而须先养士大夫的廉耻；官府稽查督察，不能有任何宽假，宜宣布限三年之内戒烟，逾期不戒则严罚；可先从士子着手，不戒者立即停止其考试资格；此外，还要禁止各省种栽罂粟，以止流毒；须严责督抚，以为州县表率。所以，他伏请皇上限期责成，"存乎皇上一心之运用，中外人心无不响从"①。他在伦敦寄李鸿章信中，更明言：

是此鸦片烟不独戕贼民生，耗竭财力，实亦为导乱之原。洋人至今引为大咎，中国反习而安之。窃以为鸦片烟之害不除，诸事一无可为，而求其禁止之方，有至简而易行者，其法在先官而后民，先士子而后及于百姓，一用劝导之术，而以刑罚济其穷。其用法亦惟动其廉耻之心而激使自立，宽以二十年之期，必可保其禁绝，不至稍有贻患。②

① 《郭嵩焘奏稿》，页366—368。
② 郭嵩焘，《伦敦致李伯相》，《养知书屋文集》，卷一一，页7。

　　郭嵩焘的"可行之法"，却无法付诸实施。因鸦片不仅是利薮所在，而且牵涉到中外贸易。两国之间难以互信互谅，更不太可能通力合作禁绝。清廷的上谕赞赏郭折所言，却要郭与英国官员磋商，先使外国洋烟不入内地，然后中国可自行禁止栽种罂粟，吸食鸦片遂可永绝。① 李鸿章在复书中也强调："若先令中土禁种、禁食，而外洋贩途日广，是为丛驱爵，非平恕之道，势亦有所不行。"② 但是英国方面岂肯先行禁种禁运？鸦片种销乃印度财政之所寄，何况会怀疑禁洋烟将徒令土烟独霸市场，不少英国人已一再指出中国西南一带遍植罂粟，作为英方的借口。③ 中英双方都不肯先跨一步，禁烟只能徒托空言。郭嵩焘乃再度上折，详陈禁烟应行事宜，诸如严禁栽种、严防讹诈、明定章程、禁革烟馆等等，并同时书陈李鸿章④。他无非认为决心禁烟应排出日程，甭管他人。李鸿章终不免觉得老友迂腐而不切实际，若谓："盖专就洋药加厘言之，厘尚不愿加征，岂肯议禁种贩？彼既贩运，我仍征收税厘，又岂能严禁内地种烟与吸食？"⑤ 两广总督刘坤一，以鸦片税厘关系财政，更认为郭嵩焘的"禁烟之议，万不可行"！⑥

　　郭嵩焘亦尝照会英国外相德尔比，希望与印度各部商议，

---

① 《郭嵩焘奏稿》，页369。
② 李鸿章，《朋僚函稿》，卷一七，页8。
③ 见《郭嵩焘日记》，册三，页462。
④ 折见《清季外交史料》，卷一一，页6—10。
⑤ 见李鸿章复周筱棠函，载《朋僚函稿》，卷一七，页20。
⑥ 《刘坤一遗集》，册四，页1813。

渐次改种五谷，以使鸦片贩运日渐减少，永存两国和好，亦无结果。① 伦敦《泰晤士报》甚至在报道清廷禁烟上谕之余，指中国钦使郭嵩焘以及西太后也吸食鸦片！② 郭氏虽立即命马格里致函该报否认，但如此混淆视听，必然于事无补。是以终清之世，禁烟一直徒托空言。《烟台条约》中有关洋药税厘问题也要到郭之继任者曾纪泽手中，才获得解决。

喀什噶尔问题

中英《烟台条约》之外，较为重大的交涉事件有喀什噶尔问题。喀什噶尔位于清代新疆的西陲，同治元年（1862），陕甘回乱，数年之间波及新疆，喀什噶尔当地人勾结中亚霍罕（今浩罕）倡乱。同治四年（1865）霍罕之阿古柏（Yakub Beg）攻占喀什噶尔，并逐渐拥有天山南路一带，号称"阿密尔"（Emir）。当时英、俄在中亚争夺霸权，阿古柏结英拒俄，英国自然拉拢。同治七年，英国派员到喀什噶尔，并由印度提供军火，来往渐密。同治十年，阿古柏乘势兼有北疆，俄人亦进占伊犁，与之对抗。阿、英因而互相勾结，且于同治十二年年底，订立条约。但光绪二年左宗棠率师入疆，收复乌鲁木齐（迪化），阿古柏遣使赴英乞援。

郭嵩焘抵达英国时，正好遇上此一事件的交涉。郭氏一贯认为战无了局，而新疆又辽远难制，所以他个人的意见不主张

---

① 见 Foreign Office Records, 17/768。
② The Times, 28 Aug. 1877, p. 5.

一意用兵；如果能稳定局势，不妨接受妥协。但此一个人主
张，并未使他在与英方交涉中显得软弱。当他闻知英方接见阿
古柏来使，且有保护喀什噶尔之嫌，乃先向美国驻英公使探得
更多的消息，然后于 1877 年（光绪三年）5 月，向威妥玛质
问属实，即于 6 月 15 日向英国外相德尔比提出严正抗议。有
云：本大臣于此，窃疑与《万国公法》微有不合。查喀什噶
尔本中国辖地……前因中国内乱……阿密尔乘势攘取其地……
近年内乱既平……喀什噶尔应在中国收复之列……现在中国正
当用兵收复，而贵国特派大臣驻扎，则似意在帮同立国，与中
国用兵之意，适相违左。……本大臣以为，喀什噶尔本属中国
地名，为阿密尔占据一时，中国例应收复，并非无故构兵，而
贵国遣使驻扎，体制亦觉稍替。

　　郭公使因而要求英方"节制印度大臣"，以及"收回驻扎
喀什噶尔名目"。① 郭氏引用《万国公法》，尤具卓识，使英方
难以招架，直至 7 月 7 日英国外相才有答复。德尔比避重就
轻，摆出和事佬的姿态，借此代喀什噶尔提出和议条件，希望
在向中国称臣的名义下，实质上获得独立自主。诚如黎庶昌所
谓："英国之私意，欲建喀什噶尔自成一国，为印度藩篱。"②

　　早在德尔比答复之前，世爵斯丹里于公元 1877 年 6 月 21
日（阴历五月十一日）求见郭嵩焘，详谈喀什噶尔事，无非

---

① 全文载黎庶昌，《西洋杂志》，页 27；英文本见《英国外交档案》，F. O. 17/
　 768。
② 黎庶昌，《西洋杂志》，页 28，英国汉文照会见页 27—28，英文原文德尔比致
　 郭（1877 年 7 月 9 日），见《英国外交档案》，F. O. 17/771。

说左宗棠一意进剿，徒使俄人得利，不如与喀和好。郭疑乃"沙乃斯百里（即索尔兹伯里）所遣，令探取鄙意者也"，遂以"正辞告之"。据刘锡鸿所记，郭回答说喀地为中国所有，被人乘乱窃取，能否和好，非使臣所能主持。如果喀使来见，则无不可。刘当即指出喀使为叛徒，若来应属投诚，不能谈和，斯丹里只好离去。①

翌日，威妥玛又来约谈喀什噶尔事，益见英方急求喀地自立一国之意。郭嵩焘提出在四个条件下，中国或可和平解决：（一）自认是中国藩属；（二）所据南八城应献还数城，以为归诚之地；（三）天山北路尚有未安静者，要之皆系回部，应同时谕令息兵；（四）英国须担保不再滋事。② 第四点显有语病，英国既非喀什噶尔的保护国，何能担保？不过此四条绝不允许自立一国。郭于同日致沈葆桢一函，告喀什噶尔近事，明言："嵩焘以为无径弃地之理！"③

1877 年 7 月 5 日，斯丹里夫人以茶会为名，招待中国使臣，郭派刘锡鸿前往，刘至，见喀使已先在，显然主人想借此引见，刘副使严词拒之。④ 英国外交部于五月二十七日（1877年 7 月 7 日）正式照会，虽然仍以承认中国有宗主权的条件下，让阿古柏自立，但郭氏于五天后的复文中断然拒之。郭氏

---

① 见《郭嵩焘日记》，册三，页 235；刘锡鸿，《英轺私记》，页 149—150。
② 见《郭嵩焘日记》，册三，页 235。
③ 函见黄濬，《花随人圣庵摭忆全编》，上册，页 91。今查《英国外交档案》中威、郭 1877 年 6 月 22 日备忘录，郭亦直谓中国决不弃地，见 F. O. 17/825。
④ 刘锡鸿，《英轺私记》，页 162。

为避免英译有所误会，乃以中文本递之，坚持阿古柏占据喀地之非法，必须归返全地，并要求英国保证不支持阿古柏。[①] 十天之后，英外相回复，仍希望向中国政府转达英方主张，并谓同时已通知英国驻华代办傅磊斯（Hugh Fraser）在北京转告中国政府。[②] 郭嵩焘遂有《英外相调处喀什噶尔情形》一折之上，除了说明英国调停动机与西域情况外，提出他自己的看法，认为如能乘英国调停之便，划定疆界，久保边境安宁，未尝不可议抚，以节饷息兵。[③]

郭氏似太急于讲和，过于妥协。黎庶昌即预料左宗棠将立大功，要求郭不上此折，而郭未见听。[④] 然而英国外交部既要求使臣转呈，使臣转呈乃职责所在，岂能不转？何况英方已同时命驻京代办转递。郭氏在折中所表达的意见，虽于事后显得过虑，却表现了使臣忠于所见，敢于尽言以供政府参考的本色。事实上，郭于上折之后，闻知阿古柏病殁，情势有变，立即补上一片，谓："能乘俄（阿）古柏冥殂之时，席卷扫荡，当不出数月之内；或尚有阻滞，及时议抚，亦可稍省兵力，以消弭边患之计。"又谓："如幸西路军务成功有日，不独此折可置不论，即英国派员调处一节，亦必自行中止。"[⑤] 可见郭嵩焘并不一意固执，其意见端由审度情势而发。

---

① 1877 年 7 月 12 日郭致德尔比，《英国外交档案》，F. O. 17/768；参阅《郭嵩焘日记》，册三，页 249。
② 1877 年 7 月 23 日，德尔比致郭函，见《英国外交档案》，F. O. 17/825。
③ 见《郭嵩焘奏稿》，页 372—375。
④ 黎庶昌，《西洋杂志》，页 28—29。
⑤ 见《郭嵩焘奏稿》，页 376—377。

光绪三年十二月二十六日（1878 年 1 月 28 日），郭嵩焘记道："喀什噶尔已为官军收复。"① 进剿成功，证明抚议的不必要与错误，但郭嵩焘对内的抚议，并未影响到他对外的严正交涉。他在伦敦与英国当局讲理论法，在整个事件中维持了中英之间的友好关系。外相德尔比于复函郭嵩焘之同时，咨英驻京代办傅磊斯，促谨慎行事，不要逾越"友善的建议"②。是以在左宗棠进剿期间，中英关系没有恶化反而继续维持友好，自亦有利于进剿的成功。

商船交涉

郭嵩焘在伦敦，为国内发生的中英纠纷，也多少起了排难解纷的作用，如镇江趸船移泊案。早在同治十二年（1873），中国允准太古洋行的趸船（即废船）"嘎的斯"（Cadiz）号停泊于镇江英国租界对岸，但翌年该行擅自造桥、栽桩、托架，至年底江岸出现裂纹、露出坍颓情况。光绪元年（1875），江岸已多坍卸，镇江海关遂要求移泊。翌年四月初八（1876 年 5 月 1 日），理船厅乃饬令洋行将趸船迁移至南岸上游，以便查明后再定夺，而太古洋行竟悍然不肯移泊。总署虽与英使威妥玛交涉，也无结果。总税务司赫德乃建议由郭嵩焘在伦敦交涉。郭氏咨会德尔比，请转饬太古洋行将趸船遵照移泊，并与

---

① 　《郭嵩焘日记》，册三，页 402。
② 　见《英国外交档案》，F. O. 17/825。

威妥玛据理争辩。①

英国外相德尔比虽允予查明，久无结果。郭遂于光绪三年九月二十八日（1877 年 11 月 3 日）再照会德尔比催请迅速核议见复。郭氏交涉的依据是西洋的律法，所谓以子之矛攻子之盾，但当威妥玛辩称中西交涉只能依据条约，不能援引西洋律法，郭氏乃函德尔比严词相诘。威妥玛固然是强辩，但中国通商章程未全，遂予英人可乘之机。然郭氏指出通商条约并不能尽列法律事项，"如中国应行管辖地方及江河道路，原属自有之权利"，中国岂能"尽弃自有之权利"？他更进一步延请英国著名营造司秉公查论，将英国专家的意见于公元 1877 年 11 月 27 日照会德尔比，终于光绪四年正月初五日（1878 年 2 月 6 日）得到英国外交部的复文，答允将太古洋行趸船移泊。②此事交涉虽然艰苦，但郭嵩焘在情、理、法三方面锲而不舍，卒使英方让步，圆满结案。

武昌教案

商务的纠纷虽烦，然远不及教案的严重。中西通商以后，教士深入内地，各种纠纷冲突，甚至流血事件，不断发生。稍微处理不当，列强即可借故要挟或入侵。光绪三年六月初一（1877 年 7 月 11 日）发生了武昌教案。因该日两名英国教士

① 参阅《总理衙门·清档》，页 577。郭致德尔比五函见《英国外交档案》，F. O. 17. /768，附中文原本；《郭嵩焘日记》，册三，页 224。
② 《英国外交档案》，F. O. 17/768；《清季外交史料》，卷一三，页 18—19；《郭嵩焘日记》，册三，页 412。

被数百名应试武童殴击。地方官署迟于一个多月之后始逮捕二人结案，引起汉口英国领事的抗议，造成中英两国间的争执。

英驻华代办傅磊斯要求英外相德尔比向郭嵩焘交涉。郭氏于光绪四年二月初二（1878 年 3 月 5 日）收到德尔比的照会后，即奏请拿办武昌教案正凶①。郭氏深知寻常的殴击事件演成国际纠纷，端因地方官敷衍粉饰，不愿认真办事。故于二月初五致总署函有谓："办理洋案，须是直截了当，粉饰愈工，纷歧愈甚"，并认为"考试恃众滋事，最为各省恶习"，故必须"要地方官，事理晓然于心，以免滋生事故"。中方既于理有亏，郭于复德尔比函中，先表歉意，以诉诸于情，同时表达中方的看法，认为逮捕二人确为逞凶之人，已"经地方官枷杖惩处"。如果扩大正凶，则"当考试聚集之时，蜂拥滋事，事出仓卒，其时未必定有首犯倡率"。既无预谋，乃纯系一偶发事件。但郭并不推脱责任，知会德尔比已"咨呈本国总理衙门飞咨湖广督部堂，遵照谕旨，迅速核办"②。由于郭氏复文情理兼顾，毫不回避，英国政府遂寝此案。③

乌石山教案

较武昌教案更为严重而复杂的是乌石山教案。乌石山为福州附近的一个山镇，早于咸丰初年英国教士即在此租住房屋，

---

①　《英国外交档案》，F. O. 237/7、17/759、17/758、17/794。

②　郭二月初五致总署函（未刊原函）。郭于公元 1878 年 3 月 12 日复德尔比函见《英国外交档案》，F. O. 17/794。并参阅《郭嵩焘日记》，册三，页 443。

③　参阅 Owen Wong, *A New Profile of Sino-Western Diplomacy*, p. 167。

同治年间教士胡约翰（John R. Wolfe）买得一块被盗卖的官
地，经揭发后改为二十年租地。胡牧师先在该地改建教堂楼
房，同治十年（1871）之后更渐次圈占山地，加筑垣墙。光
绪三年（1877）当地绅董林应霖提出控告，福建巡抚丁日昌
遂与英领事星察理（Charles Sinclair）酌商，以乌石山关系省
城来脉（风水），全省绅民都不愿建造楼房，拟以另一块土地
交换，并补贴费用。英国领事与胡牧师欣然接受，但英国教会
竟不愿对换，胡牧师又继续侵占公地以建房屋，终与当地绅民
发生冲突。民众愤怒之余，遂有焚毁教堂事件的发生。①

　　英国领事即将事件分别报告北京使馆与伦敦外部。英国外
相索尔兹伯里于 1878 年 10 月 20 日得悉后，即照会郭嵩焘。
英方显然要以反教事件来责难中国，然郭不令其偏离问题中
心，强调胡牧师侵占土地的法律问题，并附地图以证明之，指
出胡牧师之不近情理，无视法律，以致引发烧毁教堂事件，肇
因显非反教；并于照会索氏时，咨送"乌石山案纪实"文件，
以免英国政府偏听教士的一面之词。光绪四年十一月十八日
（1878 年 12 月 11 日）郭氏往见外相索氏时，又谈到此案，再
度强调法律解决，百姓烧毁教堂，地方官已奏请查办，但教士
之不守法也不能无视。郭氏更进而向英国外相申论一般教案之
症结所在，略谓："滋事约有二节：习教者既凭借教士之力，
滋扰百姓；教士又凭借国家保护之力，遇事多所过为，如乌石

---

① 参阅 Owen Wong, *A New Profile of Sino-Western Diplomacy*, p. 167—174。

山之侵占营建，亦其一端也。"索氏听后似颇感叹，不愿再谈此事。[1] 威妥玛在郭氏据理依法说明下，也理解中方的立场。此案终由法律途径解决：中方赔偿烧毁教堂一千多两银子，而胡牧师必须迁离侵占的土地。英国政府也不再予以追究。[2] 此案全结已是 1880 年的 2 月 24 日，郭嵩焘早已离职归国，但由于他斡旋处理得法，不仅将大事化小，而且得到合理的解决。

郭嵩焘在伦敦处理琐碎的纠纷尚不止此。他必须照顾李鸿章由国内派遣到英、法、德的中国留学生；为国内的天灾募款；留意海外华人的处境与遭遇，因而积极推动在华人较多的地方设置领事馆。他在伦敦上层社会中甚为活跃，时而参加宴会、舞会、学会，并进行慈善性质的捐款。在这方面说，他是一位"亲善大使"。他身居英伦，望眼世界，也颇留心环球局势，如对正在进行的俄土战争，时时加以关注。足见他在伦敦短短数年之中，工作与活动十分繁忙。[3]

身兼法使

光绪四年正月二十一日（1878 年 2 月 22 日），郭嵩焘又受命兼任出使法国钦差大臣。他先于二月十日税务司赫德的电报中知此任命。正式任命的上谕至三月十八日始递到，并照会

---

① 详阅《郭嵩焘日记》，册三，页 705—706；另阅《英国外交档案》，F. O. 17/794。

② 参阅 Owen Wong, *A New Profile of Sino-Western Diplomacy*, p. 174。

③ 参阅郭氏光绪三年、四年日记，见《郭嵩焘日记》，册三。

英国外交部与法国驻英公使。^①张德彝（德明）于三月二十二日先赴巴黎部署，设馆于罗马王街二十七号（27 Avenue Du Roide Rome）。^②郭嵩焘则于二十五日（1878 年 4 月 27 日）启程。渡海之日，"天日晴和，舟行甚适"，由法国柏郎（布洛涅 Boulogne）海口上岸，再转往巴黎。他感到巴黎的街道比伦敦更为宽广，房屋虽不似伦敦之高，却更为整齐。"一望鳞次栉比，其富庶之来远矣"！^③ 1878 年 5 月 6 日郭率德明、马建忠等向法国总统麦克马洪（Mac Mahon）呈递国书。法总统免冠而立，左右侍从十余人。郭行前鞠躬，由德明递交国书，并宣读诵词，再由马建忠以法文译诵。法总统宣读答词，也由马建忠翻译。最后郭公使与法总统互相鞠躬而退，完成仪式。^④

郭嵩焘连日拜会法国外长瓦丁顿（Waddington）、各国公使，以及参加法国总统茶会。1878 年 5 月 14 日，郭氏率马格里、德明等返回伦敦，留黎庶昌等人在巴黎。^⑤ 此后，郭氏时常来往于伦敦与巴黎之间。

---

① 《郭嵩焘日记》，册三，页 445、483。
② 张德彝，《随使英俄记》，页 548。
③ 《郭嵩焘日记》，册三，页 490—491。
④ 同上，页 496；参阅张德彝，《随使英俄记》，页 553—554。
⑤ 《郭嵩焘日记》，册三，页 496、498、503。

第二十章　置身西欧文明

洞若观火

郭嵩焘开馆伦敦，驻节英、法，以及驻日、驻美、驻德、驻俄公使的相继派遣，象征清廷已不得不从古老的帝国，走向世界列国之林。不过清廷虽迈出一步，却心犹未甘，误将前进的一步视为向西方列强的退让，"心态"并不能与"行动"相配合。即使随同郭氏赴英的副使刘锡鸿，也竟认为"今日使臣，即古之质子，权力不足以有为"①。但是郭嵩焘早已有"心理"准备，已经洞悉列国争胜的局面已不可能改变，必须在新格局中求生存、求自强。西方人的坚船利炮，他于鸦片战争期间，即已领教。他默察中外情势，得出"战无了局"的结论。他认为西方列强对华，主要在谋通商之利，至少一时之间不会鲸吞中国，中国更不可轻启战端以自取辱，而应师彼长技以图自强。作为使臣，明察沟通，正大有可为。

----

① 见李鸿章，《译署函稿》，卷八，页6。

　　郭氏抵英之后，置身于西欧文明之中，不仅加深了对列国情势的了解，而且积极参与，留心观察，很想探求西方富强之源。他不懂外语，却无碍对西方文化的理解，心理上也无障碍，甚至不讳言泰西文明高于中华。像刘锡鸿之辈虽也置身于西方世界之中，耳濡目染，有时也感到西方物质文明的宏伟，但总觉得彼邦虽好，非吾可学或应学，仍然是望门止步的态度。即使美才如曾纪泽，能通英语，接触西洋文化的条件较郭嵩焘好得多，但到英国后仍谓：

　　或者谓火轮舟车、奇巧机械，为亘古所无。不知机器之巧者，视财货之赢绌以为盛衰。财货不足，则器皆苦窳，苦窳则巧不如拙。中国上古殆亦有无数机器，财货渐绌，则人多偷惰而机括失传。观今日之泰西，可以知上古之中华；观今日之中国，亦可以知后世之泰西。①

　　且不论中国上古多机器固无以证实，那种机械的宿命论即难以真正向西方学习。然而郭嵩焘对待西方文明的态度是颇为积极的，只恨老大帝国之举步维艰。他本人已走向世界，只是他所代表的古国，不能随他前进而已。

水晶宫之盛

　　郭嵩焘所目击的伦敦与巴黎，乃当时西方文明的中枢，备

---

① 曾纪泽，《曾惠敏公手写日记》，册五，页2111。

集一时之盛。伦敦的水晶宫（The Crystal Palace），半圆式屋顶，由三十万片玻璃、五千根柱子筑成。宫中展出 1851 年英国博览会的科技成果，而水晶宫本身就是新科技的一个里程碑。郭嵩焘于 1877 年 5 月 24 日，应水晶宫总办之邀，率同黎庶昌、张德彝（德明）等驱车往访，归后记道：

> 入门皆玻璃为屋，宏敞巨丽，张架为市，环列百余。其前横列甬道，极望不可及。中列乐器堂，可容数万人列坐。左为戏馆，就坐小憩。又绕出其左，为水晶宫正院。巨池中设一塔亭，高可数丈，吸水出其顶。旁为海神环立，所乘若龙，两眼吸水上喷，高约数尺，张口吐水，日夜济湃。大树环列数十株，水晶宫最胜处也。曲折相接为巨屋，模仿各国形式……①

印象至为深刻。是夕，他们在水晶宫外还看了烟火，"见起火五彩，光焰熊熊"②，尽兴而返。

郭嵩焘兼使法国前往巴黎时，又适逢"炫奇会"，也就是万国博览会。他以头等公使的身份，与法国总统同座，饱览西方科技文明之盛。③ 郭之身份使他的接触面比一般人既广且深。西方人士也尽力介绍西方文明给这位首任中国公使，希望借他转移中国人的视听。

---

① 《郭嵩焘日记》，册三，页 211—212。
② 张德彝，《随使英俄记》，页 401—402。
③ 《郭嵩焘日记》，册三，页 484。

举办茶会

郭在西欧，虽无前人的踪迹可循，但他积极参与伦敦、巴黎的社交，略无沮滞。他经常出席茶会、宴会、舞会、化装舞会，与上层社会各界酬酢，从英国女王、法国总统到英、法两国首相、外相、议员、学者，以及各国公使，来往无忤。他还在应酬场合晤及美国前总统格兰特、巴西皇帝、波斯国王，以及英国前任首相勒色与格兰斯敦，尤钦佩格兰斯敦的学问和才辩，可知并非泛泛的交谈。[①] 当时西方社交场合，早已是男女同席共舞，虽与中国国情相距甚远，但郭也让夫人梁氏出席英国格非斯夫人的家宴，并拟由梁氏发请帖开茶会，唯经德明力劝而止。[②] 可见郭氏诚心要扮演近代公使的角色。

他也仿效西方外交礼俗邀宴外国使节，并举行大型茶会，招待各界来宾。他于 1878 年 6 月 19 日在伦敦中国使署，邀请了英国外交部各官员，英国社会绅商、学者，以及德、俄、奥、意、丹、荷、葡、土耳其、波斯、日本、海地各国使节，共七百余人。自 5 月 28 日即开始筹备，预算是五百英镑（合银一千七百五十两），并于 6 月 2 日议定邀请名单。

茶会那天，使署自大门至二层楼收拾陈设妥当，左右分置灯烛与鲜花，中间铺红色地毯，楼梯栏杆覆盖白纱，挂上红

① 参阅《郭嵩焘日记》，册三，页 153、156、159、161、166、223、230、235、237、238、250、255、260—261、410、418、442、446、505—506。
② 同上，册三，页 263—264；《郭嵩焘先生年谱》，下册，页 760；张德彝，《随使英俄记》，页 560。

穗，并分插玫瑰、芍药和茶花。客厅与饭厅也悬挂鲜花与灯彩。厅中横设长筵二桌，一桌置茶、酒、咖啡、冰乳、点心；另一桌置热汤、冷荤，以及各种干鲜果。桌上刀叉杯盘，罗列整齐；玻璃银瓷，光耀夺目。客厅的对面，鲜花作壁，后面有红衣乐队。饭厅旁边的小间，作为宾客存放外衣之所。楼上第一层客厅两间打通连为一室，铺放红地毯，壁挂灯镜。窗外有鲜花台，搭上五彩冰塔。第二层郭嵩焘住屋五间也装饰得极为华美整洁。从早晨到晚上，整天悬花结彩，鼓乐喧天。门外还搭了帐篷，雇巡捕六名守护。① 中国驻英使馆在郭公使领导之下，刻意经营此一茶会，而且全部西式布置与招待，也可谓开风气之先。茶会开得十分成功，来宾莫不以受邀为幸。②

郭公使应酬之繁，连他自己都感到有些吃不消。但他理解到"宴会酬应之间，亦当于无意中探国人之口气，察国中之政治"③，应酬非仅消遣娱乐，也是外交上的一种工作。

郭氏及其僚属当然也有真正的消遣与娱乐，如游观宫殿花园、观剧看戏、听音乐会、水族馆夜游、参观画廊、欣赏赛马或花会，至于餐馆小酌，更不在话下。④ 然而即使这些游观，也使他们浸润于近代西方文明之中。因于游观之际，自然目击

---

① 此据德明之记述，详阅张德彝，《随使英俄记》，页560—561、567—568。郭嵩焘谓五百余人，一千四五百金，应是约数，德明经办此事，故其数字应较正确。参阅《郭嵩焘日记》，册三，页547。
② 见《郭嵩焘日记》，册三，页547。
③ 同上，册三，页611。
④ 参阅同上，册三，页153、170—171、174—175、196、205、244、280—281、383、409、494、535。

西欧都市文明之盛，如伦敦的十二层高楼，四万辆马车，以及房舍的坚固、市肆的整洁，足使郭嵩焘感叹西洋物质文明之盛，远胜中国。①

检阅水师

西洋物质文明中，最得中国有识之士垂青的是武器与军备。坚船利炮与弓石矢矛，优劣立判。李鸿章就是一意经营军备以图自强，托人采购枪炮、铁甲、水雷等，并派遣留学生到英、德诸国学习军事。郭嵩焘抵英后，一直与李鸿章保持联系，也为李照顾这一方面的事务。他既关心留学武生的学习与生活，也经常访问炮厂、船厂，参观赛洋枪会，并亲自升炮以及试演鱼雷大炮，考求西洋兵器和水雷图式，亦登军舰看操。② 他曾经跟随英国女王大阅水师，以及陪同法国总统阅兵。器械之完备、军容之盛大、规模之宏伟，当非李鸿章能够想象，在郭嵩焘心目中，自然留下难忘的印象。

英国维多利亚女王大阅水师，时在 1878 年的 8 月 13 日，地点是英南波斯穆斯（朴次茅斯 Portsmouth）海口。郭应英国海军部之邀，率同武生林泰增，以及张德彝、罗稷臣、马格里四员同往。他们在维多利亚站上火车，沿途"山势绵亘，树

① 参阅《郭嵩焘日记》，册三，页 305、451、561、563、579—580、676—705；张德彝，《随使英俄记》，页 401、453、531。

② 参阅同上，册三，页 151、185—188、198—199、250、253、259、263、265—266、279、326、495、575、714—715；张德彝，《随使英俄记》，页 324、331。

木丛密"，行数十里，抵达海口巨镇，"隐隐若城"。镇后有炮台数座。郭与荷兰公使、日本公使、希腊公使，以及外国参赞数人，共登费飞尔座舰。舰长为一具有三十年经历、曾到过中国的军官，他设席款待各使。中午时刻，驶出江口，两旁有二十六艘铁甲船（Ironelads），以及不同式样的水雷船两只环列。至江口迎接女王座舰。海军总司令座舰前导，各国公使船、上下院议员与士绅座船，以及机械学校学生船队随行。议员所坐船为一运兵舰，载有千余人。女王座舰从中道直上，驶出江口，二十六艘兵舰同时鸣炮，官兵一一升立桅端。女王座舰每驶过一船，左右皆升炮送之。驶出数里后再折返江口，各船亦随之而返，最后进船坞上岸。本来舰队还要出大洋操练检阅，因风大而从简。①

　　法国总统麦克马洪（Mac Mahon）于 1878 年 9 月 15 日校阅马步各军。郭嵩焘应法国军部之邀，由马建忠（眉叔）陪同，前往参观。法国总统约郭使至其帐殿相见，各国公使以及法国各部首长与高级军官俱在。总统帐殿朝南而设，高约九级，铺毡褥，设几，如宫殿式样。右边设二、三等行帐，逶迤而下。校阅各军面向帐殿整队而立，然后经东边沿围场环转向北，行十余里。马步各军俱设方阵，总统骑马而至，由阿拉伯军一队作前导，二十余骑军官随之。再后则为各国武官，约二百余骑，中国的陈敬如也佩刀骑马相从。

　　总统由南边出于各军之前，绕东而北，转返帐殿之前，群

---

① 据《郭嵩焘日记》，册三，页 601—602。

皆起立并脱帽为礼。此时跟随总统的二十余骑迅速南驰，再北向而立。总统则南面东上立，各国从骑者依次而立，军乐队五十余骑稍偏西北而立。中间形成一甬道，宽六七十丈。最前马队、炮队、步队依次而立。最后又是马队与炮队。凡马队都以二十骑为一行，以八行或六行为一营。凡炮队以八骑或十骑为一行，连三行用三匹马拖一炮车，又连三行拖一弹药车，每车必载炮车车轮二具，以备损坏时更换。每车两行之后，有炮兵一队随之。步兵队则以五十人为一行，两行相连为一队，八队为一营。马队中又有救护车，连两行用马二匹拖一车，车大，有围，可载运伤兵。步队中有各类工兵，各按队伍前进，毫无喧嚣之声。最后的马队、炮队连为一长蛇阵，奔腾踏蹴，尘埃飞扬。受阅者共计五万多人。所有军官都有骑马，步兵的队长也骑马。总统在阅兵台上看到诸官兵即免冠为礼。官兵中执旗者，经过总统之前时则垂旗敬礼，总统答礼。阅后马队千万骑仍北向而立，号声三响，万马奔向帐殿，距总统前约十丈许始勒马而立，统领数骑趋总统之前致敬而后折返大队。于是各军向左右撤离，总统也驰马离去，众骑随之。①

　　郭嵩焘详记这两次随同阅兵的经过，可见他观察之细微，以及印象之深刻。他目击到了当时世界上最精壮强大的海军与陆军，对中国与西方的差距，当然心中有数。李鸿章亦一再嘱咐留意西方的武备，曾寄郭长函托购铁甲船、水雷、马提尼枪支等等，以备海防之需。郭曾亲眼见到英国海军中最新、最先

---

①　据《郭嵩焘日记》，册三，页 629—631 所述。

进的铁甲船，十分雄伟，并加详细描述："其样式与各船异：前后两旁中通间道，上有飞桥，通船一副机器，两炮台左右犄角为铁房，回环周转，炮二尊随以转动。房壁铁厚二尺，多为铁叶障其外，以御炮弹。船宽八丈二尺，长三十六丈。入水四丈，重一万三千吨，载八十吨大炮四尊。"[1]

留心制度

　　郭嵩焘虽惊羡西洋的武备，但他认为李鸿章积极购买兵器，派学生学习西方利器，"徒能考求洋人末务而忘其本也"[2]。什么才是本呢？他由西洋军队与军火的背后，更深一层看到西洋的政制、法律，以及学术。

　　郭嵩焘一到伦敦，就留心观察西洋的制度，亲自赴议院旁听，从中理解到两党政治的意义与长处，有谓"朝党、野党，使各以所见相持争胜，因而剂之以平"[3]，亦就是两党政治能够达到制衡的效果。他亦亲自前往参观英国的监狱，其规模之大，设施之完备，又远远超过在香港所见。他的感觉是，西方人不轻易用刑。并注意到狱政，至于在监狱中一切工作，都由犯人们自己为之，令他尤有新奇之感，不免感叹："观其区处犯人，仁至义尽，勤施不倦，而议政院犹时寻思其得失，有所

---

① 《郭嵩焘日记》，册三，页 601—602。
② 同上，册三，页 647；参阅页 455—457；李鸿章，《朋僚函稿》，卷一九，页6、31。
③ 同上，册三，页 389；参阅页 104。

规正。此其规模气象，固宏远矣。"①

英国的财经制度，也获郭氏的注意。曾往观皇家制币厂（Royal Mint），细察制币的经过，极为严格，"稍有轻重，皆废而不用"，感其"精益求精如此"②。也曾往观内地税务署（Inland Revenue）印造信票（以传递书信）、税票（以完税），以及存款票（票本）。③还去参观了英国银行（Bank of England）与英国税务局（England Revenue），对其运作，考求至细。④也注意到西洋的专利之制，认识到西洋以营造为本业，"出一新式机器，得一营造方法，及所著书立说，则使独享其利，他人不得仿效窃取之"⑤。而西洋制造大都委之于民，官府征其税，实为国家生财之道。⑥他已颇全面地接触到资本主义经济制度的实质。

郭嵩焘对西洋学校制度也一意考究。访问参观了各种各样的学校，探明其学制、学科、学分，知西洋人才之所以盛。知道英国大学之中，以牛津与剑桥最胜。1877年11月28日，曾应里格（理雅格 James Legge）之邀，赴牛津访问二日，印象深刻。是日，他乘汽车经类丁（雷丁 Reading）到达牛津城，住入兰多甫（Randolph）客邸。得知牛津大学有二十一个学馆，住读生共二千零九十一人。每生都有卧房、书房，二房

① 《郭嵩焘日记》，册三，页177；参阅页175—177。
② 同上，册三，页167—168；参阅页432。
③ 同上，册三，页194。
④ 同上，册三，页168、205—206。
⑤ 同上，册三，页628。
⑥ 同上，册三，页462。

相连，极为精洁。选择天文、地理、数学、律法、以及科学各门，必先经考试合格才得录取，各科有专师督导，大约十多人一导师。又对大学行政制度，如校长（Chancellor）为名誉性质，副校长（Vice Chancellor）乃实际校长等，询问得很清楚，并一一记入日记。

他于 28 日下午二时，赴纽科里治（新学院 New College）。由副校长苏爱尔（Sewel）接待，二十几位学正（院长）与教师来见。同日还访问了马克得林（莫德林 Magdalen）学院——初创于 1458 年，故郭谓"学馆建立三百年"——学院正楼柱上有石雕人像，"形状诡异"；阿勒苏尔士（万灵 All Souls）学院，有一大藏书楼，曾与图书馆总管（馆长）谈佛经。至克来斯觉尔治（基督教堂 Christ Church）学院，参观其教堂和厨房。又走访波里安（贝利奥尔 Balliol）学院，此院藏书五十余万册，当时名列第三（仅次于巴黎国家图书馆与大英博物馆），其中各国图书分藏，中国书亦别藏一处。阅览室为一圆屋，上下两层皆由石块建成，列有数十橱藏书。圆屋最上一层可以远眺，牛津一城皆在郭氏眼中。之后，他又赴舍尔多里安剧场（Sheldonian Theatre）听里格讲康熙圣谕十六条，郭坐于上席，讲者特先致欢迎中国钦差之意，听讲者男女共三百人，寂静肃穆，但听至佳处，则鼓掌唱喏。晚上，郭出席里格的茶会，再与学院人士见面。

翌日，里格又陪同郭嵩焘前往波里安（贝利奥尔 Balliol）学院观看考试及格学生受冠服，以及未试学生口试与笔试。考试有三级：学士、硕士、博士。郭氏视博士如翰林，必经三年始得考翰林。博士亦重前三名，郭氏比诸鼎甲。不过，与翰林不同的是，所有考生，仅限于牛津学生，外人不得参与。毕业生或留任教师，或出仕，或终其身以所学自效。郭氏见此，不免感叹："此实中国三代学校遗制，汉魏以后士大夫知此义者，鲜矣！"中午时郭与副校长午膳，饭后参观出版社，然后访阿阿客难德博物馆（艾希莫林博物馆 The Ashmolean Museum），见金石、鸟兽、虫鱼各部。次至天文台（Observatory），台长为著名天文学家，殷勤接待介绍，并观察金星。下午六点钟，驱车返回伦敦。①

郭嵩焘盛称英国学制，实"中国三代学校遗制"，实由衷赞美之词。三代学校遗制去古遥远，难知其详，但三代素为中国士大夫心目中的黄金时代。黄金时代的良法美意竟见诸于英国，他的惊叹可知。他已认识到，西洋学校制度的完备精当，乃促使西洋人才辈出、西洋学术昌明的最主要原因。

学术为本

学校既为西学之本，而西学乃西洋科技与文明的泉源。郭嵩焘已洞悉西洋矿电兵艺，莫不有学，故彼邦有格致算学学堂、矿务学堂、船机学堂、枪炮学堂、兵学堂、建造学堂、教习学堂（师范学校）、政治学堂、水师学堂、陆军学堂、军医

---

① 郭氏牛津之行详阅《郭嵩焘日记》，册三，页 343、348—353；《郭嵩焘先生年谱》，下册，页 705。郭氏日记中邀其访牛津大学的里格即理雅格，苏格兰传教士，曾在华传教，王韬曾助其翻译儒家经典。

学堂、女子学堂，不一而足。而且无论学矿务、船炮、建造，
必先入格致算学学堂立下基础，两年之后再视性向分门专
习。[①] 此即他已认识到的，"此邦术事愈出愈奇，而一意学问
思辨得之"[②]！因而他也尽力考求各种学问，诸如电学、矿学、
光学、化学等基本科学，即其所谓的格致算学。他深知"格
物致知之学，寻常日用皆寓至理，深求其故，而后知其用之无
穷，其微妙处不可端倪，而其理实共喻也"[③]。他也出席学会，
参观博物馆，更探究英国学术的源流。罗丰禄（稷臣）在皇
家学院习化学，郭从罗处听到化学的原理与方法，并得知英国
讲实用之学实肇自培根，培根卒于 1626 年，二十年后英人始
追求培根之学，创立学会，英皇查理二世尤崇信其学，加敕名
于其学会为"皇家学会"（Royal Society）。他亦听说天文学家
伽利略，有地动新说；与伽利略同时还有英人牛顿，也穷天文
窍奥。郭氏认为二百余年来"欧洲各国日趋于富强，推求其
源，皆学问考核之功也"[④]。

他不仅注意科学与实用之学，认识到西洋机器出鬼入神都
有学问之本，而且也能欣赏西方经济学、哲学以及文学。他从
日本公使处得知亚当·斯密与约翰·穆勒，认为"所言经国
事宜，多可听者"[⑤]。他于参加卡克斯顿纪念会（Caxton

---

① 《郭嵩焘日记》，册三，页 523—524；另参阅页 190—193。
② 语见同上，册三，页 211。
③ 同上，册三，页 518；参阅页 172—173、182、204、221—222、323—324、431、454、570—571、673。
④ 同上，册三，页 268、356。
⑤ 同上，册三，页 169、267。

Celebration）时，得知莎士比亚为英国最有名的剧作家，与古希腊诗人荷马齐名。

　　郭嵩焘置身于西欧文明中，独具慧眼，窥得近代文明背后的学术原动力。他渴望理解西学，求知欲极强，只恨不通西文，仅赖马格里（Halliday Macartney）的译介，意犹未尽之情，呼之欲出。[①] 但此时郭嵩焘对西方的认识，对西学及其重要性的理解，已远远超过包括李鸿章在内的自强运动健将。他于光绪四年十月（1878 年 11 月）间致沈葆桢函中，所谓"人才国势，关系本原，大计莫急于学"，绝非一时兴会之言。比观中外，他早已发现中国士子"习为虚文以取科名富贵，即学之事毕矣"，而泰西则"大抵规模整肃，讨论精详，而一皆致之实用，不为虚文"。为了矫虚征实，他建议先在通商口岸开设西式学馆，"求为征实致用之学""行之有效，渐次推广至各省以达县乡，以广益学校之制"[②]。一切莫急于学，正是他观察泰西的最主要心得。

法治文明

　　他也能理解到，如果西学乃西洋文明的动力，其文明程序的维持则有赖于法治。郭嵩焘明确掌握到英国政治之善在于法治，而法治经由教化，浸淫人心，成为一种风俗习惯，故能行之不悖。若谓：

---

① 　见《郭嵩焘日记》，册三，页 169、267。
② 　郭嵩焘，《致沈幼丹制军》，《养知书屋文集》，卷一一，页 13。

国家（英国）设立科条，尤务禁欺去伪。自幼受学，即以此立之程，使践履一归诚实，而又严为刑禁，语言文字一有诈伪，皆以法治之，虽贵不贷。朝廷又一公其政于臣民，直言极论，无所忌讳。庶人上书，皆与酬答。其风俗之成，酝酿固已深矣。世安有无政治教化而能成风俗者哉？西洋一隅为天地之精英所聚，良有由然也。①

西洋治民以法，治民者亦不外于法，即张德彝所理解的"英主不尊，律例为尊"②。英主非不尊，而实是律法较君主更尊，一均按照法办。国与国之间则有公法，也是办事的准则。郭嵩焘在出洋之前，已感觉到可与洋人讲理，而讲理的依据即在于法。他到英国之后，实际经验更使他深信法之重要。与英国外交部交涉，亦唯有据法力争，别无依傍。如镇江趸船一案，商民肆意抗拒，久不能决，即因中国方面没有通商章程可据。③

自鸦片战争以来，通商口岸渐开，交涉日广，事情日繁，国际交涉唯凭条约。但条约均由洋人拟定，而中国法律与西洋各国相距太远，地方官也不知晓西洋律法，以至遇到事故，徒生争议，并让洋人据为口实，作为要挟，甚至连条约内订定的

---

①　《郭嵩焘日记》，册三，页393—394。
②　见张德彝，《随使英俄记》，页384。
③　郭氏致总署第七信，署六月初十日（未刊）。

权利，也一并失之。法原是双方的，然而外国却以法来束缚中国，"其法日修，即中国之受患亦日棘，殆将有穷于自立之势矣"①，故他力请纂成"通商则例"，以应付不得不改变的通商之局。他在奏疏中要求朝廷，"明定章程，廓然示以大公，不独以释各国之猜疑，亦且使各口地方官晓然于朝廷用法持平，明慎公恕，遇事有所率循，庶不致以周章顾虑，滋生事端"②。如果再由总理各国事务衙门，"参核各国所定通商律法，分别条款，纂辑《通商则例》一书"，审定之后，颁发各省，颁送各国驻京公使，共资信守，庶几办理各方面的洋案，都"有所依据，免致遇事张皇，推宕留难，多生枝节"③。他于致总署第九封信中，再度强调：

> 窃以为与洋人交涉，万不能意揣求合也，必应参核西律，纂辑《通商则例》一书，以使有所依循。④

足见郭嵩焘深知法律的用处及其重要性。他到伦敦后，闻悉流寓外国的数十万华民没有法律保障，乃积极设法在华民较多的外埠，建立中国领事馆。他在奏片中说得很明白：

> 窃揆所以设立领事之义，约有二端：一曰保护商民，远如

秘鲁、古巴之招工，近如南洋、日国所辖之吕宋，荷兰所辖之婆罗洲、噶罗巴、苏门答腊，本无定立章程，其政又近于苛虐，商民间有屈抑，常苦无所控诉。是以各处民商闻有遣派公使之信，延首跂望，深盼得一领事，与之维持。揆之民情，实所心愿，此一端也。一曰弹压稽查，如日本之横滨、大阪各口，中国流寓民商，本出有户口年貌等费，改归中国派员办理，事理更顺。美国之金山、英国之南洋各埠头，接待中国人民，视同一例。美国则盼中国自行管辖，英国则务使中国人民归其管辖，用心稍异，而相待一皆从优。领事照约稍联中国之谊，稽查弹压，别无繁难，准之事势，亦所易为。此一端也。[①]

设置领事，固然于法有据，但华民较多的地方，多系英国的殖民地，非得殖民地政府同意不可。郭氏的想法并不太顺利，几经交涉仅设立了新加坡领事馆，主要还是因为领事人选胡璇泽为当地的殷商，虽系华裔，实同英民。总理衙门也欣然同意，于 1877 年 10 月 31 日生效。[②] 然而中国向世界其他各地派遣领事，速度仍异常缓慢，到清朝将灭亡时，才逐步完成，已是郭氏身后二十年后的事了。

由于知道法律的重要性，郭嵩焘一到伦敦，见到懂西洋法

---

① 《郭嵩焘奏稿》，页 384—385。郭氏对旧金山、澳洲（新金山）、古巴等地华民、华工之关心，可参阅《郭嵩焘日记》，册三，页 160、509、566、599—600；郭与日本公使谈领事之重要，见页 338。

② 参阅 Wong, *A New Profile in Sino-Western Diplomacy*, pp. 209—219。

律的伍廷芳，就十分欣赏，欲揽为己用，惜伍氏觉得官小职微，不肯屈就而往美国。[①] 他注意到印度人专程来伦敦学习法律，十分留心《万国公法》，曾与日本公使畅谈。到法国后即将《法国通律》寄往总署，关心马建忠（眉叔）在巴黎政治学堂专习公法，并详细询问其学习情况。[②]

郭氏虽然明白法律乃西洋文明中的重要支柱，以及中国要走向世界必须要了解西洋律法，制定中国自己的法律，但他并未一厢情愿，天真地认为法律是可以解决所有问题的万灵丹。他在叹赏近代西洋文明富丽堂皇之余，未尝没有警觉到霸权与蛮横。事实上，他与英国外交部的一再交涉，特别是与威妥玛的争论，可说是身受其霸、其蛮。如果不能以其法还诸其身，根本无置喙的余地。

19 世纪后半叶的世界秩序，大致靠经济上的自由贸易与政治上的霸权均衡来维持。[③] 关于前者，郭氏在出国之前即已洞察，通商已成定局，只有面对，无法逃避。至于后者，他到英国之后，日渐明朗，于注视俄土战争的发展时，看到英国防俄的策略。他亦正确观察到欧洲列强的情势，英、法最富强，德国蒸蒸日上，俄国不如西欧。他还注意到 1878 年 6 月，英、俄、奥匈帝国、意大利，以及德国诸列强争权夺利的"柏林

---

① 《郭嵩焘日记》，册三，页 98、148；另参阅《郭嵩焘先生年谱》，下册，页 576、579；张德彝，《随使日记》，页 332。
② 《郭嵩焘日记》，册三，页 227、289—290、385、489—490、518—519、610。
③ 参阅 A. J. P. Taylor, *The Struggle for Mastery in Europe*, p. xx。

会议"（Congress of Berlin）。① 他更知道，面临列强与通商的
新世界，中国必须改弦更张，以求自立，如果"中国甘心受
役而不自为计"，那么真正是无可奈何了。② 今人凭后知之明
的历史知识，可知郭嵩焘对他所置身的西方世界，看得甚是清
楚，理解也大致正确，亦因而使他更能看清当时中国问题之
所在。

---

① 参阅《郭嵩焘日记》，册三，页170、383、466—469、489、649、701。
② 同上，册三，页511。

第二十一章 激赏严又陵

结识严复

郭嵩焘在伦敦认识了一位年轻人，来自福建侯官的严又陵，名复，原名宗光，又字幾道。两人倾谈之余，一见如故，成了忘年交。郭公使对一位比他小三十五岁的留学生，如此激赏，也可略见他的为人与性格。

严复是清廷所派第二批三十名留学生之一。第一批即同治十一年（1872）所派的一百二十名，由容闳带领赴美留学。此第二批学生都出身福建船厂，分别派往英、法两国学习军事。当时李鸿章、沈葆桢正潜心振军经武，认为师夷长技不能尽赖洋员。鸿章复郭嵩焘函有言，学生学习三年后"能驾驶自购铁甲船回国"，始不虚此行。[①]

光绪三年元月二十九日（1877 年 3 月 13 日），英国外相德尔比照会优遇中国海军官生。[②] 四月初一，西历 5 月 13 日，

---

① 李鸿章，《朋僚函稿》，卷一九，页31。
② 见《英国外交档案》，F. O. 17/768，1877。

中国学生于英南波斯穆斯（朴次茅斯 Portsmouth）登岸后，由留学生监督李凤苞、日意格（Giquel）、罗丰禄带领，抵达伦敦。赴法国学习的，有马建忠等十八人。留英学习则有严复、萨镇冰等十二名。① 四月初二日（5 月 14 日），郭即照会英国外相，中国海军官生已到，请予以学习上的方便。②

　　严复引起郭嵩焘的注意，始于光绪四年的元旦（1878 年 2 月 2 日）。那时严复已在英国的格林威治海军学院（Green Wich Naval College）肄业，与同学方益堂（伯谦）、何镜秋（心川）、叶桐侯（祖珪）、林钟卿（永叔）、萨鼎铭（镇冰）一起来使馆拜年。郭嵩焘询问他们的学习情况甚详。但六人之中，与"严又陵（宗光）谈最畅"。郭又说："其（严）言多可听者。"印象最深刻的是，严复所说中国学生的体力远不如洋人，特别记下了这段话：

　　严又陵又言："西洋筋骨皆强，华人不能。一日，其教习令在学数十人同习筑垒，皆短衣以从。至则锄锹数十具并列，人执一锄，排列以进，掘土尺许，堆积土面又尺许。先为之程，限一点钟筑成一堞，约通下坎凡三尺，可以屏身自蔽，至一点钟而教师之垒先成，余皆及半，惟中国学生工程最少，而精力已衰竭极矣。此由西洋操练筋骨，自少已习成故也。"③

―――――――――

① 张德彝，《随使英俄记》，页 395—396；《郭嵩焘日记》，册三，页 205、273；王栻，《严复传》，页 6—7。
② 《英国外交档案》，F. O. 17/168，1877。
③ 《郭嵩焘日记》，册三，页 407。

他乡遇知己

郭嵩焘欣赏严复，显因这位青年颇能见微知著，识见不凡。未久，严大胆评论郭氏老友张自牧（力臣）所著《瀛海论》，指驳四谬：铁路非中国所宜造之谬；机器不宜代人力之谬；舟车机器之利必转薄而废之谬；中国有各国互制海防非急之谬。郭虽为老友解释，但并不以严之指驳为忤，实赞同严说。郭氏认为严复知道"舟车机器之宜急行""未必遽为特见"，或"高出人人"。使他赞赏的是，严复明锐地批评那些不在乎西洋文明的人，或以为西方文化古已有之的人，并引左宗棠的话说："东西有，中国不必傲以无；东西巧，中国不必傲以拙。人既跨骏，则我不得骑驴；人既操舟，则我不得结筏。"① 这段议论最获郭心。

三月初七是郭嵩焘的生日。光绪四年，虚岁他已六十一岁，足岁则是刚满六十。严复与格林威治的其他中国同学方益堂、叶桐侯、何镜秋、林钟卿、萨鼎铭等前来祝寿。郭氏亲切地留他们吃面，席间严复又议论纵横，大谈近代科学，给寿星留下深刻印象。②

翌日，他又记严复所言，中国最切要之事有三："一曰除忌讳，二曰便人情，三曰专趋向"，认为是"深切著明"。而

---

① 《郭嵩焘日记》，册三，页444—445。
② 同上，册三，页473。

且也是他本人"生平所守"之义，但却因此而"犯一时大忌"。① 感慨之余，不免更感到与这位年轻人在精神上的契合。

四月初二，李凤苞将严复所录在学考试题目，包括流凝二重学、电学、化学、铁甲穿弹、炮垒、汽机、船身浮率定力、风候海流、海岛测绘等课程，给郭嵩焘看，并作讲解。郭甚感兴趣，自叹"多病衰颓"，不能在这些学问上钻研求益，只有期待严复这一代的年轻人。就在同一月底，他应严复之请，率同李凤苞、德明、马格里等七人，乘车往访格林威治海军学院参观。先到严复寓所，其他十一位留学生也都相迎于途次。

稍坐之后，他们同去参观学校设备。严复"出示测量机器数种"，并作解释。接着严复与方益堂二人陪同郭嵩焘去见学院院长（郭称院长为尚书），总司学馆事务的一位上校先来迎迓，随后始知院长与总教习都是郭之旧识。院长与总教习乃亲自陪同观看全校各区，欣赏历代英国海军名将的悬像。郭特别注意到纳尔逊（Horatio Nelson，1758—1805），曾"与西班牙、法兰西前后有二十余战，卒以伤殒"。还看到战舰博物馆，"数百年所造船式皆在其中"。并拜会了教严复等十二位中国学生的教师。院长最后邀郭等至其寓所，以茶点招待嘉宾。②

---

① 《郭嵩焘日记》，册三，页474。
② 见《郭嵩焘日记》，册三，页495、515—516；张德彝，《随使英俄记》，页560—561。

提携后进

郭嵩焘回伦敦后追记此次格林威治之行，一再提到严复。于严复所言"西洋学术之精深，而苦穷年莫能殚其业"，印象深刻，并因而仔细聆听严复所学习的课程。严还谈到牛顿及其地心吸力之说，并指出吸力、缩力等都是重学（物理学）的一部分，认为"格物致知之学（科学），寻常日用皆寓至理，深求其故，而知其用之无穷，其微妙处不可端倪，而其理实共喻也"。这一番话尤使郭激赏："予极赏其言，属其以所见闻日记之。"[①] 自此郭、严关系益形密切。严复及其他留学生的读书心得，常由李凤苞转呈郭嵩焘阅读，郭不但读之，而且摘录于日记之中。严复的作品是《沤舸纪经》。郭记之于卷首，可见对严的偏爱。[②]

光绪四年三月二十五日（1878 年 4 月 27 日），郭自伦敦抵巴黎。四月初五向法国总统呈递国书，六月初二李凤苞率领严复等五人来巴黎。翌日晚上，郭邀请他们晚餐，还有使馆中的凤夔九、张听帆、马格里等作陪。六月初九，严复访郭，并带示《修路汽机图说》一书，谈及西洋修筑道路，"历英、法、德、荷、比五国数千里之地，并平铺沙石，明净无尘"。而"火轮车、马车道路交互上下，不相悖害。城镇行者如织，并出车路两旁，铺石高寸许以示别"。大小城镇的道路每年都

---

① 《郭嵩焘日记》，册三，页 517—518。
② 同上，册三，页 520—521。

要整修，还要设立公会考求其实，以"利国便民，弥缝其缺"。

　　郭、严二人都能体会近代交通事业的重要性。然而当时的中国，仍懵然无知。光绪三年，郭在伦敦已闻知沈葆桢决计拆除吴淞铁路，闻之浩叹，责沈意在邀流俗称誉。及见外国报章讥诮中国拆路之愚，更感慨系之，甚至有点悲观："幼丹（沈葆桢）一意毁弃铁路，致中国永无振兴之望，则亦有气数存乎其间。"又说："兴修铁路，高山峻岭可使通，长河可以梯度，巨浸可以迁徙"，而国人竟不知其利，能不令他扼腕。① 然而继拆路之后，沈葆桢又毁弃吴淞电线。② 电报之便捷，郭更有亲身感受。他曾参观英国邮电局，认为发明电报，实集"天地之精华"，而国人竟亦弃之如敝帚，更使他有无语问苍天之痛。而于悲中国无人之际，得见青年严复俊拔不群，当然更令他以别具只眼看待。

　　就在谈西洋道路之宏伟后三日，严复又来郭寓聊天。郭最欣赏严所说"西洋胜处，在事事有条理"，认为"殊有意致"。又三日，郭做东夜宴，席中有严复。此次宴会后，严曾致郭一函，虽不知内容，但郭读后，有"又陵才分，吾甚爱之"的话，只是感到又陵与他"气性（都）太涉狂易"。自念平生负气太盛而致败，颇虑这位年轻人或将蹈其覆辙。③

---

① 《郭嵩焘日记》，册三，页 255、307、388、556、564—565。
② 同上，册三，页 451。
③ 同上，册三，页 567、568、570。

光绪四年六月十九日（1878 年 7 月 18 日），郭嵩焘前往参观法国的天文台，严复是三人陪伴之一。二十七日，严与郭谈矿务。二十八日为光绪皇帝的生日，郭在使馆行礼庆祝，并率华洋六人去看凡尔赛宫（Versailles），其中也有严复。二十九日（星期天），郭率马格里等由嘎里（加来 Calais）海口渡海峡回到伦敦。① 严复等也自法返英。

回伦敦之后，重九（10 月 4 日）登高。郭邀集了洋人傅兰雅（Fryer）、金登干（Campbell）、密斯盘、马格里，以及中国人李凤苞、严复、罗丰禄、黎庶昌、德明、凤夔九、姚彦嘉、黄玉屏等共十三人前往立吉门（里士满 Richmond），享受"山水林园"之胜，所食"肴馔亦佳"。② 立吉门（里士满）位于伦敦西南泰晤士河右岸的苏利地区（Surrey），约六点四平方英里。郭氏所谓的林园，应指该地残存的皇庄；山水则系"立即门山岗"（Richmond Hill）的景色。李凤苞使德之命发表后，郭于十月初六（10 月 31 日）晚上，大开宴席，为李饯行，严复是十五位被邀请的中外宾客之一。翌日李偕傅兰雅、罗丰禄、陈季同三人启程赴柏林。③

光绪四年十一月，郭嵩焘即将回国。有人问起在英、法两国中国留学生的成就与志愿，郭答若严复去"管带一船"（即去当舰长），"实为枉其材"，认为严氏大可胜任交涉事务。以

---

① 《郭嵩焘日记》，册三，页 573、581—582、584。

② 同上，册三，页 645。

③ 同上，册三，页 672。

外交才能而言，识见远远超过陈季同（镜如）。十二月初六，罗丰禄自柏林来信，也认为严复等四人为上选之才，特别建议让严继续在学院内进修。其实早在七月初旬，郭已照会英国外相，请派格林威治海军学院在学中国学生五名登兵轮实习，而让严复再留校半年，俾于返国后担任教职。① 严复在校成绩也"屡列优等"，留英二年多，未曾上舰实习，一直留在学校里研读。此一特例，固由于他本人的志趣所在，亦是郭嵩焘等人观察所及，不愿将严复限于良将，而继续追求学问，以备良相之用。郭于《伦敦致李伯相》函中，曾经直言仅学"屠龙之技"（枪炮技艺）之无用，故建议由李凤苞带出洋的学生中，有人改习煤铁电等实用之学。而严复由于继续留校，更进而推求西洋致富强的学问，接触到西洋重要思想家，如亚当·斯密、孟德斯鸠、卢梭、边沁、穆勒、达尔文、赫胥黎、斯宾塞等人的著作。再以典雅深思之笔，译介给国人，终于成为近代中国的一位启蒙大师。②

曾郭相牾

光绪五年元旦（1879 年 1 月 22 日），是郭嵩焘在国外的最后一个农历新年，在使馆率随员行过贺礼，作了一首七律：

---

① 《郭嵩焘日记》，册三，页 716、722—723；另见《英国外交档案》，F. O. 17/794。
② 参阅王栻，《严复传》，页 6—10。郭致李鸿章函见《养知书屋文集》，卷一一，页 4—5。

昨宵昨岁源源去，今日今年鼎鼎来。

春领寒飙苏草木，天嘘晴旭散云霾。

百龄一瞬知将老，万里孤怀得好开。

去住两随松竹健，相将同覆掌中杯。①

　　他自出洋以来，自戒不作诗，因叠遭横逆，更无心情作诗。此时，曾纪泽即将抵英接替他的公使职务，返乡有期，顿有轻松之感，如云霾散后的晴朗天气，孤怀得开。"去住两随松竹健"，自注曰"东山旧居手栽松竹，亦植梅二本于所居行馆中"，未尝不以松竹自居。念及临行在即，遂有"相将同覆掌中杯"的豪情。是夕，他邀宴金登干等九名外国朋友，唯一中国客人就是严复，另由使馆人员中六人作陪。宴会时洋客罗伯逊起立讲话，颂赞即将离任的公使；郭接着作简短的答谢，由马格里口译。事后，郭问严复马氏翻得如何，严谓译语不能完全达意，而使馆中的凤、张二译员却不能辨别，更使他敬重严复。② 郭曾于致友人信中说："出使兹邦，唯严君能胜其任。如某者不识西文，不知世界大势，何足以当此？"③ 是真情实感。但是继郭嵩焘出任驻英、法公使的曾纪泽，对严复的看法就很不一样。曾氏光绪五年三月十三日记有云：

　　辰正二刻起，茶食后，核改答肄业学生严宗光一函，甚

---

① 《郭嵩焘日记》，册三，页747。

② 同上，册三，页747。

③ 见王栻，《严复传》，页10。

长。宗光才质甚美，颖悟好学，论事有识，然以郭筠丈褒奖太过，颇长其狂傲矜张之气。近呈其所作文三篇，曰《饶顿传》、曰《论法》、曰《与人书》。于中华文字未甚通顺，而自负颇甚，余故抉其疵弊而戒励之，爱其禀赋之美，欲玉之于成也。①

语似冠冕堂皇，实含妒意、醋意。所以后来故意删去此节。曾、严相牾与郭、严互重，恰成有趣的对比。同年六月二十二日，郭嵩焘在长沙见到曾纪泽日记一本，有三处批评到他，其中一处就是"褒奖严宗光太过，长其狂傲矜张之气"②，即指三月十三日那一条。七月初二，郭氏偶然检视严复为他开列的英、法两国学校课程概况，想到曾纪泽的评语，不禁写道："又陵于西学已有窥寻，文笔亦跌宕，其才气横出一世，无甚可意者。劼刚乃谓其文理尚未昭晰，而谓其狂态由鄙人过奖誉成之。岂知其早下视李丹崖（凤苞）一辈人，非鄙人之所导扬之也。"③ 可见郭对曾评，颇不以为然。严"才气横出""文笔跌宕"，岂能"文字未甚通顺"？至于严之"狂态"，乃指严年少负气，对当时官吏颟顸无能，甚至贻羞中国，直言不

---

① 钱锺书先生于 1970 年代发现此条，见于王锡祺辑，《小方壶斋舆地丛钞初编》第十一帙，第四册《出使英法日记》，而不见之于《曾惠敏公遗集》中二卷日记，亦不见之于单行之《曾侯日记》。《小方壶斋舆地丛钞再补编》第十一帙，第十册《使西日记》亦删之。此条引自《曾惠敏公手写日记》，册五，页 2128—2129。

② 见《郭嵩焘日记》，册三，页 901。

③ 同上，册三，页 907。

讳，自易遭忌。郭初识严时已知之，当然不可能由郭促成。[①]

同气相求

年少负气而狂的严复，对曾纪泽也无好感。他写信给郭嵩焘直指曾氏"门第意气太重，天分亦不高"，对于中西时事的议论，"喜为轻蔑鄙夷之论""去事理远甚"，而其使馆人员，"皆赘疣也，于使事毫无补济"[②]。同年十月十五日，郭嵩焘又接到严复的信，诉曾侯"天分极低，又复偷懦惮事，于使事模棱而已，无裨益"。郭认为严所言"殊切中"[③]。郭与曾关系虽密切，却不偏私，对严之激赏是一贯的。在他的心目中，劼刚的才学显非又陵之比。曾氏的悻悻然也就事出有因了。

郭嵩焘既回湖南老家，仍与严复鱼雁不断。假如郭久驻英、法，迟早会借重严之长才，但这种借重全不可能期望于曾。严即于光绪五年的五月里，离格林威治学院，启程返国，先至母校福州船政学堂教书。光绪十年（1884），严往天津，充水师营务。再五年后的十一月初九（1889 年 12 月 1 日），郭收到严的来信，知严已任天津水师学堂的总教习，并保举知府。另知罗稷臣（丰禄）充任总办水师营务处行辕翻译官，以道员归直隶候补。郭肯定严、罗二人无论阅历与学问，"可以方驾"，表示欣慰。[④]

---

① 参阅《郭嵩焘日记》，册三，页 912。
② 见《郭嵩焘日记》，册三，页 912。
③ 见同上，册三，页 950。
④ 见同上，册三，页 891；另参阅页 501、876、页 914。

　　严复在官场并不得意。他的"狂态"，就不能使他在官场上顺利。他也有自知之明，如谓："当今做官，须得内有门马，外有交游，又须钱钞应酬，广通声气，兄（自称）则三者无一焉，又何怪仕宦之不达乎?"① 不过，他虽立功无门，却立言有成。他的改革变法主张，可与郭遥相呼应。例如他在《论世变之亟》一文中，指出道咸以降西力东渐下所开的通商新局，已无法阻遏，只有面对。谓"此即郭侍郎所谓天地气机，一发不可复遏，士大夫自怙其私，求抑遏天地已发之机，未有能胜者也"②。他又在《原强》一文中强调"鼓民力、开民智、新民德"③，在认识上与郭也可声气相通。郭致李鸿章函所说，募兵必先要使兵读书，就是要先开其智。入选之后，验兵体格，教之跳跃健身，就是要鼓其力。郭复姚岳望（彦嘉）书中，说"凡为富强，必有其本，人心风俗政教之积，其本也"。要振兴人心、风俗、政教，就须振新民德。④

　　郭、严先后回国后，各在一方，已无再见之缘。光绪十七年（1891），郭氏逝世，严氏闻之感怆不已，曾写挽诗五律四首，惜因未留稿而佚，只剩下挽联一副：

　　平生蒙国士之知，而今鹤翅甦甦，激赏深惭羊叔子;

① 见严复与堂弟观澜书，引自王栻，《严复传》，页14。
② 见《严几道文钞》，页21。
③ 《严几道文钞》，页52—53。
④ 参阅《养知书屋文集》，卷一一，页4、17。

惟公负独醒之累，在昔蛾眉谣诼，离忧岂仅屈灵均。①

若知郭、严在伦敦与巴黎一年余的交往，更可明白此联的含义与感情。羊叔子名祜，乃经纬文武，位至宰辅的晋初国士。郭以羊祜相许，严自念念不忘。唯回顾前尘，深感惭愧而已。严与郭在英、法过从甚密，当然知悉郭之心事与冤屈，以及屡遭横逆的悲愤，所谓"蛾眉谣诼"，言之尽矣。严特以爱国诗人屈原（灵均）与郭古今相照，更予骂郭为汉奸者以当头棒喝。郭、严高谊隆情，可证年龄与代沟并无碍志士同心。郭嵩焘激赏严复，又颇展示识人的眼光。

---

①　见严璩，《侯官严先生年谱》，载《严复集》，册五，页1548。

第二十二章　坚决请辞的底蕴

郭、刘相倾

　　郭嵩焘于出洋之前，心情并不好，觉得是一件吃力不讨好的苦差使。何况滇案的处理方式，他一直是不赞成的，而竟要他为滇案的后果出使道歉，心尤不甘。但他既到英国，以理与法办交涉，虽有阻厄，却颇能据理力争，步步为营，若假以时日，未必没有成效。他在英、法的外交圈中亦甚活跃。周旋于当地士绅以及外国公使之间，颇受尊重。在生活上，他并无不太习惯之处。能吃西餐，亦颇欣赏西方的物质文明，感到洋房的舒适。使馆里虽有中医，梁氏在英受孕生子，情愿延西医诊视。他为儿子郭立瑛（英生）种了牛痘，自己有病，也请西医来看视。[①] 他在公务上既能胜任愉快，在生活上又感便适，何以三年任期未满就一再请辞呢？

　　显然是由于受到严厉的攻击，使他难以忍受。而其底蕴则

---

① 　参阅《郭嵩焘日记》，册三，页300、303、593—594、625。

是副使刘锡鸿的一意相倾。刘氏的倾害使他既痛苦又愤怒，阴影始终笼罩他的整个出使期间，大大影响了他的情绪与工作。他对此事的反应，更充分显露出湖南人倔强的脾气，力争是非，抗争到底，以致造成郭、刘相倾的恶劣印象，以及"与子偕亡"的结局。此事关系甚大，应作一详尽的叙述。

光绪元年七月二十八日（1875年8月28日）诏命郭嵩焘为出使英国钦差大臣时，原以许钤身为副使。① 由于出使延误了一年有余，许钤身已改派出使日本，遂由刘锡鸿代之。有谓郭一开始就反对刘氏出使，并不尽然。刘锡鸿乃粤人，郭氏抚粤时即已认识刘，并曾荐举，可见初无芥蒂。郭于日记中亦谓："始拟派（刘）参赞由我，后派副使亦由我。"晚年《自叙》谓刘氏出洋三不可，经友人朱石翘说项后，始荐刘出使，或具事后之偏见，未必是当时的实情。②

因而，刘锡鸿并不像是保守人士派在郭氏身旁的"侦探"，或有意相制；也不像有计划地欲与郭作对。刘之行为必须从其思想与性格中去理解。此人可谓"孤僻自大，不近人情"。自上海赴伦敦的海行途中，外国人旁观者清，都敬重正使郭大人的仪态举止，而瞧不起刘大人。例如刘在吃晚饭时大声咳嗽吐痰，并命令他的仆人拿痰盂来，而后大吐特吐。刘之吃相也极难看，旁若无人的模样。到香港后，刘的动作又招致

---

① 见《清德宗实录》，卷一四，页9—10。
② 参阅 Frodsham, The First Chinese Embassy to the West, p. xiv；《郭嵩焘日记》，册三，页105；《玉池老人自叙》，页31。

港督的讨厌，竟不与交谈一语。① 使团到伦敦之后，郭曾偕刘锡鸿、李湘甫等走访李凤苞，跟班郭斌随行。郭斌无意间走在刘锡鸿的前面，刘竟因而大怒，将郭斌交给李湘甫戒饬。② 这些描述颇能展露刘锡鸿此人的真面目。

刚愎自大

刘锡鸿的自大，自与他的保守心态有关。他虽于《英轺私记》中，似对英国的富强亦有所了解，不过据郭氏说，刘只是耳食马格里所说，原无心得。刘氏的基本心态的确仍是"夷狄之道未可施诸中国"。早于光绪元年，刘见到郭嵩焘论时事书，即已流露与郭不同的心态：郭认为通商之局成，但刘则认为外洋诸国"战争不息"，必不可久，所以"当引以为戒，如之何其尤效之"。郭素主开财源，而刘则以为"财源已无可开"，只能"节用"。③ 由于认识上的大相径庭，刘遂认为郭氏崇洋媚外，乃与国内保守派沆瀣一气，中伤郭氏。刘锡鸿显然也受到国内保守派的鼓舞，迎合李鸿藻、沈桂芬诸大员以自重，也是他敢于肆无忌惮攻郭的原因。

到英国之后，第一件不愉快事即国书中无刘副使之名。郭虽即具折请发驻扎文凭，但刘却借此抱怨，请裁副使名目，自谓："今英人以国书无鸿名，为奉使无据，不欲以使礼接待，

---

① 参阅马格里的观察与记载，见 D. C. Boulger, *The Life of Sir Halliday Macartney*, pp. 267，271。
② 见《郭嵩焘日记》，册三，页 222。
③ 见刘锡鸿，《读郭廉使论时事书偶笔》，《刘光禄遗稿》，页 1—4。

则鸿固无由自效其职，徒耗朝廷俸薪矣，能勿自愧？爰备折稿，自请撤回。"① 持论似甚正大，实有意气在。郭嵩焘于致总署函中，有所透露：

刘副使复具折请裁副使名目，持论极为正大，无辞以劝阻之。而在今日则于事体有甚不可行者，以言烦费，则凡遣使皆烦费也。以言副使之名可以节省，则亦不应数万里至此，始为此论。同行不逮十人，远方殊俗，性命相依，或撤或留，自应一例办理。②

此事并未太伤郭、刘之间的和气。光绪三年元旦，正副使率领使馆人员共同行礼庆贺，晚间还一起吃饭会饮，由郭氏做东。至同年二月间，郭与刘谈话时，始觉其语言怪诞，颇与争辩。然而仍以为："云生（锡鸿字）直性，又兼怀牢骚抑郁之心，亦无怪其然也。"③ 郭由李鸿章三月二十六日函以及六月初五两江总督咨文中得知，刘已奉派改充驻德国正使，加二品顶戴。既裁副使名目，又联德国之交，可谓一举两得，郭初到英国，德、法公使来见时"均以遣派公使至其国为望"，曾想荐刘，既可解决国书无副使的难题，又可满足德、法之望，但"反复筹思"，终觉刘氏不可倚任而作罢。今总署径自任命，

① 刘锡鸿，《英轺私记》，页53—54。
② 未刊，下署嵩焘谨再启二十七日，应为光绪二年十二月二十七日。
③ 见《郭嵩焘日记》，册三，页141、166。

郭并无不快之意，还为刘生日治酒为贺，不过刘以吃斋辞谢。①

忍无可忍

　　郭嵩焘真正动气，始于七月初六。该日李湘甫告郭，刘锡鸿在编造日记，每十天寄一次给沈桂芬与毛昶熙。沈字经笙，顺天宛平人，因本籍江苏吴江，故郭称之为吴江相国，时为兵部尚书兼大学士。毛字旭初，河南人，时为吏部尚书兼掌翰林院。沈、毛两尚书又同时在总理衙门行走。刘之所为显有打小报告之嫌。郭嵩焘顿觉事出有因，与刘相处数月，未闻刘写日记，则编造之日记无非在"蓄意倾轧""巧加诬蔑"，并"借之以献殷勤"，不禁使他感叹："初但知其乖戾之气不可近，绝不意其险毒至于如此！"颇以刘之负义而伤心。② 四天之后为七月初十，郭于致总署函中，毫不讳言刘氏性情的乖戾，并直言指派刘为德国公使之不妥：

　　云生性情乖戾，人皆能言之。嵩焘独喜其有任事之力，议论识解亦稍异人，文笔又复优长，极力提挈之。相处数月，一意矜己自大，欺陵暴虐，穷于思议，而于洋务实无知晓，闻其

---

① 《郭嵩焘日记》，册三，页254—263；另见张德彝，《随使英俄记》，页437。郭初有意荐刘，见《郭筠仙侍郎书札》，页7；李鸿章，《朋僚函稿》，卷一九，页5。
② 《郭嵩焘日记》，册三，页269。

改使德国，心窃虑之。①

　　就在同一天，他从国内的来信中得知湖北翰林何金寿参劾他，并请销毁他所呈总署的《使西纪程》一书。来信虽未详述参劾内容，但谓"立言极凶恶"，已可想见其内容。② 何氏参劾约在此一月之前，乃是继群情攻击郭氏出使之余的"落井下石"之举，斥郭为"大清无此臣子"，颇受士大夫如李慈铭与王闿运等之注意，③ 引起一场大风波。

　　刘锡鸿更乘机陵轹郭氏，附会京师议论，以相攻击。此时刘氏名义上已是使德正使，与郭平等，更无忌惮，甚至以"厉色相向"，使郭痛心之余，夜不能眠。至七月底，刘锡鸿自爱尔兰返抵伦敦，因俸薪等问题，两人已成公开争吵的局面。刘用语已"狂悖不可名状"，在黎庶昌面前，更公然铺陈京师劾郭议论，直谓郭之性命，操于其手。同时从刘之仆人盛奎得知，刘还伪造匿名信，令郭浩叹："不谓天地间乃有此种奸人！"刘却又借此生事，指郭拷问其仆有关匿名信事，图谋揭发其短，声言"此憾不可忘"④！至九月初，郭已深信刘"相从数万里"，一直在蓄意攻讦，于离京出洋之日，就以捏造匿名信相诟辱，誓言与郭"不相和同"，足见预谋之深。至

①　此为郭致总署第九信（未刊）。
②　《郭嵩焘日记》，册三，页272。
③　参阅李慈铭，《桃花圣解庵日记》，己集之二，页80；王闿运，《湘绮楼日记》，册六，页25。
④　《郭嵩焘日记》，册三，页285、294；另参阅页274—275、278—280、283—285；另参阅《郭嵩焘先生年谱》，下册，页674—676。

于何金寿之参劾，刘不仅无恻隐之心，反而急扬其波，并逞口舌之快，益使郭感到对刘不能"曲恕"。

二人的争执，早已逾越思想或意见不同的层次，和解已全不可能。此年重九之会，因有刘在，郭乃推辞不赴。在郭之心目中，刘已是"凶横顽悖"的"谬种"。十月初，刘将离英赴德，郭只为随行的黎庶昌等三人饯行，并向他们直指刘氏罪状。刘氏离英之后，才使郭感到"此间气象稍获更始"①，并向使馆同仁发下一帖，毫不隐讳地指控刘副使自上海登舟以后的种种乖行，以及副使的气焰与放纵，导致整个使馆玩忽职守与纪律，兹副使赴德，乃重新约定数事：

应行翻译新报，须稍从详，勿得放空一日。每日照常办理事件，即有加派，勿得借词放空一事。洋人以饭后游行（散步）为销病之方，每日饭后，亦听出外一行，买备什物，各从其便；要须更番出门，不可相率同行，亦不可使出外工夫多于在家工夫。傍晚以后，非有公事，便万不可出门；兼须各自约束仆人，同守法度。

帖中并提及他已决定请求销差，所以仍要告诫使馆同仁，实因"刘副使败坏风纪，惑乱人心，为害太剧，不能不一严

---

① 《郭嵩焘日记》，册三，页304—305、307、314、338、339。

加涤荡，与诸君共勉为善"①。郭之于刘，可谓已深恶痛绝。

决心求去

郭嵩焘于七月间已决心求去，以示与刘锡鸿不两立（同为公使）之志。他的正式请辞应在八月间，故九月初一日馆中同事黎庶昌、张德彝等随同姚彦嘉、李湘甫二人齐来慰留。郭直说求去的原因乃是刘锡鸿太无人理，事非得已。② 他以求去争是非，所以对何金寿的攻击、刘锡鸿的陷害，不愿罢休，展开反击。他上奏自陈，辩称当今世界通商之局有异于历代，必当以自求富强为本，他之主张无非想裨益大局，而日记所陈，原无所避忌，录呈总署"实属觇国之要义，为臣职所当为"，但何金寿竟借此"陵蔑攻击"；刘锡鸿更与之相通，一无隐讳，"而使国家处置洋务，终至无所适从"。他"求益反损"，"乃使一生名节，毁灭无余"。他认为"副使刘锡鸿、编修何金寿勾通构陷"，请求交部议处。③

郭于九月初三致同年沈葆桢函中，再发其怨郁之气，有谓："副使刘锡鸿近月鸮张愈甚，直谓蔑视国家制度，而取效洋人，是为无君。初闻骇愕，继乃知其与何金寿遥相应和，以

---

① 全文详载于张德彝，《随使英俄记》，页497；参阅《郭嵩焘日记》，册三，页339。

② 见《郭嵩焘日记》，册三，页302。郭致朱克敬（香荪）书亦谓"八月中已陈请销假"，书载《中和月刊》卷一，期一二，页68—69。

③ 此折载《清季外交史料》，卷一二，页28—29；另见《郭嵩焘奏稿》，页387—389。

图倾轧。"接着指出刘氏门人刘和伯透露，副使实"受命李兰生（鸿藻），令相攻揭"，遂"以为朝廷之意固如此"，不惜诋毁，更使他耿耿于怀："刘君为嵩焘所提挈，远适七万里，与同性命，而一意立异树敌，攻击不遗余力，竟不意天地间，有此一种厉气！"并表示在此情况下势无并立之理，不得不自退，然对刘之构陷也不得不自明。①

李鸿藻未必预命刘锡鸿攻郭，以刘迎合权贵的成分较大。据李鸿章于十月初四致郭函可知，鸿藻看了《使西纪程》后，感到"大为不平"，乃"逢人诋毁"。何金寿遂逢迎鸿藻而发难。②刘锡鸿在英又更相迎合，并向国内传播郭对洋人"迁就卑恭，大失使臣之礼"③种种，以图煽惑。

郭氏至此不再相让，于自陈之疏中，奏劾刘锡鸿，呕言刘不宜任驻德公使，并保举李凤苞代之。郭于致总署周家楣（筱棠）函中，言之更切，直言驻节外国并不需奇才，庆贺拜揖，援例办事，虽"跛蹩侏儒皆能胜任"，但须知道节要，无所欺蒙；然而德国原"颇推重中国"，刘氏驻德却使德人"生轻简之心"，则其不可任甚明，可见去刘之心殊坚。④

———————

① 全函附自陈奏稿，见黄濬，《花随人圣庵摭忆全编》，上册，页91—92；另阅《郭筠仙侍郎书札》，页1。

② 见李鸿章，《朋僚函稿》，卷一七，页29。

③ 引自《郭嵩焘日记》，册三，页342。郭又谓："鄙心怜其（刘）穷困京师，进退狼顾，挈之出洋，一闻李兰生（鸿藻）议论，遽至反戈相攻，不遗余力。"见页376。

④ 郭致周函见《郭筠仙侍郎书札》，页13—14、45；另参阅《郭嵩焘先生年谱》，下册，页698。

　　李鸿章颇知郭氏心境，故甚表同情，于复书中有谓"云生（刘）种种舛戾，殊出意外；其于洋务素未究心，而矜张夸诈，倾陷凶悖，尤可鄙笑。若令使德久驻，诚恐偾事"，并同意李凤苞可用。但鸿章希望郭暂勿声张，以免决裂，贻笑外人，并劝郭勿坚辞使英之职——一时实也找不到替人。①

　　刘锡鸿离英赴德之后，郭嵩焘的心情并未真正开朗，晚上睡觉仍感不安，竟患了失眠症。② 若清廷按李鸿章十月初四之函以李代刘，郭很可能会打消辞意。但是十月三十日所颁的上谕，竟是告诫郭氏："郭嵩焘奉命出使，原冀通中外之情，以全大局，自宜任劳任怨，尽心图维，用副委任。乃览该侍郎所奏，辄以人言指摘，愤激上陈，所见殊属褊狭。"上谕也拒绝议处何、刘："该侍郎因何金寿有奏参之折，乃谓刘锡鸿与之勾通构陷，请将刘锡鸿、何金寿议处，亦属私意猜疑，并无实据，所奏着毋庸议。"最后令郭"当以国事为重，力任其难，于办理一切事宜，不可固执任性，贻笑远人"③。直令他遗憾政府无是非感，更坚去意。

　　李鸿章知悉此一上谕后，于十一月初四再次函郭，望其"耐烦忍辱，镇静处之"，并劝他"以后此等文字，可以不作"，并说军机处与总署的友人也嫌他"条陈过多"。④ 所谓"此等文字"，以及过多的"条陈"，显指他极为情绪化的文

---

①　李鸿章全函见《朋僚函稿》，卷一七，页28—29。
②　见《郭嵩焘日记》，册三，页380；另参阅《郭筠仙侍郎书札》，页15。
③　见《清德宗实录》，卷六〇，页25—26。
④　见李鸿章，《朋僚函稿》，卷一七，页35—36。

字，反而引起更多的反感。李鸿章出于爱护之忱，冀免授政敌以口舌。此时清流党受李鸿藻的鼓动，张佩纶又上书请撤回驻英使臣，说是"郭嵩焘之暗钝、泄言纳侮，固所宜虑，且其意专在结英，既恐被胁受欺，多费唇舌，尤恐轩此轻彼，别滋事端，不如早令老成沉默通知洋务者代之，乃无后悔"①。其论调与何、刘辈如出一辙，怎能使郭心服？此更坚其不与刘两立之志。

当时清廷与伦敦使馆尚未用电报通信，邮件海运需一个多月才能抵达，讯息较迟。郭嵩焘连连纠参刘锡鸿后，一时未知国内反应，仍感郁郁不乐。十一月二十一日适为阳历耶诞日，久不作诗的郭嵩焘口占一诗云：

> 客行四万八千里，忽忽移居咫尺间。
> 天地容身无碍小，人禽争食只求顽。
> 九衢车马奔成海，万户云烟叠似山。
> 小作迁家高处住，支窗容我一开颜。②

从此诗可见，郭氏移居使馆的楼上，大有涤旧迎新之意。"一开颜"者，盖长久忧郁也。翌晨早起，杲阳满室，启窗一看，见夜来雪已盈寸，一望皓然，又喜赋一诗：

---

① 见张佩纶，《涧于集》，卷一，页28。
② 见《郭嵩焘日记》，册三，页376。

细碎风声昨夜闻，晓寒轻幌缀冰纹。

鸠呼日出朝烟湿，鹊踏枝翻细雨纷。

忽忆妙高峰顶雪，招来岳麓寺前云。

殊方岁晚真无赖，取次颠狂借酒醺。[①]

隔日忽闻上海电报，谓刘锡鸿将被撤回京师，以李凤苞暂代德国公使[②]，他当然乐闻此讯。但此讯系谣传，并不确实。所闻确实的则是刘锡鸿在德的种种拙劣甚至鄙恶的表现。[③] 光绪四年正月二十六日（1878 年 2 月 27 日），李鸿章于获知总署奉旨派郭兼使法国后，来信谓求退更无可能，"一时实无可取代"，必须要三年任期满后，"方可回朝"，乃慰勉他续成艰巨。鸿章并相告撤回刘锡鸿，须待递国书后再议；另谓毛昶熙仍然一力庇刘，所以刘很可能在"德京尚有纠讦执事之举，望密为防备"。李也劝郭不要再纠参刘，以免惊动朝议，于郭不利，且提及沈桂芬已密保王文韶，将赞枢廷，可能比李鸿藻更与郭相凿枘。李鸿章此函已相当悲观，若谓："果真倾国考求，未必遂无转机，但考求者仅执事与雨生（丁日昌）、鸿章三数人，庸有济耶?"[④] 这种悲观，只会使郭嵩焘的心情，更形恶劣。

---

① 《郭嵩焘日记》，册三，页 376。

② 同上，册三，页 377。

③ 参阅同上，册三，页 385、388、416。郭于光绪四年二月初五始知"德国公使已定议仍旧"，不禁感叹"刘生之盘踞厚矣"失望之情，溢于言表，见页 442。

④ 函见李鸿章，《朋僚函稿》，卷一八，页 5—6。

恶人先告状

不过，郭氏早知鸿章的难处。据郭之分析，慈安、慈禧两太后虽垂帘听政，大小事务实付政府处理，并未真正做主。恭亲王奕䜣虽谙悉内外情形，但无魄力任事，被议论挟制，并不能大有作为。李鸿章虽见识透彻，实不能主持大局，以致无从切实作定议。他认为如果恭亲王有担当、肯任事于内，李鸿章助之于外，中国事情未尝不能改弦更张，全力求进。① 果如李鸿章所料，刘锡鸿抵德后，于光绪四年二、三月间分咨总署、南北洋大臣、出使大臣，大事驳讦郭氏，先对郭氏劾他滥支经费一事，提出驳议，认为是郭氏的"妄语"，然后说郭氏之所以"先发制人"，由于光绪三年"七月初九日在喀塾（甲敦）炮台穿着洋服，虑鸿参奏，两夜不能成寐，遂托病而返"，既返之后，乃蓄意劾刘。故刘氏指责郭大臣"名为请议开支经费，实则借径以肆其诬蔑排挤"。②

所谓"喀塾炮台穿着洋服"，乃指光绪三年七月初九（1877 年 8 月 17 日）郭氏一行至伦敦东南角之罗切斯特（Rochester），往观甲敦炮台。据郭氏说，该日"寒风凛烈，忍冻一日。下午乘坐小火轮船看搭浮桥，正当北风行驶，提督斯多克斯见其寒噤，取所携褐氅，一披其身。刘公使见之大喜，据之罪状，逢人表述。始知其相处年余，蓄意媒孽，于所一言一

---

① 参阅郭与威妥玛谈话，载《郭嵩焘日记》，册三，页 436。
② 见《郭嵩焘先生年谱》，下册，页 747—750。

动，在在附会构陷"①。构陷不仅仅披衣一事，刘锡鸿又指控郭于见巴西国王时，擅自起立；以及斥郭在白金汉宫听音乐，屡取音乐单，仿效洋人所为。② 刘氏之"在在附会构陷"，无非要入郭"用夷变夏"、有失体统之罪，一则中伤郭氏，再则取悦清流，其用心确实深刻。

郭嵩焘于光绪四年正月十三日（1878 年 2 月 14 日），于致总署函中直言问题之严重："嵩焘自（光绪三年）七月后，为刘云生积郁过甚，遂成不寐之症，精神日益委顿，所行之数十年者，多至旷缺。尤惮于考求一切事理，谨当以时清检录呈，刘云生闻何翰林参案，喜动颜色，常举以示参赞等，急谋编送日记，于是日夜闭门撰次，随撰随抄，从员深以为苦。"并谓："嵩焘论劾刘云生，是生平最伤心处，亦知朝廷于此处置颇难。"更呈明刘公使在德，德报"多所贬刺"，因刘"矜张自大，一意争论礼数"，又"以意气陵出外人，相夸为盛美，而不知其所处时地，无所用之"；至于与德国换约一事，"刘云生急求处理修约"，"于是四处营求"，"其行径尤多可笑。盖用其骄泰之资，以求诡合之术，未有不召侮者，嵩焘不

---

① 郭氏之甲敦之游，于其日记中述之甚详，见《郭嵩焘日记》，册三，页270—272。刘锡鸿之咨文见《驻英使馆档案》，光绪四年三月十三日。郭之咨文则见同一档案光绪四年十一月初六。郭之咨文显系针对刘之咨文而发。参阅《郭嵩焘先生年谱》，下册，页670、747—750。

② 参阅《郭嵩焘先生年谱》，下册，页675—676。郭后又驳刘曰："披洋衣便据为罪案，刘公使所据之眼镜为洋眼镜，所换之牙齿为洋牙齿，所穿之衣服为洋裁料，其余所食所用，无一而非洋物，不知其何辞以自解也。"见下册，页808。

屑与争去留，唯用刘生之言，自矢不愿与同充使而已"。① 此时郭已感羞与刘氏为伍，去志更坚。三月间，约当刘氏极力驳讦郭氏之时，郭氏又驰书李鸿章，并请转致总署沈桂芬，再次重申不愿与刘同列，"只有奉身以退"；并再三指出德国外交部与各国公使都对刘氏不满，"啧有烦言"。出洋留学生监督李凤苞于三月初赴德"稽查学艺武弁"时，"知德国新闻纸于刘京卿有微词，京卿亦常托病不出"②。可见郭所言，并非一面之词。

二月初五，郭嵩焘再上书总署，抱怨自出洋之日起即为刘副使所窘苦，谓刘氏"生平语言虚浮无实"，既与之相处，"并觉其虚骄之气不可耐"。最初还想保全他，但自光绪三年七月之后，觉得已不可再恕。而朝廷以简派刘氏使德已定，"则嵩焘之不宜留决矣"。因刘氏多方避之，有如绝交，是则"中国遣派两公使而两树之仇也，安得不为笑天下"，何况"古人有言曰，容恶保奸谓之不祥，嵩焘审知其为奸恶而与之相保，则亦不祥也，是以与刘云生万无两立之势"。③ 不仅不共戴天，郭更直斥刘为奸人，清廷用奸，也属不祥。郭之用意已极显露，亦毫无忌讳。

同年四月十六日，黎庶昌告郭，刘曾于二月初四上参折，

---

① 《郭嵩焘致总署第十七书》（未刊），参阅《郭筠仙侍郎书札》，页8、16。
② 见《译署函稿》，卷八，页6—8。
③ 《郭嵩焘致总署第十八函》（未刊），同日日记有谓："言德国公使已定议仍旧，知刘生之盘踞厚矣，鬼神固早已告知也。"见《郭嵩焘日记》，册三，页442。

虽不悉内容，但冤气更深一层，对总署之奖借刘氏，尤致不满。① 四月初，伦敦《泰晤士报》已透露郭公使有退意②，显非空穴来风，很可能郭本人有意放出消息，以坚去志。事实上，他于四月十六（1878 年 5 月 17 日）致李鸿章函中，已声称将出使关防移交参赞摄理，不再发信总署，大有拂袖而去之意。③ 至此，郭与刘不两立之势，已断无挽回之可能，而且还使总署感到为难。

各打五十大板

五月初七日（1878 年 6 月 7 日），清廷遂有训诫郭、刘之严旨：

> 郭嵩焘、刘锡鸿自奉使出洋后，意见龃龉，始则郭嵩焘斥刘锡鸿为任性，继则刘锡鸿指郭嵩焘为悖谬，怀私互讦，不顾大体。以堂堂中国之使臣，而举动若此，何足以示协恭而御外侮？本应立予撤回，严行惩处，以示炯戒，姑念郭嵩焘驻英以来，办理交涉事件，尚能妥为完结。刘锡鸿改派驻扎德国，于议论修约各事宜，语多中肯。朝廷略短取长，宽其既往，暂免深究。该侍郎等嗣后务当力示公忠，消除嫌隙，不得偏听他人播弄之词，致误大局。经此训戒后，倘敢仍怀私怨，怙过不

---

① 参阅《郭嵩焘日记》，册三，页505—515。
② 见 The Times, 8 May 1878, p. 6。
③ 参阅《郭嵩焘先生年谱》，下册，页 755；《郭嵩焘日记》，册三，页 599："自四月初六日后，不发总署信已三阅月，旦夕谋以关防授之参赞。"

悛，则国法其在，不能屡邀宽宥也，特此各谕令知之。[1]

此旨显应总署之请而发，意图以皇上之尊来镇压郭、刘之争。但李鸿章颇不以各打五十板的策略为然，特函总署，指出两人不和已久，郭于来函中屡次提及，并已决心以去求争，"两人各不相下，恐未易排解"。依鸿章之见，郭氏虽猜疑执滞，毕竟品学素优；刘氏虽想求好，但"性情暴戾意气用事，历练太浅"。而第三者李凤苞也指出刘氏在德无所作为。故鸿章希望总署于郭多加慰劳，"以安其意"；而刘在德"于大局既无裨益，且与筠仙积怨成衅，咫尺相望，而声息不通，徒为外人所窃笑，似属非宜"。[2] 李氏之意，宜留郭撤刘。

包庇纵容

六月初五，李鸿章收到郭氏四月十七日函，知郭退志甚坚，不可挽回，乃致书总署沈桂芬请其权衡，并询"应否转商恭邸，核夺办理"。总署遂急觅替人，并请鸿章嘱郭于继任者到达后再交卸启程，不要擅交参赞，径自归国。鸿章于六月中请天津海关税务司德璀琳（Gustar Detring）由电报密致郭嵩焘，婉言劝慰，稍作勾留，以待后命。[3] 六月二十六日嵩焘由总税务司赫德传示李鸿章电报，"言四月十七日信已代达邀

---

① 载《清德宗实录》，卷七三，页9。
② 见《译署函稿》，卷八，页6—7。
③ 《译署函稿》，卷八，页8—9；参阅《郭嵩焘先生年谱》，下册，页770—771。

准，须候代启行，不可造次"。郭当时的理解是："沈相（桂芬）以私意力庇一广东生（刘系粤人）；无已，则庸听我之请，而广东生必不可罢，岂非所谓妖孽者耶?"① 可见郭之四一七函乃是以去争是非，若刘去则郭可留。得鸿章电后，始知总署已允郭辞，遂以为宁留刘而去郭。其实若非鸿章干预，总署很可能让郭辞职，而不撤刘之职。②

早在此年的五月里，郭嵩焘已疑总署一意庇护刘氏，有云："刘云生以顽悖之性，贻累国家，总署始终不能辨知；即知之，而亦相与视为固然。"③ 不满总署之情，溢于言表。李鸿章电报既未提刘锡鸿的进退，郭更不免耿耿于怀。④ 七月初十又闻京师物论左袒刘氏，更引以为憾。至七月十五日，他才奉到五月初七训诫上谕。⑤ 遂于七月二十二日写了一封长信给总署沈桂芬，全函尽是有关刘锡鸿事。此函未曾刊布，兹将全文录之于后：

年晚生郭嵩焘谨启宫保中堂阁下：

四月初五日寄呈一函，想蒙钧鉴，嗣是一病，六月二十六日抄李中堂（鸿章）传示电报，知嵩焘销差之请，仰荷大德成全，俾遂所愿。两年积怨，为之稍纾。

---

① 见《郭嵩焘日记》，册三，页580—581。
② 见《译署函稿》，卷八，页9—10。
③ 《郭嵩焘日记》，册三，页544。
④ 见同上，册三，页592。
⑤ 同上，册三，页598、603。

嗣奉五月十四日公函，知因刘锡鸿揭参，其议早定。嵩焘本意不与刘锡鸿争功名进退，所参语言轻重，亦不屑推求。自顾病躯，幸及早引避，全身而退，以一念之愚，负天下诟谤，诚心之所甘也。使朝廷怀疑忌之心，一二新进狂躁，乘隙邀取富贵，凌辱卖弄之以为快，此尚可一日居哉！或疑嵩焘销差，有意作难，此诚不谙洋务之言也。西洋所欲结好者，朝廷即其所欲倚重者，朝廷信任之人而已。假使其人议论足以动听，学问足以取重而不足资以办事，则亦疑而不信，为其语言无可凭恃也。嵩焘学问议论，中堂知其不逮矣。又况遣派公使，其权操之国家，西洋交接相守以礼，无敢干与者，朝更暮改，来去频仍，彼固漠然视之。

刘锡鸿凌践嵩焘，穷凶极恶，人人惊骇。随员、翻译相与矜悯，而亦未尝不相轻简。彼其相从数万里，所求者富贵耳。刘锡鸿一意反噬，欺诬凌蔑，以求富贵，而得衙门宠眷维持（凡奉奖借安慰之词，其随员皆以夸示于人，伦敦皆见及之）。随员、翻译何所倚恃，而务为忠孝节义，屡书言刘锡鸿坏乱人心风俗，万不敢为虚语。其所带随员仆从，乘其狂悖，妄自尊大，不究下情，浪游无忌，屡滋事端，又其余事也。区区老病之身，供人荼毒，诚亦无足深惜，所以力求销差，审知刘锡鸿援系方深。揆情度势，舍此而无可以自存也。

然区区愚忱，尚有欲一贡之中堂者，刘锡鸿行径诡变，尤莫甚于攘取，何子峩随员孙君，为托身自固之计，中堂试俯察其心术，可以涣然冰释矣。黎参赞庶昌言中堂传示之词，皆由孙君转述（刘锡鸿凶暴性成，有所求则弭伏，得志则恣睢，善言温谕亦不足取听，而只以益其骄。即参赞随员，亦莫不云然也）。中堂之言极其量庇荫一刘锡鸿而已，亦坦然可共谕也。刘锡鸿传达之言，则有不可穷诘者矣。彼其诪张为幻，诚有非所能测量者也。

嵩焘忝附谱末三十余年，屡蒙中堂鉴其愚直，渐拂提挈，度外优容。刘锡鸿无一日之雅，故能掩而凌驾嵩焘之上，自附以为奥援。闻黎参赞之言，恐惧数月，今幸销差有日，海阔天空，无所疑避。如嵩焘之狂直，中堂教诲之可也，责饬之可也，甚则参揭之，无不唯命。今且荷承威德，雍容以退，尤感生成之厚谊。古人所谓同类相求，无不可尽意者，唯必不可容纳小人，以为道躬之累。而又上累及国家，以生平承受刘锡鸿之累过多，今亲见其以所施之嵩焘，忽又转而施之中堂，于此关系至巨，不敢不以上陈。窃度此月内，奉旨东归，岁杪入都，一切尚容缕达。手肃，敬叩钧安。

嵩焘谨启
七月二十二日

刘锡鸿在德国情形，就所闻开具清折，奉呈邸堂（恭亲王），亦可略得其梗概。[1]

郭嵩焘明知沈桂芬左袒刘锡鸿，竟直言如此，毫无忌讳，用字遣句，对沈氏这位高官同年亦不无微词。他对刘氏之痛恨，已至毫无保留的地步。同时也可见郭氏自称的狂直性格，

---

[1] 《郭嵩焘致总署函》（未刊）。

绝不虚伪，公函所言，除稍为婉转外，与日记中的私语，颇为
一致。

曾纪泽继任

郭氏请辞获准，继任人选的发表乃迟早的问题。七月二十
七日（1878 年 8 月 25 日）清廷终于诏派曾纪泽为出使英、法
两国钦差大臣，同时诏派李凤苞为出使德国钦差大臣。[①] 以李
凤苞代刘锡鸿前有谣传，证之不确；忽经正式发表，很可能出
郭、刘二人意料之外。郭于八月初九（1878 年 9 月 5 日）才
得知此一消息，不禁有"胜利者"的快感："德使已改派李丹
崖（凤苞），广东生（刘）至是而盛气尽矣。中国使事于是始
稍有生机，闻者皆为称庆。"[②] 称庆者还包括德国驻华公使巴
兰德。巴氏对郭说："柏灵（林）中国钦差，真是遍三十国公
使衙门，下及民人，皆怀厌恶之心。吾国外部告言：节次驻京
公使报称中国办事之难，亦未能深知其故，及见中国钦差蓄意
抵牾，其势万难与处，方悟驻京办事之苦。"郭对外国人只能
说刘钦差心术顽劣是特例，不可一概而论。[③]

九月初七，郭嵩焘接获曾纪泽的电报，知已于九月初四出
京，将于十月自上海放洋来英伦。[④] 至此，郭氏可束装待归，
但是他对刘锡鸿的愤恨，并未消解。他最恨刘一意以訾毁西洋

① 见《清德宗实录》，卷七六，页 16。
② 《郭嵩焘日记》，册三，页 622。
③ 同上，册三，页 637。
④ 同上，册三，页 644。

来迎合总署权贵，而另一方面又交结洋人，也喜谈西洋制造，以夸示流俗。此时，他已从友人来函中，知道刘氏有《英轺日记》（应为《英轺私记》），显然还不知此书的详细内容，所以猜想必定是"专意贬刺鄙人"。后来，曾纪泽带来一本，郭氏才得读全书，显然并不是专意贬刺郭氏。①

十大罪状

其实，刘氏贬刺郭氏不会在总署出版的《英轺私记》中留下痕迹，而是通过较为隐秘的管道。郭氏于九月初一上总署函中，已知刘氏除前揭三大罪——披洋衣、看洋乐谱、向巴西国王起立之外，又论列十款：

> 读御史欧阳云一疏，指为互相攻揭，嵩焘不肖，何至与刘锡鸿量长絜短，此生羞辱，更复何穷。兼闻论列嵩焘至十款之多，于伦敦所揭三大罪外，又复编造多端，天理人心，沦丧斯尽，尤为斯道之忧！②

郭氏写此函时，显然尚不知十款的内容，所以将"三罪"列于"十款"之外。至十一月初一，他才从与刘锡鸿接近的刘和伯闻知十款的大概内容。③ 刘和伯所说乃是根据刘锡鸿的

---

① 参阅《郭嵩焘日记》，册三，页 675、678、730。
② 《郭嵩焘致总署函》（未刊）。
③ 见《郭嵩焘日记》，册三，页 692。

"十款"特参。此折今仍存北京明清档案部军机处录副奏折外交类之中。① 两相对照，刘和伯的记忆大致不差。

刘所揭第一罪是："郭嵩焘辄向英人诋毁时政，谓中国将作印度，将被吞并于英、俄。"郭之反应是："奇哉！奇哉！不知其何以丧心病狂造为此言也。"第二罪谓郭与威妥玛"尤相亲昵"，又忽相愤争如仇敌，指为启衅。郭之反应是："刘云生所据以相难者，专为阿附洋人，至是忽指出启衅一节，直欲张四面之网，施连环之枪，使之不得遁矣。"此罪尚有附带一条，指郭"辄以不杀巡抚岑毓英为恨"。此条于当时的保守派之间，尤有挑拨离间的毒意。第三罪是郭在新加坡接见"该处大酋"时，不尚左而尚右，认为是不遵国制。刘因此罗织为罪，说郭以尚右为时王之制，"未审郭嵩焘所谓时王系指洋人，抑系自指"。无论自指或指洋人，在当时都可入大逆不道之罪，刘氏用意的深刻可知。第四罪则是控郭"要将船上黄龙旗改用五色"，而黄乃御用旗色，郭擅议更张，岂非蓄有逆志？难怪郭氏见此，叹道："真可谓深文周纳矣。"

第五罪则是"副使之派，出自廷旨，而郭嵩焘自谓是其所派，至于奏折列入副使名则将钦差二字抹去"，直指郭蔑视谕旨，令郭有"影射其语言，据以为藐玩朝廷"之叹。第六罪指郭对洋人"过示卑恭以求悦，不复顾念国体"，包括见巴西国王时，"独趋至阶前"。第七罪指郭崇效洋俗，"洋人多持

---

① 特参全文见熊月之，《论郭嵩焘与刘锡鸿的纷争》，载《华东师范大学学报》（1983 年 6 期），页 77—78。

伞，郭嵩焘则急于索伞；洋人不持扇，郭嵩焘则急于去扇；洋人听唱皆捧戏单，郭嵩焘不识洋字，亦捧戏单"。又提及"上年七月初九日与臣同观于喀墩（甲敦）炮台，被服洋衣，顾盼自得"。"顾盼自得"，绝非实情，显系刘氏添油加酱之语。至于持伞去扇，郭氏说："所云效洋人张伞，则我并无伞；效洋人不用扇，则伦敦终岁重棉，何以扇为也？"则系无中生有矣，刘氏无非要强调郭氏崇效洋俗之罪。第八罪更为荒唐："郭嵩焘锐意学声洋语，苦于不能，乃令其小妾效之，以四出应酬，并令入戏园，首先请客以开往来之端。"

郭氏知道外交官通外语的重要，正见其识，而刘氏竟以为罪。郭氏于刘氏控"以妇女迎合洋人，令学洋语、听戏，指为坏乱风俗"，尤为愤慨："其肆意诬蔑如此！"第九罪则指郭与威妥玛"往往闭门密语，不知何所商谍"，言外之意，岂非有里通外人之嫌。其实全是刘氏根据猜测的妄语。最使郭恼怒的是第十罪，谓国家待郭不薄，而郭竟"心怀怏怏，动辄怨望"。郭氏闻之"发指"！

刘锡鸿所列十大罪状，在当时或有混淆视听之效，但今日视之，实无理取闹，诚如郭氏所谓"多造为诬蔑之词"，使他感到："如刘云生者，亦可谓穷极天地之阴毒险贼矣。其夸张变幻，诈伪百端，则固不足论也。"[1] 怨恨殊深！

---

① 　见《郭嵩焘日记》，册三，页693。

抱恨终生

刘和伯还告诉郭嵩焘，刘锡鸿于两年之间，"蓄意媒孽构陷，无微不至"，但一收到申饬之旨，神气立现沮丧，又令郭感其"无赖"，对刘不齿。他从刘和伯处，颇探得刘锡鸿的隐情，对刘的印象之坏，只有更加深切。①

郭、刘之争，当然不仅仅是个人意气。个人意气之所以如此尖锐，正因二人思想之格格不入。从刘锡鸿的《刘光禄遗稿》中可知，他反对铁路轮船，认为是无利多害。他侈谈"胜败不在器，而在气"，故西洋武器也不必学；近代西洋文明，虽是"今之奇观、绝世之巧术"，仍是"八无利、八有害"，相信"圣朝之生财自有大道，岂效商贾所为"，所以也不必重商。② 足见刘氏的思想只能代表当时的保守派分子。

郭嵩焘说刘氏《英轺私记》所记西洋文明，貌似闳博，实多祖述英人马格里之言，并无自己的心得，似非虚言。③ 而郭、刘之间的新旧思想斗争，在当时的情况下，刘占上风乃势所必然，因其能迎合强大的保守派势力，也是郭意料中事。但在郭的眼光中，朝廷竟与刘氏同恶相济，自不免令他悲观失望，以致坚决求去，全无妥协的余地。郭、刘双双撤回之后，刘继续在朝为官，而郭羞与其同列朝班，只有告老归乡。光绪

---

① 参阅《郭嵩焘日记》，册三，页 694—697。
② 参阅刘锡鸿，《刘光禄遗稿》，卷一，页 10、19；卷二，页 1—6。
③ 见《郭嵩焘日记》，册三，页 730。

六年（1880），郭已返抵长沙长住，与人谈到刘锡鸿，仍然"忽不自觉怒气之填膺"，仍觉刘"若蛇蝎豺豕之毒螫"。刘诚为郭生平最痛恨之人，故终生难以消解。①

---

① 见《郭嵩焘日记》，册四，页 29—39；另参阅《郭筠仙侍郎书札》，页 43—46。

第二十三章　辞行　观光　归程

永别英伦

郭嵩焘将行，英报多惜之，称道这位首任中国公使的为国苦心，能将西洋好处，尽量告知其国人；于联络两国交谊，亦不辱使命，令外国人刮目相看。英国舆论于郭、刘纷争，亦有所闻，认为不追究是非而将两人双双撤回，"甚为怪异"。论者亦有以郭公使携《烟台条约》而来，及其离职时尚未批准，至感不公。类此公论，当然颇获郭心，至于英国友人，知其将归，频致殷勤，更令他铭感不已。[①]

光绪四年十一月十八日（1878 年 12 月 11 日），郭嵩焘往拜英国外相索尔兹伯里（Salisbury），并作话别。索氏先致惜别之意，希望继任公使的为人能像郭氏一样，使两国继续和好。郭回答说，继任公使曾纪泽很有才干，而且通晓外文，实远出自己之上。郭氏表示，在英两年，当地人相待至为优厚，

---

① 参阅《郭嵩焘日记》，册三，页 698—699、702、703；《郭嵩焘先生年谱》，下册，页 813—814。

办理交涉也有条理，可惜自己身体不好，未能多求进益。索氏请郭于回国之后，告知当道，英国甚愿与中国交好，并无他意。郭氏同意且说：当今世界情势，中英交好，才能达到连衡之势。所谓"连衡"，乃指当时英、法为一党，俄德为一党，意在交英法以抗德俄。索氏自能领会其意，故曰：　"实系如此！"①

由于伊犁纠纷，清廷派遣崇厚为出使俄国全权大臣，以资交涉。崇厚先到法国，因命郭嵩焘前往迎候。郭遂于十一月二十三日渡海赴巴黎，"舟行处，白浪涌起，至泼船顶，飞洒如奔溜"。渡过海峡，在博朗（布洛涅 Boulogne）登岸，再转车抵巴黎，住入新购置的富丽新使馆。②

崇厚于十一月二十七日自马赛抵巴黎。陪伴崇厚的德明先乘车入城，安排旅馆，用过早餐，即赴使馆见郭，然后与黎庶昌、马格里等人到火车站客厅迎接崇厚。崇厚责怪郭等不在车站行大礼出迎。郭则认为，车站往来人既多又杂，使馆又无喝止行人之权，根本没有"望阙叩头之地"。中国公使所能管辖的地方，仅是使馆而已，所以郭只在使馆恭设香案等候。但崇厚不以为然，与众住入旅馆后，仍坚持郭到他旅馆中来跪请圣安，郭"再四开譬"，崇仍"执意不回"，郭只好迁就，但认为自己实无错处。最后，郭在使馆请崇厚晚酌。由此可见，崇厚的个性确是"一意矜张，庞然自大"，难怪郭早已看出崇厚

---

① 　见《郭嵩焘日记》，册三，页705；另参阅页701。
② 　同上，册三，页711；另参阅页709。

不知洋务，难有所成了。① 阴历十二月初一，适为西洋人的圣诞前夜，郭嵩焘特地去看望崇厚，谈论国际情势与俄事。闻知崇氏自上海出洋，四十余日未一日遇风，以为吉人天助，办事或亦可逢凶化吉。然而崇厚毕竟有福无才，到俄国后所订之约，引起"朝野哗然"，竟被下狱，"定斩监候"，至光绪十年才被释归。②

初三日，郭邀崇厚早餐，以示饯行之意。是日崇厚一行即离法赴德。③ 郭送走崇厚，又准备迎接曾纪泽。纪泽在马赛转车，于十二日（1879 年 1 月 4 日）抵达巴黎，除夫人、女儿、三个儿子外，随员多至五十人。刘开生、杨仁山等九人已先一日到。郭与刘等饮食稍过，"夜半腹痛，连及胃脘，吐泄并作"，所以纪泽到时，只好在床隅一谈。纪泽给他带到许多国内友人的信函。翌日郭已能起床去回拜。刘开生与杨仁山都精通佛理，谈得很好。郭还陪曾纪泽前往游园。十四日，郭通知法国外交部约见。十五日，郭陪曾往见法国外交部长瓦丁顿（W. H. Waddington），纪泽以英语酬答。瓦丁顿甚为高兴，"相与握谈甚畅"，更使郭感到"出使以通知语言文字为第一要义"。④

---

① 参阅《郭嵩焘日记》，册三，页 714；德明，《随使英俄记》，页 641；郭嵩焘，《养知书屋文集》，卷一一，页 22；《郭嵩焘奏稿》，页 396。

② 《郭嵩焘日记》，册三，页 717；《清史稿》，册四一，页 12477。

③ 《郭嵩焘日记》，册三，页 718；德明，《随使英俄记》，页 642。

④ 见《郭嵩焘日记》，册三，页 723、728—730；曾纪泽，《曾惠敏公日记》，卷一，页 33。但据马格里说，纪泽的英语能力甚微，见 D. C. Boulger, *The Life of Sir Halliday Macartney*, pp. 305，306.

曾纪泽既已到达巴黎上任，并准备呈递国书，郭嵩焘即于十六日驱车至嘎里（加来 Calais）海口，渡海至多发（多佛尔 Dover），转车返伦敦。十八日，诣英国外交部告辞。二十三日，照会英外相，出使英法大臣曾纪泽已抵巴黎，即将来伦敦就职。①

郭嵩焘于二十二日接获英国外相公函，维多利亚女王将于二十五日在阿斯本行宫约见惜别。郭氏决心让相随万里的梁氏，一起去见女王，"亦人生难得之际会"。郭将此意告诉外相，威妥玛同意，女王亦欣然允许。二十五日为 1879 年的 1 月 17 日。郭氏、梁氏、马格里、张听帆，由外相陪同，搭乘英国政府的专车至波斯穆斯（朴次茅斯 Portsmouth）海港，改乘小火轮，到达歪得岛（怀特岛 Island of Wight）。岛上"地势逶迤，树木丛密"。女王特派自己的座车二乘，"迎于舟次"。行三里许，即至行宫。女王先接见郭氏家室，致慰劳之意，并介绍其三位公主，然后至郭等候之厅，见时相互鞠躬。女王说："闻将回国，心殊歉然。"并问何时动身。郭答大约在半个月之内。女王对郭远道而来，表示感激。郭谓销差回国前必须"恭诣告辞"。女王表示高兴，并谓喜见钦差的夫人。郭答道："中国妇女无朝会之礼，所有盛典概不敢与；今旦夕回国，以私接见，得蒙赏准，实是感悦。"最后女王祝郭一路平安，两国交好，并望将英国愿深固邦交之意转达中国皇帝。郭

① 《郭嵩焘日记》，册三，页 731、738；另参阅《英国外交档案》，General Corresponde-nce，F. O. 17/821，1879。

答称："承君主盛意，谨当代陈总理衙门，奏知大皇帝。"遂相与鞠躬而退。晚上于宴席之后，郭等才回船休息。① 郭氏明知"中国妇女无朝会之礼"，偏要梁氏身与盛典，让中国妇女走向世界，最可见他超越俗流，以及开放前进的心态。若非马格里自作主张，以中国妇女不同席，郭决不会反对梁氏同席。

郭嵩焘回到伦敦后，接到曾纪泽的电报，希望不必来英接印。郭甚不同意，坚谓不来伦敦，无可交卸。纪泽遂决定来伦敦接差。纪泽抵法时，郭因病未能出迎，这次再不亲迎，人情说不过去。故当曾氏一行于光绪五年正月初四（1879 年 1 月 25 日）抵达伦敦时，郭亲率僚属，冒雨雪严寒，至车站迎接。回到使馆时，天尚未亮，即治酒食款待。②

同日郭嵩焘由译员马格里陪同往见英国首相迪斯雷里（Disraeli）辞行。这位名相告诉郭，每次见面都很高兴，此次辞行却感到悲伤。郭说两年来"深蒙款待优渥"，行前必须要来告辞。英相言相府上下三十余人，闻郭将行，都"惘惘如有所失"。郭立即感谢英国相待之独厚，"使此心深怀耿耿"。寒暄既毕，英相请郭回国后，务必告知朝廷，英相倾心愿与中国交好，"绝无他意"。郭回称见女王辞行时已闻此说，必能"互体此心，可以共信"。回国之后，必定把话带到。英相遂开玩笑说：若在英国无容身之地，将投中国。郭表示如英相果

---

① 见《郭嵩焘日记》，册三，页 741—743；另参阅 D. C. Boulger, *The Life of Sir Halliday Macartney*, pp. 291，307—308。
② 见同上，册三，页 746、748；曾纪泽，《曾惠敏公日记》，卷二，页 1。

然往中国一游，"深所庆幸"。又互致客气话之余，郭向英相索一玉照，以便"悬之案端，以志向慕"。英相即向其参赞取得一帧，签名后起立相赠，愿郭受此小像后，永念英国有此良友，"长勿相忘"。最后握手道别。郭嵩焘得识此一英国伟人，自始即深敬服，此一最后相会，情深意挚，更令他感动，故在日记中记道：毕根斯由（迪斯雷里）为英国名相，年七十余。西洋各国相视以为豪杰之才，而每与嵩焘言，未尝不重视中国，以逮其使臣。此次情意拳拳，语重心长，不敢断其为诚心投契，而接其言论，领其意旨，使此心怦怦为之感动。①

郭嵩焘于曾纪泽到英之前，已与各国公使、各衙门首长，以及当地爵绅话别。至此，辞行工作已告完成。不意使馆中新旧交接，清点器物，仍然发生了一些不愉快的小摩擦。令郭感到与纪泽虽有姻亲之好，依然不免，可见交接之难，以及中国若干恶习之未易涤除。正月初八郭氏即发递交卸折件，并陪同曾纪泽往见外相沙侯。晚上，曾纪泽及其随员为郭饯行。②

郭氏取得一千六百英镑旅费，于光绪五元正月初十（1879 年 1 月 31 日）动身。曾纪泽等亲至车站相送，"视其展轮而后还"，马格里则远送至多发（多佛尔）海口才回。③ 郭嵩焘终于永别英伦，英国朝野都感惋惜，诗人傅澧兰（Freeland）还赋诗赠别。一曰："有客莅止，羽仪翩翩；语言

① 见《郭嵩焘日记》，册三，页 749—750；另参阅页 748—749。
② 同上，册三，页 751—753。
③ 同上，册三，页 753；曾纪泽，《曾惠敏公日记》，卷二，页 1。

风俗，岂曰既娴；持赠橄榄，中有平安。"又曰："留心制作，游历伦敦；蜂屯蚁聚，厂密工勤；乃慨然叹，英所以兴；崇尚宽简，律法是资；匹夫清议，何讳文辞？"① 颇能表达郭在伦敦的感受。

万里归程

郭嵩焘由多发（多佛尔）渡海到法国，抵巴黎住入使馆，由马建忠接待。正月十二日，使馆中的刘开生、杨仁山设宴款待。翌日，郭将家眷与行李先送往马赛，乃与黎庶昌、姚岳望（彦嘉）、马建忠作伴游瑞士。十三日晚上抵达枫丹白露。十四日抵谛雍（第戎），再向西南行至萨仑，已入瑞士境内。十五日黎明到达"牛洽登湖"（纳沙泰尔湖），沿湖东行至巴尔仑（伯尔尼）。此处为瑞士议院所在地，四周群山环绕，"弥望积雪"；遥望长白之毕洛高峰（勃朗峰），为莱茵河发源之地。

郭等四人继续南行，于晚上十点钟抵达日内瓦投宿。住处"面湖为窗，风景绝佳"。此湖即称日内瓦湖，较"牛洽登湖"尤大，湾环如初月之形。十五日登山参观天文台，又游湖心亭，"湖山环抱，极秀雄"。下午三时离日内瓦，乘车西南行，全是山路。至罗勒河（罗讷河），始入平原。过河数里抵大都会栗瀹（里昂）吃晚饭。餐后四人同逛市区，"街衢广阔，灯

---

① 详见《郭嵩焘先生年谱》，下册，页836—837。傅氏之诗，后由林乐知译出为四言转韵。凡八解，郭于三月二十八日在上海得见。参阅《郭嵩焘日记》，册三，页836。郭嵩焘见重于外人亦可见之于王先谦撰《郭筠仙先生西法画像序赞》，载《虚受堂文集》，卷一四，页18—19。

火烛霄，气势雄丽似巴黎"。晚上十时换车启程，"竟夜车声震荡，不能成寐"。十六日清晨六时，车抵马赛，张斯枸（听帆）与洋客傅兰雅来接，同游故相花园、博物馆，又绕至市东海边，"沿海岸为石岸，修立马路，前临大海，岛屿林立，亦巨观也"。最后到船公司定下船舱，送妇女家眷上船。①

郭嵩焘本人不在马赛登舟，与黎庶昌、马建忠，由陆路共往意大利的那不勒斯，以便同访罗马古迹。郭在伦敦结识的安友会人士韩百里（Hanbury），在意大利海滨拥有一橘庄，极富园林之胜，曾邀其往游。郭、黎、马三人遂于十七日十一点钟搭车东行，经过多隆（土伦）、栗斯（尼斯）、莫拉戈（摩纳哥），抵达门登（芒通）时已是夜里十点钟。韩百里备马车来迎。行十余里，经过法、意国界，穿过曲折的林木，抵达韩氏的山庄。韩氏庄背山面海，为避寒的胜地。一宿之后，韩氏伴送郭等三人，前往那不勒斯。从色倭拉（萨沃纳）到占洛洼（热那亚），沿着海岸而行，"村庄房屋，丹碧相辉，连绵数百里，一皆随山通道，或劈山为衢，或凿岩成洞"。"山势环合，林木葱郁"，所历都是胜境。既至热那亚巨镇，本拟绕道至翡冷翠（佛罗伦萨）一游，但因时间不够，恐不克及时赶到那不勒斯上船，只好径驱车经毕萨（比萨），直驶罗马。

十九日黎明，遥见海岸外的爱尔百克岛（厄尔巴岛）。寻至倭尔贝得尔罗镇早餐，再经吉位达位加（奇维塔韦基亚）海口，抵达罗马。在罗马参观四大教堂，游八处古迹，赏三区

---

① 详见《郭嵩焘日记》，册三，页754—759。

风景。郭嵩焘在泰西所见，大都是闳丽新奇、穷极精巧的现代建筑，唯有在罗马见到许多古迹。他"游观竟日"，觉得"别具一番心眼"，认为"此行良不可少"，大有不虚此行的喜悦。当晚十点钟，乘汽车直驶那不勒斯，二十日黎明到达。郭嵩焘偕黎庶昌、马建忠，以及韩百里一起去看庞贝古城。二十一日赴港口等候十九日从马赛开出的法国轮船，于上午十一点钟到达。黎、马、韩送郭登舟后始返。韩百里还介绍同船的一位英国化学家与郭相识。郭与已在船上的家人相聚，同日轮船即启碇东驶。①

　　轮船于正月二十二日黎明驶过力霸里群岛（利巴里群岛），郭于清晨望之，"唯见烟气"。同舟的傅兰雅告诉他，此岛乃八十年前海中涌出之山。再南行，西西里大岛隐约可见，两天后过刊谛亚岛（克里特岛）、塞布里斯岛（塞浦路斯岛），于二十五日中午驶抵波赛港（塞得港）。由于苏伊士运河的通航，此港已成万人之都。市中还有花园、茶馆、教堂、学校等。因为新开运河不准夜航，故于二十六日天明才启航。是夕泊小苦湖。二十七日清晨六时开船，驶二十海里抵苏伊士口。停泊三小时后，驶入苏伊士海湾。二十八日进入红海，始感暖和，舟中已有人用风扇。二十九日经过默迦（麦加）海岸，此时郭嵩焘得识同舟的英国人汤美士（Thomas）夫妇，说是在英时曾相见，夫善游戏，妇能琴善画，是夕汤美士之妻弹琴，男女互相作歌跳舞为乐。二月初二为 1879 年 2 月 22 日，

---

① 详阅《郭嵩焘日记》，册三，页 759—766。

驶出红海，约于十一点钟抵达亚丁。因有客换船，必须停留一日。郭氏遂与同舟的姚彦嘉、傅兰雅，雇马车一辆游览，并由亚丁邮局寄出分致英、法友人的信函。[①] 二月初四，驶出曼德海峡，又称亚丁湾。初五过苏噶得拉岛（索科特拉岛），驶入汪洋大海。

过了六天，于二月十一日下午三时抵达科伦坡。郭嵩焘与姚彦嘉、张听帆、傅兰雅登岸一游。所见"树木葱茏，弥望皆椰子、槟榔，杂以（芭蕉）"。科伦坡江贯穿市中，沿江出市东，"树木尤茂密"。江之北，"山势逶迤明秀"。身临其中，"如行山阴道中，水光山色，应接不暇"。他们还去参观了科伦坡的博物院，其已有一千八百多年历史。十二日启航，驶往本地治里，其地"山势环抱，成一大荡"。舟泊其中，大海在南；岸上可见"三面楼房掩映丛树间，随山势高下，葱茏如画"。郭氏又与姚、张、傅三人登岸赏观山光水色。郭嵩焘眼见英国经营属地，极尽人事而穷尽天时地利之功用，遂问傅兰雅英国建藩邦于万里之外，如何创始经营。傅答以缔造者多传教士与商民。商民之力不足，则国家以兵力助之。郭氏有鉴于外国传教士能将荒芜之地变为富庶，化异使同，相比之下，更感叹中国士大夫之虚骄无实，拒求同于己者，反而激之使异。"呜呼！中国之所以不能自振，岂不由是哉！"[②]

二月十三日上午八时开船，沿锡兰岛东行。三天后驶过苏

① 详见《郭嵩焘日记》，册三，页767—777。
② 参阅《郭嵩焘日记》，册三，页778—789。

门答腊北端的阿金口（班达亚齐），见有灯塔，北与尼噶巴岛
（尼科巴群岛）相望。续行入马六甲海峡，于十九日抵达新加
坡。领事胡璇泽（玉玑）率其弟、随员、译员等迎候于舟次，
并备有马车。郭、姚、张、傅同往领事馆。晚上马六甲国王请
客，顺便至胡领事家小憩，赏玩胡家精奇的陈设。翌日胡领事
又约上岸，往见国王。相谈之下，知国王亦取效西法，设立学
馆，子侄并往英国剑桥留学。回程又到胡氏园，品尝珍奇的水
果。又约见意大利、巴西、法国等领事。又赴前香港总督安得
森（Anderson）的茶会。二十一日八时开船，过新加坡，折北
而行。二宿后清晨过昆仑岛，"舟行经过其下，山势横亘"，
小岛相连。二十三日下午五时驶抵湄江口停泊。次日入江，八
时到达西贡。郭偕姚彦嘉与张听帆登岸一游，见法国人已在此
推行殖民地政策。但华人甚多，"急盼中国国家为苏其困"，
郭只有"相与叹息"！二十五日八时开航，见到曲折弯环的湄
江两岸，"平畴沃野，一望无极"。出江沿安南海岸北驶，过
七星洋，见有无数小岛，位于海南岛之东南，船主称之为巴拿
塞尔岛，为海盗出没之所。郭氏似不知此即西沙群岛也。二十
八日天气转凉，轮船为北风所阻，行驶甚缓，至二月二十九日
八时才抵达香港。[①]

　　郭嵩焘在港停留三日，港督派车、船来迎迓，且约饭，更
登舟回拜，以示礼敬。香港富商李逸楼也来迎接，请客吃饭。
此时在香港的伍廷芳（秩庸）与王韬（子潜）亦来聚谈，陪

---

① 参阅《郭嵩焘日记》，册三，页790—816。

伴游观医院、学校、博物院等。王韬送他两本近著——《瀛壖杂志》与《弢园尺牍》。另外尚有一些朋友从广州来见，已在香港等候十余日之久。①

郭氏所乘海轮于三月初一下午六时离港，在香港登舟的五六人，都无可与谈。这使郭回想咸丰五年游上海时，在华英书屋（即墨海书院）初识王韬，还记得王氏屋中所悬之联语："短衣匹马随李广，纸阁芦窗对孟光。"此时在舟中阅读王氏新赠之《瀛壖杂志》，不禁"念之恍佛如昨，距今二十五年矣"！这位思想进步，也曾作过英伦之游的王韬，极使他怀念："一日之雅，同舟之谊；潇潇风雨，怃然于心！诵东坡'人生到处知何似，应似飞鸿踏雪泥'之句，为增怅恒。"②大有志同道合的依依之情。

三月初二日驶过台湾海峡，"风雨转剧"；翌日过福州五虎门，"形势壮阔"。舟行靠近海岸，故"时见山势绵延"。初四日船过浙江沿海，"岛屿环列，舟行群岛间"，水色也渐成浊黄，最后驶入长江口，于下午四时抵达吴淞，停碇口外。时为 1879 年的 3 月 26 日。③

郭嵩焘于光绪五年正月二十一日在意大利的那不勒斯港登舟，航行四十余日。漫漫海程，长途中他看了友人相赠的《新约》，以及有关科技等书籍，不时与同舟的外籍人士接谈。

① 参阅《郭嵩焘日记》，册三，页 816—818。
② 见同上，册三，页 819。
③ 见同上，册三，页 820—821。

他也免不了反思两年多在英法的经历，益信西学之不可忽视，因而也特别重视西式学校的重要，认为是真正的富强之基。他亲见日本大小取法泰西，求矿学于德国，求水坝工程于荷兰，求建造铁路于英、法，求电报之术于丹麦；西洋人也佩服日本人之勇进。反观中国，"寝处积薪，自以为安，玩视邻封之日致富强，供其讪笑，吾所不敢知也"。他复引《传》之"邻之厚，君之薄也"，早已预见："日本为中国近邻，其势且相逼日甚，吾君大夫，其盱食乎！"① 他既知富强的根本，日本精益求精，而中国玩忽不前，其后果不堪设想。郭嵩焘虽未见中日甲午之战，其言却验之于十五年之后。

他于归途中，对世界情势早已有清晰明白的理解。他所经的许多地区，不是英国就是法国的殖民地，此一现实背后的势力与威胁，当然了然于胸。他敬服西力，并不是崇洋媚外，而是中国必须认识以及适应面对的新世界，以求生存，求富强。他早已指出，秦汉以来三千年中国与夷狄对峙的世界，早已过时，而一般士大夫仍猥言："东方一隅为中国，余皆夷狄也。"这令他徒叹奈何。② 他已走向世界，但他自己的国家仍然彷徨不前，这使他感到有心而无力。刘锡鸿对他的恶毒打击，更使他心灰意冷。甫抵国门，其心情已十分落寞。

---

① 见《郭嵩焘日记》，册三，页771、804、814。
② 参阅同上，册三，页815。

第二十四章　初返春申追诉《申报》

《申报》旧怨

　　光绪五年三月初五（1879 年 3 月 27 日），唐景星（廷枢）等乘招商局船至吴淞口迎接郭嵩焘一行。众人于黄浦官码头上岸，到县府公馆小憩，已有不少友朋来访。翌日，海关总税务司赫德过谈；再一日为郭氏的生辰，祝贺者不少；初九日郭拜访各国领事。连日应酬极多，他已精疲力尽，自笑自叹作无谓之周旋。①

　　上海的《字林西报》颇称誉郭嵩焘使英的成绩，认为他能赢得英国各界的好感，能适应西方礼俗，不理会保守派的攻讦，遇事镇定持重，熟悉西方外交是怎么一回事。该报并不讳言郭、刘之争，但认为郭之成就，远出刘之上。该报认为郭已尽到其政府所委任的职责，并树立了一高雅适度的榜样，与外国人相处，无损中国威仪；如中国因而能重视外交，则郭氏欧

---

① 参阅《郭嵩焘日记》，册三，页 821、822、827。

洲之行的贡献将更为重大。① 类此公论，郭嵩焘见之，必感安慰。但他仍不能忘怀上海《申报》曾报道谣言，对他中伤并加以嘲笑。此则报道见于光绪四年六月二十日（1878 年 7 月19 日）的《申报》，有谓：

> 英国各新闻纸，言及中朝星使事，每涉诙谐。近阅某日报言，英国近立一赛会，院中有一小像，俨然中朝星使也。据画师古得曼（Goodman）云："余欲图大人小像时，见大人大有踌躇之意，迟延许久，始略首肯。余方婉曲陈词，百方相劝，大人始欣然就坐。余因索观其手，大人置诸袖中，坚不肯示。余必欲挖而出之，大人遂愈形跼踏矣。"既定，大人正色言："画像须两耳齐露，若只一耳，观者不将谓一耳已经割去耶？"大人又言："翎顶必应画入。"余以顶为帽檐所蔽，翎枝又在脑后，断不能画。大人即俯首至膝，问余曰："今见之否？"予曰："大人之翎顶自见，大人之面目何存？"遂相与大笑。后大人议愿科头而坐，将大帽另绘一旁。余又请大人穿朝服；大人又正色言："若穿朝服，恐贵国民人见之，泥首不遑矣。"以上皆画师古得曼所述。而该报又言画既成，大人以惟妙惟肖，甚为欣赏，并欲邀古得曼绘其夫人云云。

《申报》编者转述之后，又加按语曰：

---

① 见《字林西报》(*The North China Daily News*)，4 April 1879，p. 291。

愚谓此事果确，在星使也不过一时游戏之语，日报必从而笔述之。其自谓谑而不虐耶？然于睦邻之道，未免有不尽合者矣。至本报之所以译亡者，示西人以该报虽系西字，华人亦必周知，慎毋徒事舌锋，使语言文字之祸，又见于今兹也。[1]

《申报》报道此事，显因其事诙谐刻薄，具可读性。然而又惧此事不确，复作狡狯之按语。郭嵩焘于同年八月十五日（1879年9月11日），接到上海文报局六月二十八日递到八十七号邮包，才见到《申报》此一段议论。郭认为有意"讪侮"，急招马格里问之，并自叹："生平积累浅薄，有大德于人则得大孽报，刘锡鸿是也；有小德于人亦得小孽报，古得曼是也。此行多遭意外之陵侮，尤所茫然。"[2]

郭气愤之余，写信给上海友人，转告《申报》，此事乃古得曼造谣生事。《申报》谓乃根据英国报纸，但郭自思在英一年多，并未闻有讥刺之言。而德国的《柏林新报》对刘锡鸿时有讥刺，《申报》独未转载，更令他感到不平。[3]

辩诬追诉

九月初四日（1878年9月29日），郭嵩焘由法国返抵英伦。翌日即向使馆众人告知《申报》所言，并请马格里去找

---

① 见《申报》重印本，册二四，页15188。
② 《郭嵩焘日记》，册三，页627。
③ 《郭嵩焘日记》，册三，页635、646。

古得曼查究。古氏谓"岂敢冒言妄渎",并愿驰函《申报》追究所报道为郭大人绘像事出于何纸、何月、何日。郭氏二度促马格里以电报致《申报》馆,诘其原委。《申报》迟不答复,最后说译自《欧卧兰美》新闻纸,但马格里往该报馆查询,翻阅整月该报,并无此一记载。十一日一早,郭遂令马格里、古得曼各写一信致《申报》馆,以辨其诬。古得曼的启事汉译后,由郭改定如下:

> 顷知上海《申报》内载《星使驻英近事》一则。或谓系由仆口传出者,殊觉诧异。仆以声名为重,安得甘受其咎?今特陈数语,以辨其诬。查《申报》所述,系中国钦差在伦敦令仆画像各情,及画成后悬挂画阁之事,所言诸多妄谬,间有讥诮。仆即竭力追求,查考原委,至今惜无所得。夫仆之画像,系马格里为之先容。带见时,乞得照像为蓝本。画成后,请星使临视二次,星使极为称许。仆方感谢不尽,何至有提造讥诮之理?且仆与星使彼此言语不通,概由马格里传说。马格里来诘,仆茫然无以为对。谓以全无影响之词,出自仆口,即马格里含糊,仆亦断不能隐忍,务请贵馆刊此辩论,并望见此报者,得知中国此段《申报》,传自何人,刊自何日,立即示知,不胜感荷。

马格里的启事则由郭氏亲自主稿,而后英译:

> 敬启者:昨于法京获见六月二十日《申报》,翻阅之下,

不胜诧异。查顾曼（古得曼）为钦差画像，系由仆所荐引。画成后，钦差甚不惬意，经顾曼再三修饰，钦差始言略得形似。迨悬于画阁，见者极为称赏，由是顾曼画名噪于海外焉。盖英人以钦差初次来英，诧为罕见，遂使顾曼之画名，顿为增重。当其画像之时，彼此言语不通，一切由仆传达。若如《申报》所言，则仆从钦差将近两年，曾未见有此形状。似此凭空侮慢，令仆何以自处？后由巴里（黎）回伦敦，诘以此事之缘起，顾曼指天明誓，坚不承认。且在伦敦阅看新报十余家，亦未见此一段文字。

仆或以此等讥诮之言，或因他人有意诬蔑，故借画像为词。或出自顾曼手笔，要皆无足轻重，盖顾曼不过一画工耳，辄敢肆口讥笑，自有人责其非。乃《申报》遽谓英国新闻纸言及中朝星使，每涉诙谐。而仆自随钦差来此，所见新报，无不钦佩，绝不闻有涉及诙谐者。因思泰西各国，无不讲情理，无不讲律法，各种新闻之司笔墨者，亦多通达事理之人，故于各国驻扎星使，从不敢有所讥诮。若如《申报》所载，甚非英人所乐闻也。今顾曼已有辩说，更望将仆此论载入贵报，稍正前言之诬。缘顾曼之得失不足与校，唯仆自觉其人由仆荐引，言语由仆口传，此等诬蔑之词，实令仆无颜以对钦差也。用沥陈之。马格里谨启。[①]

[①] 　马、古全文录自张德彝，《随使英俄记》，此书记此事甚详，以古得曼作顾曼，阅页 606—609。

　　两人启事既由郭嵩焘改定或主稿，辩驳之处，亦可略见其本人之自白。此事当然事出有因，确有画像一事，但讥诮诬蔑之词，全不实在。汉文本启事寄上海《申报》外，英文本则寄《中国快报》（China Express）与《中国电报》（The Chinese Telegram）。一则追究《申报》的消息来源，再则披露《申报》的不实报道。《申报》于十一月初五、初六（1878 年 11 月 28 日、29 日）两日，分别刊出。但《申报》编者，不仅毫无歉意，更逞文人狡猾，谓："其或虚或实，一望而知，阅者亦可付之一笑。"又谓汉文本字句"颇多俚俗"，乃另据英文译出，然后照登。① 编者很可能猜知汉文本乃出自郭手，故妄言讥之为"颇多俚俗"。郭嵩焘见之岂肯甘心罢休？

　　所以他一返抵国门，就在上海追诉《申报》。《申报》馆自以为游戏之文，原不足深论；但他同意英国领事所说，若不经律师处理，不足以折《申报》之气，以及彻查造谣之源。他既欣赏西洋的法律，乃欲一试。不过当时上海的律师都是洋人，只好请久与洋人来往的买办唐景星相助。但唐氏突得丁内忧的电报，立即离沪，无法再助郭之公私事务，令郭大感遗憾。至三月十八日（1879 年 4 月 9 日），《申报》馆知触犯西洋法律，乃央请英国领事和解，声明愿登报正误，并致歉意，保证以后不再将误传的谣言登报。郭氏以《申报》既承认

---

① 见《申报》重印本，册二五，页 16100；参阅 D. C. Boulger, *The Life of Sir Halliday Macartney*, pp. 289—290。

"误听谣言"，也无意深究，了此公案。① 此一不愉快事亦可略见郭嵩焘的性格。他不甘受辱，更遇事认真，一定要追究到底，明辨是非，直至合情合理为止。他又一次借用西洋律法解决问题，他的作风也是很现代的。

《申报》果于翌日（4月10日）公开道歉，之后又刊文称赞郭氏在英办外交的成就。

---

① 见《郭嵩焘日记》，册三，页822、830。

第二十五章　自沪返湘不愿北上

返归故里

　　郭嵩焘自西欧返国，以他与英、法两政府交涉的经验，在西洋所获得的感观与知识，以及对整个世界局势的了解，在当时中国官吏与士大夫之中，实罕见其匹。他返抵沪滨，又多与中外人士接触，谈论许多问题。他早已注意到"西洋政教、制造，无一不出于学"，西学才是根本，所以他在上海时特别去看广方言馆，又去参观格致书院。他早已见到日本向西方学习的精益求精，可能为中国之患。到上海后不久，即闻日本并吞琉球的噩耗。①

　　像他这样的经验与识见，国家岂有弃如敝屣之理？平情而论，清廷是要他北上入京的。他被召回，但并未撤兵部侍郎之职。他本人也无不愿为国家效劳之理，但他的心里痛苦得很。为国家效劳，要能发挥作用才有意义，否则只求做官不能办

────────────

① 参阅《郭嵩焘日记》，册三，页823、827、828、831。

事，乃他素不愿为。更何况恨之入骨的刘锡鸿已返京任官，他实在羞与为伍。还有总署的沈桂芬，乃无可救药的保守派，回京很可能会自取其辱。然而他又非真正消极、能看破红尘之人，仍要为国家的危机担忧，为民族的前途着想。他虽想排除障碍，有所作为，但又感到无力回天。矛盾的心情似乎使他举棋不定。光绪五年（1879）正月初四，他尚在伦敦时，只是上折请假三个月，并未坚请开缺；返沪后于三月十五日接奉请假一如所请的批示，似又若有所失："沈经笙（桂芬）相国一用其挤排之力，自命为能，而不知有命存焉。孟子曰：行止非人所能为也，天也！"① 沈与他虽有同年之雅，但意见殊分，势难同事，更何况还要屈居沈下。

请假获准，《申报》事已了，嵩焘乃于闰三月初二（1879年4月22日）率家眷乘江轮赴武昌，转往故乡湘阴。送行者有数十人之多。初三经镇江时，英国领事来见；初六抵汉口，过江到武昌访总督李瀚章（筱荃）。瀚章是鸿章的哥哥，久与郭嵩焘相识，招待甚是殷勤。当晚小酌时，瀚章转告，朝廷有意要他"不待假满，先期回京"，此乃恭亲王与李鸿章的意思，或有"饬催之举"，要他心里有所准备。谈到夜半，郭才回舟休息。李瀚章的一番话，自有其吸引力。但郭自念回京办洋务，而洋务在那种情况下实已不足有为，又自感愚直，更不宜参与；思及总署尚未以礼相待，更袒护刘锡鸿，使他又顿感

---

① 《郭嵩焘日记》，册三，页827。

不愿枉己相从，只有"引身自远"！①

　　初七离武汉时，李瀚章以自备的红船送郭氏一家回湖南，并派一艘小炮艇护航。然因风向不对，无法过江到鲇鱼套。瀚章遂于初九命一小轮船拖至鲇鱼套。并又来船相见，谓其太夫人想一见在英国出生的郭英生，乃命梁氏携儿赴总督府拜访。晚上瀚章再来舟叙饮，聊到十二点钟才离去。郭于初十才启航。②

　　三日后返抵湘阴县，亲友来迎者愈聚愈多，花了一个钟头才得上岸。翌日，郭赴宗祠谒拜祖先，前往丽思塘看望弟弟志城（崙焘），一叙别情。饭毕回到湘阴县城。时风雨交作，到二鼓时分始能登舟，人客仍然纷集。翌日开船驶往长沙。③

惊扰顽愚

　　郭嵩焘甫至省城长沙，就遇上麻烦。郭家两艘座船，因风向阻滞，一直由小火轮拖带。长沙一带的士绅闻之大惊，早已驰书意城（崑焘），想阻止轮船驶入省河。幸而北风大作，无须轮船拖带，化解一场冲突。但郭嵩焘对此事仍大不以为然，告诉意城，若非北风，轮船还是要至省河；如有相阻者，当立牌晓谕："轮船不至省河，并无此种例禁。""吾以请假三月回籍，不宜在外久延，会值夏日南风，总督以所造之船拖送，尤

---

① 《郭嵩焘日记》，册三，页836、837、840、842、843。
② 同上，册三，页844—845。
③ 《郭嵩焘日记》，册三，页853。

属正办。诸君之意，以为非洋人通商地方即不得用轮船，吾亦不敢与校，唯请示诸君：轮船应退至何处？所有座船，诸君应如何设法拖上？一听示办！"① 足见郭于此事，相当理直气壮。他对于因坐洋船而遭遇的"道德谴责"，完全不服，反而觉得十分可笑。

虽未因小火轮入省河而引起冲突，但郭氏抵达时，仅有两位观察来迎。巡抚以下俱不为礼，显因受劫于嚣张的士论，不敢沾郭之边，益使郭感到"士绅之狂逞，实由官吏愦愦"，不加抑止，反而助长。所以他也不客气地告诉二位观察：他只是奉旨赏假回籍三月，钦差之命仍然在身。言下之意，岂得如此无礼？然而他并不在乎："若视鄙人为真干犯名义者，是且奈之何哉！"②

他当然还有不少至亲好友，真挚而热情地欢迎他归来。老友朱克敬（香荪），不仅来访，还赠诗致敬：

> 朝来庄舄抛藜杖，喜见班超入里门。
>
> 体国经纶公未老，避仇身世我犹存。
>
> 忧心悄馒逢春剧，热泪淋浪带酒吞。
>
> 莫更裂眦谈往事，肯容疑谤道才尊。

情见乎辞，颇有惺惺相惜之意。尤其许多官吏士绅因郭曾

---

① 《郭嵩焘日记》，册三，页853—854。
② 同上，册三，页854。

奉使出洋而轻贱，而朱氏独以班超相拟，当然使郭氏感到诗句之"气格苍老，字字惬心"①！长沙令王实卿、善化令张子钰等则馈赠满汉筵席，或备佳肴致意。不过除一二至交外，他实在厌于周旋应酬，很想闭户杜客。但事与愿违，不仅亲朋的请托难以拒绝，远道的友人来书亦须作答，他不禁感到："本意谢除应酬，以资养息，诸枉书者都不作答，而日为人经营周济，及供请托之役，今日所致八书，不逾此二者，亦见持身涉世之难也！"②

上书乞休

他于光绪五年闰三月二十四日，拜发了到籍日期一折，咨请总理衙门代奏。同时给南、北洋大臣各一咨，以及致李鸿章一信，报告近况。同月三十日，收到总理衙门三月十六日信件，内含总理各国事务大臣沈桂芬（经笙）、周家楣（筱棠）各一信，催促他早日北上，不必等到假满。此已证李瀚章武昌传话之不虚。郭即驰函瀚章以告，托红船哨官梅成章带呈。

沈、周二大臣意似殷勤，但郭怀疑或别有用意——或因英国驻华公使威妥玛、德国驻华公使巴兰德，以及日本驻华公使宍户玑，齐集京师，交相逼迫，总理衙门应付不了，乃怀求助之心。他觉得沈、周"纯以私意计较，而无诚意足以动人"，所以回信径言应付日本之办法，而英、德二使无足深虑；若朝

---

① 《郭嵩焘日记》，册三，页854。
② 同上，册三，页873。

廷有自处之道，可以及时定议，迎机待变。但他仍然称病，言
不能及早赴京。于致周家楣信中，更无游移之词，谓绝不再
仕。自称："仿诸王右军之誓墓，期使诸君不复相强。"① 右军
（王羲之）深耻在王述之下为官，乃称病去职，并至父母墓前
发誓，不再出仕。郭以右军自比，则沈桂芬显属王述之类，足
见其去志已坚。不过，朋友中如黄彭年仍极力相劝于假满后赴
京复命。但是刘锡鸿的阴影犹在，对沈桂芬的恶感仍浓，王文
韶（夔石）恰于此时入值军机，只有坚其不赴京之志。英国
舆论怀念他，希望他能大用，虽令他感慰，亦不能改变其
初衷。②

　　光绪五年五月十三日，郭嵩焘收到总理衙门四月三十日所
发的咨文，并递回闰三月二十五日具奏到籍日期一折。谕批：
"知道了，该侍郎办事实心，不辞劳瘁，着俟病体稍痊，即行
来京供职。钦此！"此一迟来的温旨，已经难以温暖郭嵩焘之
心。六月十七日假期将满，郭上奏因病吁请开缺调理。仍由总
理衙门代递，别致总署一函，一意因病乞休。终于七月初十
（1879 年 8 月 27 日），诏允乞休，郭氏于同月二十六日晚上收
到。两个多月后两江总督刘坤一（岘庄）密疏保荐郭嵩焘，

---

① 参阅《郭嵩焘日记》，册三，页 857、859—861、867—868。右军誓墓见《晋
　　书》，册七，页 2100—2101。
② 见《郭嵩焘日记》，册三，页 868；参阅《郭嵩焘先生年谱》，下册，页 842—
　　843。郭氏不愿再出仕的心情是十分复杂的，晚年《玉池老人自叙》特别指出
　　刘锡鸿参奏十款中的最后一款，指他"终日怨望"，对他伤害最大，摧蔑其志
　　事与为人，令他无以自明，"因是决然不敢赴京矣"，见《玉池老人自叙》，
　　页 32。

留中不报。后来刘坤一告知此事，反令郭嵩焘感到多此一举。因朝廷知郭甚稔，又何待刘之保荐?① 郭之不出，因其难出；难出之故，因有昏庸大臣如沈桂芬、李鸿藻之当国，实耻出其下。如郭勉为其难，仍然会以言论贾祸，不但无补于事，反而自取其辱。郭嵩焘对这一点看得很清楚，才会有誓墓的决心。

---

① 见《郭嵩焘日记》，册三，页 883、899—918；册四，页 75、135。刘疏见《刘坤一遗集》，册二，页 579—580。

第二十六章　定居省城长沙

士风鄙薄

郭氏在长沙的老宅原是位于六堆口的养知书屋。郭嵩焘既决定不再北上京师，定居湖南省城长沙，乃于寿星街营造新居。新宅工程于光绪六年（1880）九月大致完成。十月初八日巳刻，郭嵩焘率同梁氏以及在伦敦出生的儿子郭立瑛（英生），移居新宅，称作玉池别墅。旧宅仍由其他家人居住，于是郭氏一府拥有两宅。养知书屋的藏书，虽大都移往玉池别墅，郭嵩焘仍常往旧宅，经常在那边应酬，接见宾客。①

一别五年，郭嵩焘感到长沙的人心与风俗，更加鄙薄，直有江河日下之势。光绪五年九月初九，是他回国后的第一个重阳佳节，偕友人游贾傅祠之余，有诗记感：

生年与世两销磨，岁岁登高奈老何。

---

① 参阅《郭嵩焘日记》，册四，页 93、105、107、108、129、859。

海外人归秋色尽，城南野旷夕阳多。

贾生祠宇疏泉石，楚国风骚托啸歌。

莲社攒眉终待入，隄防醉语更传讹。①

最后一句尤道出他的切身感受。当年他奉命出使，最不能谅解者，就是他的湖南老乡。而那首传诵一时的联语"出乎其类，拔乎其萃，不容于尧舜之世；未能事人，焉能事鬼，何必去父母之邦"，对他更是辱骂备至，讥讪不遗余力。三湘士人不仅耻与为伍，还要诉诸暴力。郭嵩焘在光绪三年的奏折中曾抱怨道：

去年京师编造联语，以"何必去父母之邦"相诮责。家乡士子直诘臣以不修高洁之行，蒙耻受辱，周旋洋人，至欲毁其家室。②

所谓"毁其家室"，乃指光绪二年丙子（1876）八月间湖南乡试时，士子风闻郭嵩焘主张洋人传教士入湘，遂聚集于玉泉山，议毁上林寺（谣言居有洋人）及郭宅，以致惊动朝廷。③ 凡此在在要将郭氏视为里通外国的罪人。即使他的同乡老友王闿运虽然反对暴力，但对郭之言论也大不以为然。一则

---

① 《郭嵩焘日记》，册三，页936。

② 见王彦威，《清季外交史料》，卷一二，页28。

③ 参阅王闿运，《湘绮楼日记》，册三，页38—46。

曰："筠仙日记至，殆已中洋毒，无可采者。"再则曰："筠仙海外日记，无以异于斌椿也。"①

郭嵩焘出使三年后初返家乡，湘中戾气并未稍解。许多官绅仍要给他难堪。官府既不示以礼，士绅更谣言攻讦，诸生则揭帖訾毁，令他痛感"乡人陵轹过甚"。光绪五年春，他尚未抵国门已有谣言，谓郭欲改上林寺为天主堂，引起激愤，众誓拒洋人入城。郭既返湘，又有名叫周树藩者来到长沙散布谣言，指郭招引洋人由广西到湖南游历，眩惑浮动的人心，以图谋狂逞，重演丙子事件。除了谣言、浮言所表露的嚣张习气外，郭氏还感到全省民情风俗之日偷，吏治之日敝，纲纪之日弛，见利而忘义。他颇为湖南人之嚣、之猾、之无理而悲哀。他觉得道光之前风气并不如此，认为纠正坏风气必须针锋相对，并不同意消极躲避以为安身立命之计。他定居长沙后，一直为湖南省运担忧。②

官府无能

郭嵩焘认为湖南省运凋零如此，地方官员要负很大的责任。他责备王文韶最厉。文韶，字夔石，浙江人，咸丰二年进士，同治十年（1871）署湖南巡抚，至光绪四年（1878）改

---

① 见王闿运，《湘绮楼日记》，册三，页18。按，1866 年春，清政府派总理衙门章京斌椿率同文馆学生数人，随英人赫德赴欧游历，斌椿的出访日记后整理刻印为《乘槎笔记》。

② 参阅《郭嵩焘日记》，册三，页 861、863、873、875、889、892、894—895、897、907、940、941、944、945；册四，页 64—65、970、973、999。

署兵部左侍郎。《清史稿》谓文韶"抚湘六年，内治称静谧焉"①。但以郭氏之见，这种"静谧"，"大率粉饰而已"。② 王文韶虽然聪明而具才干，然而过于邀取名誉，不惜宽假属吏，以致吏治不修，而且导扬顽民乖戾，以致屈良纵恶，阻塞正气。郭氏回湘后，才知道丙子年毁上林寺时，王以寺由郭所创修，闻其毁而大喜，以为是伸张士气，并从而嘉奖之，因而不仅不问摧毁劫夺之罪，反而数寺僧的不是，宽宥滋事者的处分。此事更说明了官府实导民于乱，与民情风俗的败坏大有关系。郭嵩焘毫不讳言，湖南吏治、军务、士习、民情的败坏，主要都由于王文韶的"酝酿之功"。哪知光绪十四年（1888），王文韶又来湖南当了一年多的巡抚。郭以长沙名绅的身份，难免与他周旋应酬，内心未必高兴。③

　　郭嵩焘自国外回来时，湖南巡抚是邵亨豫（字汴生），其乃江苏常熟人寄籍顺天宛平，道光三十年进士。不久由赣人李明墀（字玉阶）继任。自此到光绪十七年郭氏逝世，历任有七位巡抚，即涂宗瀛（字朗轩，皖人）、卞宝第（字颂臣，江苏人）、潘鼎新（字琴轩，皖人）、庞际云（字省三，直隶人）、王文韶、邵友濂（字小村，浙人）、张煦（字南坡，甘肃人）。其中唯有李明墀非正科出身，学识能力均有不足。但郭嵩焘认为仅李氏稍能考求吏治，其余如"王夔石之污私，

---

① 见《清史稿》，册四一，页 12375。
② 见《郭嵩焘日记》，册三，页 918、926。
③ 参阅同上，册三，页 863、874、891、899、911、922、924、962；册四，页 21、72、450、464、798。

邵汴生之昏庸，涂朗轩之耄荒而庞然自大、不察下情，皆无可与言治"①。涂之继任者卞宝第，在郭氏眼里，实与王文韶一样桀骜不恭，喜以诋毁他来迎合浮嚣的士习。卞于光绪九年五月离任，十一年二月回任，郭故意避而不去迎接，可见鄙视之甚。总之，他晚年在湖南家居十二年，认为历任巡抚类多无能，难怪吏治民情之每况愈下。

郭记有一则亲见的事件，很可以小喻大，洞察当时官府的无能。长沙一直有赛城隍庙会的风俗，郭氏认为本无可厚非。然而涂朗轩却屡次示禁，但并无效果。至庞际云才极力禁止。光绪十一年六月照例示禁，但新上任的卞宝第却要一反庞氏之政，议弛其禁。不过，经人劝说之后，又改变初衷，于是导致人情汹汹，交哄于闹市之中。当长沙令李友兰于六月初一日到城隍庙张贴禁止告示时，群众大噪，捣毁了长沙令的轿子，并至院署起哄，焚毁庞际云与孙春皋的住宅，喧噪竟夕。善化县令严少韩受伤，长沙守刘小圃乞假不出。最后卞宝第只好悬示准其赛会，威信尽失。如此折腾，造成民乱，但郭氏指出民乱实由官乱所致，深叹官府"无故激使狂逞，颠倒反复，变幻百出，而不自悟其非。国家用人如此，吾且奈之何哉"！②

君骄臣谄

郭嵩焘当然明白湖南的乱象不是局部的，而是全国的一个

---

① 《郭嵩焘日记》，册四，页349。此写于光绪八年，故未及涂宗瀛以下各人。
② 详阅同上，册四，页562、563；另参阅页520、571、580。

缩影。他总结举国的政治病为"君骄臣谄"①：朝廷虚骄不实，所以不肯虚心求变；而当国大臣则一意逢迎，以致流于无耻。当时光绪皇帝年幼，当国者责任尤为重大。他指出明朝末年，"无君道而有臣道"，而"本朝君道未尽失，而臣道之亡久矣"②。他所谓当国者无臣道，有所实指。像李鸿藻、宝鋆、沈桂芬之流，都是相国级的当权派，莫不令他深恶痛绝。他直指李氏误国、宝氏贪鄙、沈氏阴险。③他当然不会忘怀李、沈一意袒护刘锡鸿，而刘之长技不外谄谀权贵，以贬刺洋人为能。刘之心态实同于丙子年在长沙的闹事者，而李、沈的态度又何异于王文韶？王之得宠于李、沈，就事出有因了。从朝廷到地方，当权者如此不明大体，士大夫的谄谀无耻也就不足为奇了。

刘锡鸿受到鼓励，食髓知味，回朝后又以诬郭嵩焘的伎俩施之于李鸿章，劾李"跋扈不臣，俨然帝制"。毕竟李鸿章的底子较硬，刘锡鸿不仅未能得逞，反遭诏斥"信口诬蔑"，被交部议处，不久即遭革职处分。郭嵩焘于光绪七年（1881）三月中旬闻知此事，立斥刘"语言狂悖已极，不知此种枭獍之心，其意果欲何为也"。据郭分析，刘因见左宗棠入参军机，乃力诋李鸿章，为"贡谀恪靖（左宗棠）之资"。他看到

---

① 语见《郭嵩焘日记》，册四，页21。
② 见同上，册四，页494；另参阅页45、423。
③ 见同上，册四，页20、290、464。

刘奏之后，写道："令人发指，小人之无忌惮，至于胆大无耻极矣！"① 刘锡鸿如此大胆无耻，当国者岂能辞其咎？他曾引明人之言曰"当国者如醉卧覆舟之中，身已死而魂不悟；忧时者如马行画图之上，势欲往而形不前"②，以表达他忧愤无奈的心境。他认为以当时的国情而言，即使圣人接踵而起，也需要三百年的时间，国家才能振兴。③ 这种看法，显然是极度悲观的。

整理学校

　　不过，他的悲观并未使他遁世隐居。他不肯回朝任官，因他稔知当国者的心态，回朝必无可为。他既定居长沙，也只有尽量在地方上做一些有益的事。他一直深信一个国家的根本在学校，在英、法两年多的观察，更发现西欧物质文明的昌盛，实由于学校制度的完善；而反观中国于学馆规模制度全未讲究，虽派留学生，并无凭借，难以发挥作用。他在英国时于上总署函中，即已明言："窃以为中国之要务，莫急于整理学校。"虽一时尚不能"遽仿西洋之崇尚实学"，但须先以学校为整顿人心风俗的渊源与基地。学校既修之后，"始可甄别人才，分门立科，相助讲习，而导使世家子弟出洋受学，学成而

---

① 　见《郭嵩焘日记》，册四，页 152—153；另阅，册三，页 874、893；册四，页 290、464；另参阅《清德宗实录》，卷一二七，页 13—14。

② 　《郭嵩焘日记》，册三，页 858。

③ 　同上，册四，页 19。

还，则以所艺互相讲授”，才能求济实用。①

　　他返乡之后，亲睹士习民情的衰败，更感振衰起败，非完善学校不可。他曾驰书长沙的三大书院山长，力陈“息士习之嚣”的重要性，以为非如此不足以解人心之惑。他更进而尽一己之力兴学、办学。光绪五年（1879）六月，既已确定不再赴京任职，他立即参与湖南学政朱肯夫的兴学计划。朱氏名迪然，号味莲，同治元年进士，浙江余姚人。郭嵩焘帮同拟定章程，建立经、史、文、艺各堂，还参考了严复为他草写的英、法两国的学馆课程。② 郭嵩焘深佩西洋学制的深奥与完善，然而他纵有意引进西洋学制，也知绝非当时的中土人士所能理解与允许。他只有在旧制上增添“艺”之一堂。此艺并非文艺，因已有“文”堂，而是工艺，借此“讲求征实致用之学”，学习西洋巧技。然而即此艺堂，还是遭到攻击。彼等訾郭氏“不讲时文试帖，而讲天文算学”，令他感到这些人用心狡毒，不禁叹道：“世风败坏至此，可为痛哭！”③ 痛哭国人昧于世界情势，故步自封。

　　郭嵩焘晚年为楚兴学，主要精力放在思贤讲舍。此乃同治十二年（1873），他主讲城南书院时所创设，舍址在曾国藩祠堂的旁边。此次海外归来，重睹讲舍，不仅不愿中废，而且想有所开展。郭氏兴学的动机与目标，除了陶冶与培养人才外，还想有益于乡里国家，不单纯追求为学而学，亦要学以致用。

---

①　见《郭筠仙侍郎书札》，页3—4。

②　《郭嵩焘日记》，册三，页894、898、907。

③　同上，册三，页919、935。

他既有一个长程的看法——中国需要三百年才能复兴，也注意到眼前的困难，最具体而微的就是解决鸦片烟的问题。鸦片对整个社会之害，虽有目共睹，却难以消除。他在英国时，亲自参加了英国人的禁烟会，深知外国有心人也对鸦片深恶痛绝。所以他此次返乡之后，立志与友人筹设禁烟会，拟订禁烟公约，并配合思贤讲舍的活动——他认为禁烟与人心风俗的整顿有密切的关系。

禁烟公约

光绪五年（1879）八月中旬，嵩焘、崑焘昆仲邀集好友六人晚酌，借此议订禁烟公约。参加者每人提供钱三十缗为基金。① 九月初一日（10 月 15 日）午时，禁烟公社正式成立，连郭氏昆仲在内，一共十二人出席。郭嵩焘曾两度发言，以人心风俗为说。然后出席者之一张子容更申述烟毒之害。十月十一日为曾国藩的生日，禁烟公社借此聚会。恰逢老友罗研生（汝怀）寄到《禁烟说》一文，意在借官法严禁烟馆。此与公社的立意有歧义。郭嵩焘与他的朋友们就因为知道官法不可恃，才结合同志，"躬自董率，行之乡党宗族，以希幸闻风者之兴起"。郭氏不认为士大夫退居林下，可以"借资官势"，以"严法峻刑"来达成自己的愿望，因而感到老友之"不达时务"。禁烟公社的宗旨原在发挥民间士人的力量，形成草上

---

① 《郭嵩焘日记》，册三，页 925。

之风，作长期砥砺敦俗的工作，并不希冀以雷厉风行来达到目的。但即使此一温和的主张，还是遭忌。甚至有官府中人认为禁烟迹近骚扰，说是长沙有三千多烟馆，禁烟何异绝穷人的生计，如果激而成变，何以御之？郭氏虽以此种论调乃"俗吏之邪说，苟偷旦夕"，正将导国家于乱，然亦颇知禁烟之难，唯求尽心而已。他常与友人谈禁烟事，感叹烟患已深，只能盼望慢慢地收功。之所以知难不退，因有关人心风俗。光绪六年二月二十三日，于集会时，郭嵩焘说得更是透彻：

> 自鸦片烟流毒中国以来，人心风俗，日益败坏，不复可问。吾辈家居，无整齐教化之责，无赏罚之权，要须实实认定鸦片烟之为害，必不可稍有沾染。虽其蔓延及于天下，而吾辈十余人之心，必为之力障其流，以使后人知所警惕。所以每年按季一会……庶冀鸦片烟渐有止境，人心风俗亦可渐次归于纯实。①

烟毒极深，而难禁如此，最可见人心风俗凋敝之甚，甚而到"愈禁烟而吸食者愈多"②的地步。然而要移风易俗，又须赖学校具有成效；而"学校之起，必百年而后有成"③。是以，他晚年把精力放在学校上，特别是他一手创办的思贤讲舍，确

---

① 见《郭嵩焘日记》，册四，页23；另参阅册三，页923、949、980，册四，页61、87、89。
② 见同上，册四，页87，禁烟公社成立一周年郭嵩焘讲话中语。
③ 见同上，册四，页19。

有远大的理想与抱负。他在老友张自牧（力臣）等帮助下，重振思贤讲舍，聘师招生之余，于光绪七年正月初八议定学规十条，肯定人才必自整顿人心风俗开始。一周后，以左长卿为讲舍的"监院"，聘殷竹场为新设"算学制造"科的负责人。郭嵩焘决心将西方制造作为主要的学习科目。他更增添讲舍"斋房"，大兴土木，① 工程既毕，决定于三月二十日为他最尊敬的乡贤王夫之（船山）在讲舍"安座"后，于三月二十六日开馆。嵩焘兄弟率众（包括十五名诸生）先诣王夫之祠堂行礼，各以齿序。郭氏略示为学大旨，以读书务实与立身处世为说。之后又同赴曾国藩祠堂行礼，并齐访禁烟公社。郭氏明言思贤讲舍将与禁烟公社相互维持，因为学校乃人心风俗之本，学校修明，人心风俗才能振兴。开馆之翌日，郭又亲赴各斋视察功课，发现准备得很不够。而监院又竟日不见人影，使他感到"气象殊萧索"，可见他期望之高以及求好之切，乃不顾目力不继，连日为诸生检校功课。②

立身制行

此后思贤讲舍每年二月中旬开馆，十二月初解馆（放学）。自乾隆以来，各县皆立书院，故书院日增，但大都以预备考试、猎取功名为目的，可说以利相诱，长沙的三大书院也

---

① 　见《郭嵩焘日记》，册四，页134、143、144、152。
② 　见同上，册四，页153、157、158、188。

不例外。① 郭嵩焘早已胸有成竹，决心以读书与立身为义谛，一洗三大书院的陋习。首先，他标榜汉、宋并重。自乾嘉考证之风大兴之后，汉学一枝独秀，成为主流，以至攻诋宋学，忽略了宋儒在义理心性上的功夫，以及做人的规模。

道咸以降，士人趋于好利与放肆，导致一般人心风俗的凋敝。郭嵩焘认为这一切都与学风有关。他尤关注士大夫的"行己有耻"，认为士人好利与放肆都因无耻之故。所谓"无耻"，即不安分，士人不安分即不肯一心向学，检理身心，而求旁骛，追求名利。② 而好利尤为人生大弊，必须知耻以求节制。此又牵涉到义利之辨。义者谊也，合谊才受之无愧。比如张佩纶（幼樵）以清流自居，以此沽名，竟无端接受李鸿章的津贴，而又带头参劾李鸿章，以邀朝廷宠眷，③ 如此行径既不义又无耻。换言之，郭嵩焘极为关怀读书人的品格。他看到的，不只是少数读书人不自爱，而是整个士人阶级出了问题。他指出，宋明以来士为四民之首而特受尊重，于是相竞为士，造成士愈贵而愈多的局面。士人过多即造成游食无业、游手好闲之辈。士多而闲辄易吸食鸦片。为了满足烟瘾，放肆好利诸端无耻行径便无所忌惮，不仅浪费人才，而且败坏风俗人心。郭嵩焘办学就是要力挽此弊，力陈读书与立身制行之义。④

---

① 参阅《郭嵩焘日记》，册四，页365。
② 参阅同上，册四，页204—205。
③ 参阅同上，册四，页416—417、367。
④ 参阅同上，册四，页204、205、319、322。

思贤讲舍为了标榜立身制行，特别景仰先贤，尤其是屈子（原）、周子（敦颐）、船山（王夫之）、曾文正公（国藩）四人。每逢四贤生日必定集会纪念。郭嵩焘还要求学生演习礼仪，以寓"善人心、厚风俗"之意，并在讲舍的曾文正公祠旁兴起习礼堂。① 因为"礼"可以约束怠惰、放肆，以及邪侈，进而可使鸦片烟之毒至少不变本加厉。② 郭氏于礼素有研究，所撰《礼记质疑》一书，对礼学颇有发明。他虽然认为礼是规范人心行为的一种制度，不可僭越，但他的有识之处在能知礼以时为大。时者，即合乎时代，意含典章制度必须因时代的改变而有所兴革，决不能墨守成规，非此不能"通乎愚贱之志"，合乎人情，遑论实践。他又释《曲礼篇》所谓"越国而问焉，必告之以其制"，乃到他国时须知他国之法令制度，以便行事。外国人来本国，亦应知悉遵守本国的法令。此种看法显示郭氏不仅了解典章制度可变，而且体会文化背景各国不尽相同，所以他的礼学并不只是研究古礼，而是要人遵守合时、合情、合理的制度。③

郭嵩焘还为他的讲舍定下春秋两季的"会讲"。所谓会讲，即集合诸生于大堂，由他或其他学者作特别演说。秋季会讲多半在九月初一王船山生辰时举行，并配合禁烟公社的活动。会讲也可说是禁烟公社与思贤讲舍联合举办的活动。郭氏

---

① 见《郭嵩焘日记》，册四，215、234、255—257。

② 见同上，册四，页256。

③ 参阅郭嵩焘，《礼记质疑》。

在八月初一第一次会讲中明言：学问的本源固在"训诂"（汉学），但必须归宿到"身心"（宋学）。他指出宋儒张载的《西铭》尤不可不读，必然是欣赏"民吾同胞，物吾与也"的胸怀。他以为，求学的途径不外"高明"与"沉潜"，而在品格上却须讲究"狂"与"狷"。狂者进取而不恃才陵藉别人，狷者有所不为；而狂者又须兼具狷者质性，狷者亦若是。他要诸生效法国初诸老的气象，以挽救道咸以后日益败坏的人心风俗，以天下为己任相勉。这是他读书为立身制行准则的微意。①

一个月后，适为王船山生辰，郭在讲舍中进食早餐。中午在禁烟公社邀集十六人会讲，再度强调公社与讲舍互相附丽的宗旨：道咸以后人心风俗之所以趋向浇薄，实与鸦片烟有关。② 至光绪十年（1884），禁烟公社已成立五年，他在九月初一的会讲中更指出：中外通商未尝不利，所害者唯是鸦片；而国人沉溺烟毒之中，诃骂洋人而不知何故，即是不明理。读书就是要明理，理明之后可随事处理，消患于未萌。但他纵观当世，"纷纷无识之议论，盈堂盈室，朝廷为之茫然，封疆大吏及当事者亦皆茫然"，更使他感到学校有转移人心风俗的巨大责任。③

---

① 参阅《郭嵩焘日记》，册四，页204—205。

② 见同上，册四，页216；另参阅页366。

③ 参阅同上，册四，页502—503、653。

聘选名师

思贤讲舍的名声显然不错，因而想进讲舍的人不少。光绪十二年二月开馆后，有八名缺额，而要求补取者竟多至五六十人。郭嵩焘的儿子立烽（炎儿）和孙子本谋（顺孙）为了安心读书，亦于光绪十二年（1886）的六月移居思贤讲舍。① 不过，讲舍有人事问题。郭嵩焘办思贤讲舍原是要改革其他书院的陋习，专以读书立身为义，并定下章程，当然希望大家遵守。哪知主讲者彭丽生于光绪九年一入讲舍，就毁弃章程，以至于扃门课试。郭嵩焘稍加戒谕，竟成仇雠。彭丽生所表现的是偏隘而强梁，而继彭主讲的邓弥之则懦弱而无断。② 本来王闿运（壬秋）应是最理想的主讲，之所以未就，论者或谓王氏因《湘军志》一书得罪曾国荃之故，③ 其实并不尽然。郭嵩焘早于光绪五年自英归国后即读到《湘军志》，已经不客气地批评老友，认为虽然文笔纵横，但体例失宜、记载失当，以及主持失统，要求在义例上更能考求实迹、表彰功绩、昭示劝诫。④ 这种批评已涉及作者的心术，但两年后思贤讲舍既已开办，郭仍有意请壬秋主讲，最后考虑到王氏过于尊汉绌宋，有违章程而没有邀请。郭氏本人说得很清楚：

① 见《郭嵩焘日记》，册四，页 614—636。
② 参阅《郭嵩焘日记》，册四，页 471、537、568。
③ 见《郭嵩焘先生年谱》，下册，页 883—884。
④ 见《郭嵩焘日记》，册三，页 885—886。

故常疑壬秋高材博学，为吾楚之杰，尤善启迪后进，然其流弊亦足以贻害人心风俗。①

虽如此，郭嵩焘仍与王闿运过从甚密，且于光绪十三年（1887）五月中，请王氏代为主讲思贤讲舍。② 光绪十五年，王闿运离开长沙北游。翌年二月思贤讲舍开馆时，始由王先谦（益吾）主讲。先谦乃长沙本地人，同治四年进士，曾授编修，任国子监祭酒、江苏学政，刊《续皇清经解》，著有《虚受堂诗文集》《汉书补注》《荀子集解》《外国通鉴》等书，与王闿运并称湖南大儒，号称二王。先谦自江苏学政开缺还家后，应郭嵩焘之请主讲思贤，自然是理想的人选。但光绪十七年三月，王先谦改就城南书院教席，遂由杨商农接替，并于三月二十六日开馆。此时郭嵩焘久已缠绵病榻，同年六月病故。③ 郭嵩焘既逝，思贤讲舍的特殊风格便更难维持。

---

① 《郭嵩焘日记》，册四，页215。
② 同上，册四，页714—715；参阅王闿运，《湘绮楼日记》，册一四，页3。
③ 参阅《清史稿》，册四三，页13301—13302；《郭嵩焘日记》，册四，页918、997、1000、1011。

第二十七章　不忍不谈洋务

庙堂之忧

时务乃当时的要务，也是清廷在同光年间所面临的内外大政。郭嵩焘既已开缺，家居长沙，原可不在其位，不谋其政，但是他身在江湖，心系家国，对于日益恶化的大局，不能不愤然欲言，当李鸿章、曾国荃等征询他的意见时，更忍不住侃侃而谈，直言无忌。其自谓："身非隐士，亦不乐以此为名。"①

时务之中，洋务尤为大政。自鸦片战争以来，西洋的威胁已经形成。英法联军攻陷京师后，清廷不得不求自强，洋务亦更形紧要，但是办理洋务始终扞格。郭嵩焘对于办洋务却有自信，且颇自负，只是未能施展其才。即使重臣如李鸿章、曾国荃虽知郭氏颇能考究洋务，亦感无力援引。国荃曾经说过："居今日而图治安，舍洋务无可讲者。仅得一贾生，又不能用，此真可以为太息流涕者也。"② 贾生者，即郭氏也。

---

① 见《郭嵩焘日记》，册三，页933。
② 见曾国荃，《曾忠襄公书札》，卷一五，页28—29。

贾生之所以不能用，因其见识言论在当时太尖锐、太直率。郭嵩焘一再申说西洋诸国大不同于古之夷狄，其文明之高、制造之精、船炮之坚利，非中国可敌，中国自无轻启战端之理，因而他有"战无了局"的结论。更何况西洋各国也不轻易言战，至少一时也无吞灭中国之心，其主要目的在于求通商之利。中国正宜接受已经不可改变的通商之局，因势利导，相互往来，师其长技，以求自立自强，与洋人交涉，不妨以理相通，利用国际公法来排解争端，并借此抑制外国的野心，庶几可以从和平中求变通。但是这种见解，在一般士大夫心目中，何啻用夷变夏，长他人志气，灭自己威风，几视郭氏为奸人。而当国者如李鸿藻、沈桂芬辈又从中鼓励，如沈氏竟以刘锡鸿贬刺洋人为能，难怪士大夫不惜放言高论，以邀取时誉。但高论既不切实际，又适足以误国。

郭嵩焘曾引用明朝人的话，譬之为"醉卧覆舟之中，躯死而魂不悟"。即使当时略知洋务的人，亦仅知洋人可畏，而不察与洋人周旋能以理自处，并无可畏。还有一些人则昧于各国情形，所说全不合事理，如谓与西洋通好，目的只是羁縻，不必认真通好，等等。即使洋务巨子如李鸿章、左宗棠、沈葆桢、丁日昌，也不过考求富强之术，只知购买枪炮船械，不免"穷委而昧其源"，如沈葆桢遗言，所关心的不过是铁甲船一事而已。①

郭嵩焘认为谈洋务必须要讨论西洋富强的本源所在，他曾

---

① 见《郭嵩焘日记》，册三，页 855、874、977；册四，页 21、62、213。

明言："西洋政教、制造，无一不出于学！"① 学问才是根本，而取法西洋以求富强之前，尚须先整顿人心风俗、政治法令。而此一整顿的根本，则在修明吏治，不仅是州县吏治，当国大臣亦需整顿。内政修明之后，才有基础取法西洋。然则，非彻底革新既有体制，难有成效。他虽自信能"窥见其大"，然亦自知无任事之权，"俗蔽民顽，君骄臣谄"，孤掌难鸣，大有回天乏力的感慨。②

虽如此，他仍不愿"隐情惜己，默而不言"③，明知言而无益，言而招忌，也在所不惜。他自海外归来，"恶名"早已昭彰，老友如黄彭年即相戒不要再谈洋务以免取辱，但他不以为然，自谓可以闭门不见客，固不可不谈洋务。之所以要谈，正因国人昧于洋务，不知可以关系国家存亡；更因国人忌讳洋务，相顾不敢言，以致不察洋患已深。他甚感若不弭祸于机先，实无以稍存国体。④ 他以在野之身，不惮时忌，继续畅谈洋务，颇有"宁鸣而死，不默而生"的使命感。

这种使命感使他感叹洋务"无办法"之余，仍然保持积极的态度，凭真实所见，说与人听，以激动廉耻，奋发有为，晓示中外本末情形，希望国家能够逐渐自立、自强。⑤ 所以当老友朱克敬（香荪）见示小诗"飓风吹浪浪滔天，簸跌江湖

① 《郭嵩焘日记》，册三，页 823。
② 同上，册三，页 857、883；册四，页 21、45、77、289、359。
③ 同上，册三，页 857。
④ 同上，册三，页 857。
⑤ 同上，册三，页 857。

大小船。渔父不知溪水涨，芦花深处独酣眠"，语带消极，有外视天下之意，郭嵩焘立即和了一首，别立新解，以示积极：

> 挐舟出海浪翻天，满载痴顽共一船。
> 无计收帆风更急，那容一枕独安眠？①

这首和诗的意象，甚是显明，"出海浪翻"，象征中国面临三千年之变局；"一船痴顽"，隐指昧于中外情势的朝野；"风急而无计收帆"，说明他的无奈；"不能独眠"，正是他无以默而不言的写照。

琉球废灭

郭嵩焘在英国时，已亲身觉察到日本人最能揣摩洋情时势，明察本末缓急。光绪五年于归国途中，他曾写道：

> 日本求矿学于德国，求主塘坝工程于荷兰，经营招致，进而未已。兼闻其修造铁路求之英、法两国，安设电报求之丹国（麦），一皆用其专精之学为之。《传》曰："邻之厚，君之薄也。"日本为中国近邻，其势且相逼日甚。吾君大夫，其盱食乎！②

---

① 《郭嵩焘日记》，册四，页82。
② 同上，册三，页804。

日本力争上游，富强的成效可观，而且已经威胁到颟顸不进的中国，郭氏已洞若观火，而国人竟茫然无知。郭嵩焘于三月抵达上海时，已听到日本已公然废中国的藩属琉球为县，始悟日本早已处心积虑——昔年借台湾生番戕毙琉球渔民为名，实欲证明琉球乃专属日本，思之令他为之气短。①他痛琉球之失，但知道事已至此，已难复琉球之旧，只能面对此一现实，从"仄路中求宽路"。他上书总署，请先明谕驻日公使何如璋（子莪）向日本外交部辩论，琉球之废使中国使臣进退两难，先站稳交涉的立足点；然后加派专理琉球一案的使臣，引用《万国公法》，会同各国公使，伸保全小国之义，也就是促使琉球自立一国，庶免于被日本吞灭。中国固失藩属，然原已无可挽回，不失为"仄路中的宽路"，并可示中国之正大。

郭嵩焘深信此为退而求其次的可行方案，且于致沈葆桢函中言之，有谓："日本之废琉球，皆与嵩焘无涉，疾病衰颓，求退之不遑，而妄筹及此，亦自行其愚而已。"果然，他两次上书总署，当国者皆置若罔闻。他不免于致李鸿章函中抱怨："望轻言微，不蒙采录。"②最令他遗憾与痛心的是，由于处理不当，一误再误，既未能掌握轻重缓急之机，又不曾不亢不卑据理力争，以致琉球不保于前，又失琉球立国的机会于后，只有坐视琉球之废灭而已。

---

① 见《郭嵩焘日记》，册三，页828。
② 参阅《陶风楼藏名贤手札》，册二，页615—616；郭嵩焘，《养知书屋文集》，卷一一，页24。

崇厚误国

日本既灭琉球，又传来崇厚在俄国订立了荒谬的丧权辱国条约。崇厚使俄，是为了收复伊犁。伊犁原是北疆一府，农矿资源丰富，地势亦险要，为全疆的咽喉。早于咸丰元年（1851）俄国即由《伊犁条约》，索得设立领事馆及免税权益。同治十年（1871），俄人乘回部叛乱，进而占据伊犁，声称并无领土野心，一旦中国平定新疆，伊犁当即归还。俄人不意左宗棠于同治十二年（1873）平定陕甘回乱，并于光绪元年（1875）奉命进兵新疆，光绪三年四月十七日，阿古柏自尽，同年岁暮，新疆平定。但驻北京俄使采拖延策略，迟迟不实践归还伊犁的诺言。总理衙门遂派大臣崇厚赴俄全权交涉。

光绪四年十一月底，崇厚途经法京巴黎时，气派甚大，要郭嵩焘出迎跪安，虽经郭再四开譬：中国礼节不必行之外洋，崇厚仍执意不回，郭只好迁就他。不过，郭嵩焘虽觉这位满大人虚骄自大，然此人吉人天相，或可马到成功，何况英、俄对抗的情势甚明，中国大有斡旋的余地。[①] 哪知崇厚于光绪五年八月十七日（1879 年 10 月 2 日）所订的《里瓦几亚条约》虽收回伊犁，却将伊犁西陲以及帖克斯（Tekes）川一带地方让给俄国管辖、新定的国界丧失大批土地，并赏给俄国代守伊犁兵费卢布五百万元；另允俄国在伊犁、库伦、嘉峪关、乌鲁木

---

① 参阅《郭嵩焘日记》，册三，页 714、717。

齐等地设立领事馆，准俄国人民在满洲、蒙古、新疆各地免税贸易；又允俄商经张家口、嘉峪关前往天津、汉口，贩运以及销售货物。① 总署得悉此约后，群情大哗，认为得不偿失，清廷亦为之震动，诏命李鸿章、左宗棠、沈葆桢密陈机宜。

郭嵩焘于光绪五年八月二十一日接到汉口李瀚章来信，始悉崇厚订约的大概内容，也认为得不偿失。除虚糜巨费以及让俄商任意转运内地外，伊犁一地虽然归还，但三面都属俄境，事实上仍在俄人掌握之中，一旦有事，徒让俄人坐收有余。这使他痛感"谋国之不臧，殆无逾于是者"，不禁"为之浩叹"。十一月二十八日，他又接到曾纪泽来信，提到英、法人士诧异并讥讪崇厚与俄人所订的界约，甚至当面嘲诮。他的感受是："崇地山之误国取辱，亦云至矣！"十二月初十日，又接曾纪泽信，详示崇厚与俄国议定条约十八款，乃一一记在日记之中，最后的评论是："崇地山收回伊犁一空城，竟举天下大势全付之俄人，至是而益知总署诸公之罪，无可逭矣。"②

李鸿章曾于十月中致函郭嵩焘论及俄约，至此他已激动不已，更不忍不言，于十二月底回复了李鸿章一封长函，谓虽早知崇厚不通洋务，漫无方略，仍未想到竟是如此昏诞。通观十八条中，除"官不代赔"一项勉强达成外，其余完全听从俄人，任其恣肆，"直举天下全势倾而与之"。最使郭嵩焘不解的是，伊犁一城孤悬如此，不知何以为守？至于允许俄人置

---

① 参阅王铁崖编，《中外旧约章汇编》，册一，页360—363。
② 见《郭嵩焘日记》，册三，页928、964、975—976。

产，实已不有其地；允许伊犁人民入俄籍，则又不有其人。虽收回伊犁，事实上全城仍受俄人控制，甚恐"嘉峪关以西，非复中国所能抚御"。至于让俄人纵横出入内地，攘取商民之利，"贻害国家尤甚"！郭嵩焘率直指出：崇厚固然自取其辱，但四十年来办理洋务，基本上就是这个样子。[①]

郭嵩焘于光绪五年十二月十四日读《申报》，知崇厚遭到谴责，以及"所议条约章程，及总理各国事务衙门历次所奏各折件，着大学士、六部九卿、翰詹科道会议具奏"。他认为处置妥当，但仍觉伊犁一事已到两难的穷境。如果允许此约，"则举天下全势尽授之俄人"；如果不允，亦徒授俄人启衅的借口。办洋务办到这种地步，真使他感到"反复迷乱，倒行逆施，固万无可自立之理也"[②]。光绪六年庚辰（1880）元旦，他赋诗志感，有句曰："忧时耿耿天山北，阅世滔滔逝水东。"自注"时闻崇地山使俄，收回伊犁一城，廷议正纷然也"[③]，十分惦念伊犁问题。

伊犁事宜

不止廷议纷然，谕旨还邀在籍大臣，凡有所见，均可据实直陈。王闿运鼓励郭嵩焘据所见入告。郭氏熟知西北地理，原认为伊犁孤城不值得大费周章取回，但崇厚既订此约，则又不

---

① 参阅郭致李傅相函，见《养知书屋文集》，卷一一，页22—23。
② 《郭嵩焘日记》，册三，页978。
③ 同上，册四，页1。

能轻言蠲弃，伊犁既不能弃，而所签条约又诸多未妥，只好暂时让俄兵继续驻扎，作为权宜之计，容后再议。[1] 当时朝野群情颇为激昂，大有不惜一战之意。清流张之洞尤连连上疏，请立诛崇厚以明正典刑，并鼓舞臣民抗拒沙俄，主张积极备战，"战胜酬以公侯之赏，不胜则加以不测之罪"，又说："今俄人又故挑衅端，若更忍之、让之，从此各国相逼而来，至于忍无可忍，让无可让，又将奈何？"张氏认为，"此时猛将谋臣足可一战"。[2] 但是郭嵩焘对这种激烈的主战言论，不以为然，认为"张香涛一折足以乱天下"，遂决定具草上闻。在当时慷慨激昂的气氛中，主战必获喝彩，反战必遭唾骂，郭氏知之甚稔。他相信即使李鸿章亦心知而不敢语，乃不惜"稍求以身任天下之诟讥，使合肥（李鸿章）得有所借手以行其志"，于三月初十写下了论伊犁事宜六条。[3]

郭氏首先明确指出，崇约虽种种贻误，然按国际惯例，条约必由各国核准后才属有效，所以此约批驳之权仍属清廷，大可由总署转知俄国外交部："《伊犁条约》暂难核准，权听俄兵驻扎伊犁，以俟续议。"如何续议呢？他提出六条：一由陕甘总督左宗棠核议收回伊犁，因左氏经营西域已逾十年，熟悉当地情况，远胜遣使臣到万里之外的俄京凭空定议。二是议还伊犁应当径赴伊犁会办，相度情形，庶免俄人索取太多兵费。

---

① 参阅《郭嵩焘日记》，册四，页14。

② 阅张之洞，《熟权俄约利害折》，载《张文襄公全集》，卷二，奏议二，页1—6。

③ 阅《郭嵩焘日记》，册四。页30。

即使遣使赴俄亦须取道伊犁，与左宗棠商定一切，因"非亲身考览，无由知也"。三应直截了当议驳《伊犁条约》。俄人贪图伊犁的饶沃已久，宜防其尽割膏腴之地，归还孤城。故必须"根据《万国公法》，由国家径行议驳，无可再行商办之理"。重议固更困难，唯有申明伊犁暂由俄人驻扎，以从缓计议。四不应由驻英、法公使赴俄重议。因他观察西洋各国情势，德、法二国仇憾方深，英、俄积怨尤深。他指出俄国报纸已疑中国反悔《伊犁条约》乃由英国播弄。而德、俄关系较好，可由德使兼之。又当遣使赴伊犁会商时，若有滞难，即可由驻俄公使沟通。

第五条指出崇厚之所以贻误国家，由于不明地势险要、不辨事理轻重，以及因惧外而失所守。崇厚处理洋务不知其势且不知其理，终无所得于心，以致虽远往俄京，于"一切情势略无知晓，唯有听俄人之恫喝欺诬，拱手承诺而已"。崇厚固罪不可赦，但不必加罪使臣以示决，反资俄国要挟的口实，不如令殷实的崇厚报捐充饷来赎罪。他更具体建议以《万国公法》的准则来处置崇厚，以免英、法的舆论助俄人声势。最后一条点出反战，认为"廷臣主战只是一隅之见"，宜斟酌理势，不必急言用兵。他提醒国人，自鸦片战争以来三次用兵，贻患一次比一次深远，结果无不是财殚民穷，情见势绌。俄人较英、法各国更为狡逞，衅端一开，恐构难无穷。俄国疆土又环绕中国万余里，水陆均须设防，实防不胜防。故当据理折之，从容辨证，何必贸然启衅以"取快廷臣之议论"？他断然指出：“窃以为国家办理洋务，当以了事为义，不当以生衅构兵为名。”①

这是他开缺以来第一次上奏，自称“衰病余生，无复犬马图效之望”，只因“轸念时艰”，“不敢避诟讥而终甘缄默”，乃“谨略献其愚忱，上备圣明采择”。此折先寄李鸿章过目，然后由李代陈。四月初四奉上谕留中，唯谕旨肯定郭氏所言“不为无见”，并密谕鸿章摘录邮寄曾纪泽参考。② 郭嵩焘论俄事折所言，显示他对西域地理的熟悉、中外情势的明通，并坚持以《万国公法》作为解决国际争端的依据，颇得李鸿章、曾国荃、刘坤一等之推重。李欣然代为具奏，曾哀郭不受重用，刘欲郭主政总理衙门。年轻朋友陈宝箴过谈，也称誉疏陈俄事六条“举重若轻，其理确不可易”③。

和议得失

郭嵩焘盱衡西洋国际关系，深信派驻德公使李凤苞使俄较妥。但早在光绪六年正月初十（1880 年 2 月 19 日），总署已正式任命驻英、法公使曾纪泽兼充出使俄国钦差大臣，再行商办崇厚所议条约。然俄国有鉴于清廷定罪崇厚，反悔崇约，反应强烈，声称不接待曾氏。中俄关系益趋紧张。俄国增兵中

---

① 见《郭嵩焘奏稿》，页 393—397。
② 同上，页 397—398；另参阅《郭嵩焘日记》，册四，页 47；《郭嵩焘先生年谱》，下册，页 859—865。
③ 参阅《曾忠襄公书札》，卷一五，页 28；《刘坤一遗集》，册四，页 1954；《郭嵩焘日记》，册四，页 49。

亚，并于五月间派铁甲舰东来。中国亦积极备战，命山西巡抚
曾国荃坐镇山海关，总揽关内外军事，命两江总督刘坤一部署
长江沿岸军事，以及命醇亲王改组神机营，添购新式枪炮，左
宗棠亦亲率所部驻节哈密，情势益形紧张。曾国荃受命督办山
海关防务后，曾经驰书郭嵩焘，征询意见。八月下旬在天津得
郭氏复书，郭直言用兵不当，并指责"京师诸公侥幸一战，
驰骋议论，以为戏耳"！显然他深知中国的实力远不足以与俄
国开仗，求战必然取辱，前车之鉴，已屡试不爽，故颇悲主战
士大夫的无识与不学。

　　他为国荃提了四点策略：第一，西洋各国重通商，故宜声
明中国不乐构衅，不忍商民受害，以赢得英、法的同情与支
持，以协商来保护辽河口。第二，应与李鸿章会奏，筹防吉
林、黑龙江之策；一旦交兵后或胜或负都需应付之方，以预计
利病得失。第三，宜多求通晓俄国语文及其情势之人，以备相
机转圜之用。第四，说明一贯主张，"洋务当以了事为义，不
当以生衅构兵为名"，力主不可战；万一战争不可免，也当延
致各国领事，相约不交兵；并酌与崇约可与者，"以一身为天
下任谤，而所保全绝大"。最后这一点实开庚子八国联军时东
南互保的先声。他自知此四说，皆人所不敢言，特供老友取
舍。[①] 国荃回信说："阅历不深者不能有是言；经世不远者不
能喻斯理也。"曾氏既抵山海关，所部不及万人，又无饷增

---

① 函见郭嵩焘，《养知书屋文集》，卷一一，页26—33。

兵，目睹防守之难，亦知不可战，"唯私心切祷，和议有成"①！

　　和议虽一波三折，却终于有成。总署于七月初三（8月8日）赶办中俄边界悬案，并于初七日明诏开释崇厚，略为顾全了俄国情面。七月十七日，曾纪泽在俄京觐见俄皇，表示善意。次日即开始改议崇约。但七月二十三日（8月28日），俄方提出三条件，若不允诺，拒绝继续商议，并命驻华公使回任，提议在北京重开会议。总署则坚持继续在俄京会商，但愿作让步，训令纪泽，凡"在（崇约）十八条之内，将来奏到时，应请允予批准"，以免俄人于十八条之外，别有要挟。曾纪泽已于八月十一日（9月15日），表明中国暂弃伊犁，收回崇约中重要利权。② 三日后收到总署训令，即告俄方："但有可让之处，中国必酌量相让。"俄方遂于八月十八日正式函复，答应续在俄京会议。然因俄方坚持"约外补偿"，一度僵持。郭嵩焘的九月初一日记有谓："闻俄人有爱谛美敦（最后通牒）电报，相迫已甚，办法至此而遂穷矣……闻顷已奉谕旨催鲍春霆军门募勇急进，所派营官将领皆已启行，而余勇散布省城，急资弹压。"连湖南亦已感到紧张。郭氏甚虑"俄人无论交战与否，必有应赔兵费，势将派之各省"③。清廷亦于十月十二日（11月13日）再度诏饬李鸿章、曾国荃及沿海各

---

① 见曾国荃，《曾忠襄公书札》，卷一六，页18—19、23—24。
② 见曾纪泽，《使西日记》，卷二，页19。
③ 见《郭嵩焘日记》，册四，页89。

省督抚，"严密备御"。①

帝俄虽以武力要挟，实无意于战事。一因其经济情况不胜荷负战争，二则俄土战争（1876—1877）以及柏林会议（1878）之后，在国际上颇为孤立。因此俄皇终于答允略作让步：允将伊犁南境全部归还中国；俄国在华添设领事，暂限于嘉峪关、吐鲁番两处；天山南北路俄商贸易事，改崇约所谓"均不纳税"为"暂不纳税"。但兵费增至九百万卢布，约银五百万两。光绪七年正月二十六日（1881 年 2 月 24 日），曾纪泽遂代表中国签订《俄京新约》 （the Treaty of St. Petersburg），清廷于同年四月十八日（5 月 15 日）正式批准。② 郭嵩焘于正月初七日自李瀚章处得知俄约已定，并悉兵费自原来的五百万卢布再增加四百万，但他认为"苟不至于战，无论日后利病何如，固实天下之幸也"！③

曾纪泽完成改约，似乎是外交上的成功，但仔细比较曾约与崇约，得失之间，实难遽言。曾约收回略多一点土地，但兵费大增。领事馆虽暂限于两处，但留有尾巴，以后有需要时仍可增设。俄商贸易暂不纳税，但何时纳税十分渺茫。何况曾约商议期间，俄方一度还要在崇约以外别有要挟，使清廷十分被动。而形式上的改约成功，更助长不少士大夫的虚骄之气，也未尝不是付出的代价。至少在郭嵩焘看来，是得不偿失的。他

---

① 见王彦威、王亮辑，《清季外交史料》，卷二四，页 8。
② 中俄伊犁交涉经过参阅 Immanuel Hsu, *The Hi Crisis*；李恩涵，《曾纪泽的外交》，第三章。
③ 见《郭嵩焘日记》，册四，页 128、134。

所谓"无故兴此波浪"，以及"使早从鄙人之言，不独免唇舌之烦，亦省海防经费六七百万"①，不是完全没有道理的。不过，幸亏仗没有打起来，一战而败的后果更不堪设想，他已觉得是不幸中的大幸了。

越南事起

俄事初了，法事又起。法国觊觎越南已久，早于同治元年（1862），已攻占南圻，迫订《西贡条约》。同治十三年又迫订《法越和平同盟条约》，法国势力并向中圻、北圻推进。光绪元年（1875），法国照会总署，要求云南通商。中国声明越南为属国，但一时无法兼顾，北圻受法人进逼，乃求助于刘永福的黑旗军。至光绪五年（1879），法国兼并北圻，排拒中国之心已甚明显。法国否认中国对越南有宗主权，中国否认法、越之间所订的条约。双方对峙，情势急转直下。驻英、法公使曾纪泽曾向郭嵩焘函告与法国争论越南事宜。② 郭氏遂更加注意越南情势的发展。

光绪八年二月初八（1882 年 3 月 26 日），郭嵩焘接到新任兵部侍郎彭玉麟的信，得悉密谕饬两广、两江、云贵各省督抚，会商急筹水陆防务，以御法国兼并越南的企图。日本吞并琉球后，郭氏已知日本必以同样伎俩施之高丽（朝鲜），却没

---

① 《郭嵩焘日记》，册四，页 128、134。
② 见同上，页 235。

想到法国先踵起仿效，祸及越南，令他不胜浩叹！① 当时主掌总署的恭亲王奕䜣已知南圻无望，只想保住与中国接界的北圻。所谓"存越绥边"，仅是经画北圻而已。但三月初八（4月25日），法军竟又攻占北圻的河内，声言中国无权干预，事态变得严重。张之洞于一日之内连上二疏，以法国图越窥滇，主派兵助越，统筹战备。② 曾纪泽亦建议"驱法人以固吾圉"。③ 不过，纪泽主张开放红河，上通云南，准各国公开贸易，以抵制法国的侵略，亦即其自巴黎复郭嵩焘函中所谓："若吾华将开通富良（江）通商各国之举，毅然引为己任，可以收越南之权，延各国之誉，而夺法人之口实。且猛虎临门，拒之不可，投一羊以斗众虎，未必非策之中者。"④

但是此时郭嵩焘已认为越南唯有自救，"非中国所能计议"。因为四十年来搞洋务，本末俱失，"至是已无可补救"，只好姑顺法人之意，"以求不失中国之利"。对于边防用兵之论，他已预知徒以滋事，不足了事。换言之，他认为投一羊已不足以拒临门的猛虎。他于光绪八年五月二十八日（1882年7月13日）接读曾纪泽巴黎来信，语及法国人构难越南始末，"为之怃然"。他已感觉到时局的危机，忧患方深。⑤ 然而他早已认为越南已无可为，唯有尽量保全中国本土之利，亦即是主

---

① 《郭嵩焘日记》，册四，页261—262。
② 参阅马东玉，《张之洞大传》，页93。
③ 见《中法越南交涉档》，页383—384。
④ 见《曾惠敏公遗集》，文集卷五，页4。
⑤ 见《郭嵩焘日记》，册四，页275、292—293。

张放弃越南。虽事后证明终不能不弃，但事前又有谁敢发此议论？

忧时上疏

由于法国步步进逼，连中国的体面也不顾全，自然引发清流的强烈反响。言论日趋慷慨激昂，影响到政府的决策。中枢立即派岑毓瑛、曾国荃前往西南布置滇、粤一带防守事宜。但恭亲王与李鸿章都较谨慎，为了不刺激法人，借防土匪为名，暗中布置，所谓不动声色。郭嵩焘对于两种见解都颇不以为然，更忧虑"政府诸人一意启衅，贻害国家"。① 他的忧患意识促使他于同年七月十八日缮就奏稿两件，一论越南，一论高丽。论越南折即《法扰越南宜循理处置折》，或称《法事疏》。

此疏不提保越，因他知越已不能保，故径指法国乘日本毁灭琉球之后，构衅越南，以图云南通商之利。早于光绪元年、二年，法国指定要开蒙自为通商口岸。郭氏认为清廷应慎重考虑，是否准与通商。如可允准，必事先定计，以资控御，庶免以往沿海通商，"令西人操通商之权，屈中国以从之"，过于被动。若不允通商，"亦当熟筹因应之宜"。依他之见，西洋各国不会贸然称兵，中国尽可从容折冲樽俎，从容议论，更不必衅由我开。他指出通商史有成例，不必过虑。事实上，以互市通夷情，反而是驭边之要。而今沿海通商口岸已多至十三

---

① 见《郭嵩焘日记》，册四，页297、301。

处，长江沿岸亦有五口，"区区蒙自一口，（实）无关中国要害"。最后，他力主避免战争。打仗不仅花钱，一旦战败，赔缴兵费之累，早已有不少痛苦的经验。他借此批评不切实际的"清议"，以及附和"清议"之不负责任。清廷办洋务多年不得要领，坐受言论挟制乃主要原因。他的结论是："宜以时迎机理喻，使受约束，不宜率尔称兵，终至无以善其后而滋累无穷。"①

郭嵩焘将此疏于八月初一寄往时任两江总督的左宗棠先阅，并请左氏代递。左氏复书有言：

尊论谓南宋识议无足取，弟以今日人才衡之，似南宋尚胜一筹，以彼国势日蹙，遑言长驾远驭之规。兹则金瓯无缺，策士勇将又足供一时之需，乃甘心蠖屈，一任凌夷，如此之极，洵有令人难解者矣!②

左宗棠平定回疆，长驾远驭，功高气傲，自易将郭嵩焘"披沥愚忱，冒昧上陈"的诚恳之言，误作讥嘲之词，将自信独见之论，误作"甘心蠖屈"，乃不惜强词夺理，教训亲家老友。不过郭嵩焘的另一亲家老友曾国荃，对他的见解不仅理解同情，还加以赞赏，在回信中说："今日之事（指越南事），枢府与疆臣皆寸寸节节以图之，欲如大疏（指《法事疏》）之

---

① 参阅《郭嵩焘奏稿》，页399—401。
② 见左宗棠，《左文襄公全集》，书牍，卷二六，页12。

开诚布公，综合内外始末以为计，弗能也。"[1] 郭、曾两氏鱼雁频繁，此时对越事尤为注意，时常互通消息。知法国国会增兵筹饷，有备而来，法兵在越更摧毁黎王东京故宫，设炮围沟，以作持久之计，[2] 这些情报足以使郭、曾二氏了解法国人的野心与决心。

果然光绪九年（1883）正月，法国积极将北圻转变为殖民地。[3] 李鸿章与法使商议共同保护越南，先以富良江为界，江北归中国保护、江南归法国保护，竟不被法国接受，反而撤使回国，增兵西贡以便进窥北宁。北宁距越南国都甚近，郭嵩焘预料法国用意，必将是欲一举以翦灭越南。[4] 二月二十九日法军已攻取南定，并进攻北宁，最后目标显然在夺取北圻的东京。法国咄咄逼人，引起中国更大的愤慨。

嚣然主战

在清议压力下，清政府积极备战。三月，诏命李鸿章迅往广东，节制两广、云南防军，以督办越南事宜。郭氏得此消息时，又获悉法国调兵越南一万五千人之多，战事一触即发，乃驰书李鸿章，重申避免用兵之旨。他明言于二十年前已预知此祸，若不讲求处置西人之方，以"豫消其萌而杀其势"，必会再度发生类此洋祸；今洋祸已成，非战可了事，战必更加消耗

---

① 见曾国荃，《曾忠襄公书札》，卷一六，页 47。
② 参阅《曾忠襄公书札》；另见《郭嵩焘日记》，册四，页 347—348。
③ 见《清光绪朝中法交涉史料》，卷三，页 24—25。
④ 见《郭嵩焘日记》，册四，页 378。

国家元气。他提醒李鸿章，除了洋祸之外，中国尚有水旱与盗贼之患，平时尚可以勉强应付，一旦开战，便将不可收拾，遗患无穷。所以他建议中国派遣特使赴法，只谈云南通商问题，"专务保疆自固，揭法人之隐，正名通商"。至于越南，他请李鸿章派专使到西贡调停、解说，平越、法之争，以避免中国为越南而战。① 他心中明白，法灭越南一如日本毁琉球，已无可挽回，唯有金蝉脱壳之计，放弃越南。及光绪九年七月二十三日（1883 年 8 月 25 日），法国逼越签订《顺化条约》，欲将全越沦为法国殖民地。李鸿章知已无可为，亦主张放弃越南。但清议大哗，斥李鸿章为汉奸。

法事初起时，清议主战之论即已甚嚣尘上，年长者如李鸿藻，少年如张之洞、张佩纶都是清流健将。张之洞的"守四境不如守四夷"说，即主张出兵越南，与法军决战，不仅保护属国，亦为"唇亡齿寒"的自身利益。② 此说与郭嵩焘的放弃越南以"保疆自固"之论，恰成异趣。此外，驻英、法公使曾纪泽亦主张强硬，不惜与法一战，且颇有自信："今之中国，当法人虚悬客寄之师，未必全无把握。纵使一战不胜，仍可坚忍相持，彼必有不能敝我而先自敝之一日。"③ 此说亦与郭嵩焘"无战法"之论，恰成异趣。

郭嵩焘认为张侍讲（之洞）陈奏之旨，"捕风捉影，去题

---

① 参阅郭嵩焘，《养知书屋文集》，卷一二，页 1—4。
② 参阅张之洞，《张文襄公全集》，卷四，奏议四，页 13—18。
③ 引自胡传钊，《盾墨留芬》，卷一，页 6—7。

万里，恐徒以滋事，不足云了事也"；认为劼刚（曾纪泽）有失使臣之职，因其"徒以虚骄无实之言，荧惑朝廷之听，何为者哉"。① 此时他尚不知劼刚因讥讽法国人已与巴黎当局闹翻，不相通问，更有失使臣之职。他最不满中枢重臣李鸿藻，身为军机兼总署大臣，清流宗主，竟侈谈"东讨日本，西击法郎西"，遂斥高阳（李鸿藻）"当国二十年，乃有此昏谬，覆国亡家有余"②。他也指责左宗棠"不明顺逆之势""满纸虚骄之气"，所陈"部署之略，应敌之方，如东坡在黄州说鬼，寄情放诞而已"。③ 郭素倡"循理"，循理无可战之法，但一般士大夫竞相"趋时"，趋时则必倡动听而不实之言，以迎时好。

在趋时之风下，光绪九年八月言路嚣然主战。在清流宗主李鸿藻主持下，张佩纶（幼樵）一疏，将不主战的曾国荃调离广东，改派主战的彭玉麟（雪琴）为兵部尚书会办广东海防，以滇粤之师与刘永福部互为犄角。又在李鸿藻的奥援下，张佩纶更首参李鸿章、廖寿恒（仲山），将法越事交醇亲王办理，以取代不主战的恭亲王。一时主战派大为得势。同年九月初五（1883 年 10 月 5 日），郭嵩焘读《申报》，知"刘永福与法人相持，屡荷胜仗，乘胜进围河内，阅之神王"④。高兴之余，他认为枢廷若有能者，乘此设法调处，可操全算。但念及

---

① 见《郭嵩焘日记》，册四，页 275、406。
② 见《郭筠仙手札》，载《中和月刊》，卷一，期一二，页 71。
③ 见《郭嵩焘日记》，册四，页 390、391。
④ 同上，册四，页 411、414—415 及 416—417、419。

京师无一知洋务者，又觉悲观，预感此事"将终至不可收拾也"①。

战事不利

其实所谓刘永福的黑旗军大获全胜的消息，言过其实。十一月十五日（12月14日）法军水陆兼攻，滇、粤军以及黑旗军抗拒失利。十七日法人攻陷山西，黑旗军几全军覆灭。郭嵩焘于十二月二十日始获此一溃败不支的噩耗。五天后又得李鸿章来信，知山西既失，刘永福败后，朝廷已稍悟主战之非。然郭氏仍感前途多艰，于光绪十年甲申元旦试笔诗中有句："慈阳或恐时多故，构衅仍忧计未全。"老友朱克敬的绝句挖苦得更是显露："败书飞到举朝慌，老李回头顾老张；羽檄星驰三百里，讲和还要李中堂。"② 老李乃鸿藻，老张乃佩纶，李中堂指鸿章。二李所见迥异，无疑是和战不定的主要原因。郭嵩焘知道总署听命于李鸿藻，而鸿藻又不持一谋，不发一议，公事毫无头绪，只知"日夜倚伏清流，希朝廷意旨，以其间位置所亲信以为爪牙"，甚恨高阳（李鸿藻）误国，以及清流"劫持朝廷"。嵩焘深知当时国家的衰敝，而这一班人仍贸然想一张"挞伐之威"，在他看来只有加速中国的衰敝而已！③

光绪十年（1884）二月，郭嵩焘再度驰函李鸿章，认为

---

① 《郭嵩焘日记》，册四，页419。
② 同上，册四，页444—445、447—448。参阅郭廷以等编，《郭嵩焘先生年谱》，下册，页902—903。
③ 《郭嵩焘日记》，册四，页434—454、462。

在此"群言淆乱"之际，唯鸿章能"排群议而障狂澜"。所谓"群议""狂澜"，都是主战之论。然而即以西洋各国之强，"每一用兵，迟回审顾，久而后发"，仍有顾忌。故以中国之弱，唯有与洋人以理周旋，不可以力诎之。西洋虽"夺天地造化之奇，横行江海，无与为敌"，然其最主要目的仍在通商之利，故中国必须"迎其机而利导之"，始能稍止洋祸，并将其奇巧转而为我所用。据此他深信"办理洋务，无可开衅之理"。

郭嵩焘再提醒李鸿章不能战，不仅兵力弱绌，而且外患将导致内乱，将使经年不竭的盗寇以及饥荒之患，倍于往昔，无法善后；何况战后仍不能避免通商，更可能苛索兵费，甚至失地。他尤其担心孤悬海外的琼州（海南岛），一旦遭法人袭夺，日人必乘势染指台湾，英人亦将挟有舟山以争胜，后果将十分严重。此时郭已知曾纪泽致函李鸿章，提出八点主战之说，乃责备纪泽除"歆动今时士大夫"外，"于中外情势，盖全失之"。他疑劼刚无端侈言主战，意在迎合清议，以求一日之名。同时，他还指责总署不回答公牍，增加曾纪泽出使的困难，以及不必要激怒法人，实亦有违《万国公法》。他更进一步说，如果用兵可以保全越南，"为之可也"；如果用兵反速其亡，则又何必？何况用兵亦不能阻止法国通商云南，反而更加耗敝国力，更又何必？他甚明洋情，故知打仗必自取辱，所以力促李鸿章，"幸不终出于战"。他自知反战会遭讥笑侮骂，但为了"不至贻事后之悔""一切听之",只希望李鸿章能够理解。①

郭嵩焘感到深忧的,乃当国者不仅不明洋情,而且不知战略。他于复老友彭玉麟函中指出,备战者对于地势与军情都无考究,以至急筹沿海之防、江防,以及在湖北建筑炮台,反而忽略了靠近越南、孤悬海外的海南岛。若要备战,除加强云南边境的战力外,更要"严守琼州(海南)",注意日本图台、英国窃取舟山。但他终究认为战是下策,西洋方盛而并无倾覆中国之心,又何必"激之使狂逞"?而中国更不宜"愤然倾天下以图一逞"!所以建议增加滇南的军威,同时导使法国议通商以善后。②然而彭玉麟一意主战,态度强硬,甚至要屏绝所有洋人,不与一见,反而方便了法国人"合党联交""聚而谋我"。郭嵩焘于致李元度函中,忍不住指责雪帅(彭玉麟)"负一时之盛气,乃使其理反不足自申,诚为非计"③。

然而越北战事并不顺利。法军于光绪十年元月九日(1884年2月5日)占领建昌府之后,复于二月十五日(3月12日)攻陷北宁。广西提督黄桂兰败走后自裁,刘永福不战而退。八日后太原亦失。郭嵩焘于三月初三(3月29日)始闻北宁失守。由于北宁、太原相继失守,广西巡抚徐延旭被拿

---

① 参阅郭嵩焘,《养知书屋文集》,卷一二,页5—10。
② 参阅同上,页16—19。彭玉麟于光绪九年十二月四日移师琼州,郭于十年正月初二闻知,见《郭嵩焘日记》,册四,页447。
③ 见郭嵩焘,《养知书屋文集》,卷一二,页20,郭致彭、李信之日期似为光绪十年正月十五日;《郭嵩焘日记》,册四,页450、461。

问。郭氏毫不同情，谓"至是而徐小山（晓山，延旭字）虚浮之气，始一泄无余"。丧师辱国的责任不限于地方，慈禧太后更面责军机，并于三月十三日（4月8日）罢黜恭亲王，撤换军机。吏部尚书李鸿藻同遭开缺降级处分。不过这次许多当权者被撤，非因主战之非，而因战而不利。代恭亲王而起掌权的乃是强烈主战的醇亲王。是以慈禧太后虽继续督促李鸿章寻求和解，主战的声浪仍然甚高。依郭氏之见，此不啻逼迫主和者亦主战。三月间，李鸿章特驰书郭嵩焘征求方略。郭遂于三月二十八日（4月23日）复函，除重陈敛兵、保境、发使诘问、遣使与议外，实别无方略。然而念及上下虚骄之气，忍不住又作忧愤之言，指陈若不及早敛兵议和，恐怕不仅有失地之忧，法人更将苛索兵费，而中国挫衄之余，将使各国更生环伺之心！①

《天津简约》

李鸿章于四月十七日（5月11日）与法国水师总兵福禄诺（Francois E. Fournier）签订了《天津简约》：法国尊重中国南界，不要求赔款；中国允撤兵，南境通商，并承认法越条约。但廷议不谓然，士论尤不愿放弃越南藩邦。彭玉麟甚至以《天津简约》为大忤，疏陈"五可战、五不可和"，被郭嵩焘斥作："多为虚浮无实之词以眩惑朝廷，亦由上窥朝廷意旨然

① 参阅郭嵩焘，《养知书屋文集》，卷一二，页10—13；《郭嵩焘日记》，册四，页467、469。

也。"于是趋时者更集矢于李鸿章。清廷乃不准滇、桂撤兵，并申斥李鸿章，遂有闰五月初一、二日（6月23日、24日）中、法在谅山观音桥的冲突，双方互有伤亡（中国方面的伤亡实多于法方）。只因法人有所伤亡，即称大捷。郭嵩焘于十九日所闻，也是"法人大败"。① 但他明白"此等胜败，都无足为欣戚"，颇不以中方不遵《天津简约》，撤兵回边境为然。②

果然，法国借观音桥之战，指责中国违约，并要求赔款，复于闰五月二十日（7月12日）发最后通牒。郭嵩焘于六月初五日（7月26日）在《申报》上读到此则消息，赔款之数高达三百五十兆法郎，合一千四百万英镑，限七日回复。郭知总署必拒赔款，乃知战争已不可避免。唯三日之后，得悉两江总督曾国荃已奉命为全权大臣，会同税务司赫德赴上海另议条约，又觉得中法或不至决裂。但六月十二日（8月2日）获知闰五月二十八日派充全权大臣上谕，要求越南仍旧封贡等等，所言似在求战而非言和。郭嵩焘知此乃左宗棠的主意，遂致书曾国荃，责左"负强使气""希时道谀"，抱怨在此"民穷财殚之时，黩兵无已，国家何以堪之"，甚憾朝廷之失计。法舰果于六月十五日（8月5日）炮击基隆，炮台全毁。而此时福建巡抚刘铭传（省三）正铺张战功，入告朝廷。郭嵩焘于六月二十八日（8月18日）得悉此讯，甚叹臣工相率欺罔朝廷，

---

① 见《郭嵩焘日记》，册四，页476—478、483。
② 见郭致瞿鸿禨书，载《中和月刊》，卷六，期一，页12。

人心丧失，何以为国！①

突袭神州

　　清廷以法人肆意妄求，狡横无理，决意主战。七月初一
（8 月 21 日），法国公使下旗回国。翌日法国海军突击福州，
轰沉七舰，毁马尾船厂，张佩纶败走。初六（8 月 26 日）清
廷下诏与法国宣战。十八日授左宗棠为钦差大臣督办福建军
务。郭嵩焘于八月初五（9 月 23 日）确知战局已成，甚虑海
防之不足恃。寻接到曾国荃的八月初四函，谓法人调兵有攻台
之计。十五日（10 月 3 日），法军已攻陷台湾基隆炮台，刘铭
传退守淡水。郭嵩焘于二十八日阅《申报》，始悉鸡笼（基
隆）、淡水都已为法人占据，甚憾为患已深。②

　　九月初三（10 月 21 日），法国水师提督孤拔宣布三日后
封锁台湾。同日瞿鸿禨拜访郭嵩焘，言及时事日棘，如有呈奏
之件，愿意代进。郭乃于五日草就万言疏稿，先寄李鸿章鉴
定，再由瞿氏转呈。③ 此一长疏乃郭氏对法、越战事的综述，
指出西洋积强，而中国积弱。幸西洋主要目的在于通商，不轻
言战，且有《万国公法》约制，中国正不可激之使战，一战
反而促使西洋掠地、索款，耗损中国国力。为今之计，只有
"据理折衷""折服其心""随事应付"，尽量周旋而已。此次

---

① 参阅《郭嵩焘日记》，册四，页 486—488 及 491；郭嵩焘，《养知书屋文集》，
　卷一二，页 21—22。
② 见《郭嵩焘日记》，册四，页 498、500 及 502。
③ 《郭嵩焘日记》，册四，页 504—505。

法国侵略越南，中国早应遣使法京，并派员到西贡"察机观变"，但全未做到。又西贡有华人三十余万，早应设领事管理，也没有做到，以致坐失紧要机宜。刘永福横击固出法人意料之外，原可乘势定议，但此机会又轻易失之。要因中外诸臣昧于洋情，激愤言战，一以虚骄出之。

《天津简约》之签订，可知法人并不一意求战，然而谅山一击，又激使法人狂逞，陷基隆炮台，轰马尾船厂，徒毁仅有的轮船与机器。追根究源，由于言官不称其职，任意嚣张；新进浮薄少年高谈阔论，"动为主战之说，上希朝廷嘉奖，下邀流俗无知之称誉"。连大臣之进退也受到挟制，恭亲王深谙洋务远出廷臣之上，竟遭罢退。办理洋务，必求通晓洋务之人，郭嵩焘特别推重李鸿章与曾国荃，因二人"并能晓畅戎机，周知各国情事"，朝廷如责之以了处洋务，必然"指挥奠定有余"。若继续用兵，将无止境，必须尽快处理，"下顾民生，为万世根本之计"。①

郭疏中特别惋惜恭亲王的罢退。不便提到的是，他更遗憾主战的醇亲王用事。然而在私下的日记中便无顾忌地说："吾自醇邸与左相竭力图开海衅，日夕忧惶，至于眠食不安。而于廷旨反复参差，尤见朝政之乱，殆无复承平之望矣！"② 他也担忧彭玉麟、张佩纶、张之洞辈于出师不利之余，鼓动老百姓对洋人作盲目性报复行动，如拆毁教堂，驱逐教民不分英、

---

① 参阅《郭嵩焘奏稿》，页404—411。
② 见《郭嵩焘日记》，册四，页513。

法、德、美。若如此，势必激成各国联合对付中国，将更难以收拾。①

进犯台湾

光绪十年（1884）十二月，法国增兵台湾。月中，张佩纶遭革职查办处分。光绪十一年元旦（1885年2月15日），援台兵轮两艘在浙江海面为法舰击沉。六日法禁粤米北运。九日法军陷镇南关。总署乃积极议和。十七日滇军又败于宣光。二月十三日（3月29日）虽有冯子材等谅山之捷，但两天之后，澎湖失陷。十九日（4月4日）洋员金登干代表中国在巴黎签订议和草约。二十一日中法停战。二十八日中国批准以《天津简约》为底本再议订详约。四月二十七日（6月9日）终于完成《中法越南条约》，在天津订立。中国不再过问法、越所订条约，中法派员勘界并商订通商章程。法国将不侵犯滇、桂边界，并退出澎湖。② 除了幸而未赔款外，其结果全在郭嵩焘意料之中：几经损兵折将，费力花钱，无数折腾之后，还是放弃越南，滇南通商。郭氏于事后的五月初八日（1885年6月20日）记道：

因悟国家遇有事变，聚讼盈廷，无与辨其是非，相率为冥行而已。明者视之，真不直一噱。故曰：谈言微中，可以解

---

① 见《郭嵩焘日记》，册四，页507—508。
② 参阅《中国近代对外关系史资料选辑》，上册，第一分册，页378—394。

纷，虚浮无实之言盈天下，能辨知者谁哉？①

　　郭嵩焘的言论固不为其同时代的人"辨知"，但值得注意的是，现代的历史学者亦多不能理解郭氏一意避战主和，或认为他归国以后，远居湖南内地，对实际情况，已不甚了解；或以为战略上的主和就只能是投降，于论述中法越南之争时，亦多褒主战的曾纪泽而贬主和的李鸿章，甚至说："正如曾纪泽所分析的那样，综合中法双方的实际情况，中国取得中法战争的胜利是完全可能的，镇南关、谅山大捷就是很好的证明。"②只说中国在越北偶然的大捷，不提法国更多的大捷；更何况法国海军炮毁福州舰队以及马尾船厂，再毁基隆炮台，封锁台海，禁南米北运，中国全无招架之力。郭嵩焘在一百多年前，就已洞悉由于科技与武备的悬殊，中国不可能取得中法战争的最终胜利，事实也是如此。所以他主张弃越保境，以理而不以力与积强的西方斗争。他并未天真到认为西洋各国除通商外别无野心，但西洋各国既十分重视通商，大可借此与之周旋以求自立、自强，至少不要让外人有可乘之机——主战即提供可乘之机。由于中国已经积弱，每战必败，败而失地赔款，既更伤国家元气，又不能改变通商之局。如中法之役，政府及早批准李鸿章的《天津简约》，则同样的结果而代价要小得多。之所以未能及早批准，据郭嵩焘的理解是："聚讼盈廷，无与辨其

---

① 《郭嵩焘日记》，册四，页558。
② 曾永玲，《郭嵩焘大传》，页345。另阅李恩涵，《曾纪泽的外交》，页224—225、238。

是非。"

中法构兵时，朝鲜局势已经不稳，郭嵩焘亦已注意及之，并提出建议，但未生见中日甲午之战。他于逝世前两年，已对李鸿章处置朝鲜的办法有所批评，于致刘坤一函中谓鸿章："稍有乖忤，不自省度以求变通，一意遂非自怙。乃以一时之意气，滋属国之怨望，启强邻之雄心，不能不谓之措置乖方！"他并向刘说，往昔于洋务早与李鸿章辩论，但近年已不复有言，觉得已补救无术，对李有所失望，亦可见诸言表。①

---

① 郭致刘坤一函见《郭筠仙侍郎书札》，页39—40。

第二十八章　晚年心境

江湖之远

　　郭嵩焘定居长沙，不再求仕，真正是告老返乡。不过他身在江湖，仍心怀朝廷，难以或忘国家的忧患、民生的疾苦，以及个人的壮志未酬。

　　这些心情可从他晚年的元旦纪事诗中，略见梗概。光绪七年（1881）元旦律诗首联是："旭日彤霞接建章，尺波迢递隔清湘。"建章泛指宫阙，他虽闲居湖南（清湘），仍忘不了朝廷（建章）。光绪八年的尾联是："乐岁民生凋敝甚，纷纭时局益茫然。"内忧外患之叹，溢于言表。光绪九年的颔联"才尽芳洲鹦鹉赋，梦寒春草鹡鸰原"，乃伤友人以及弟弟崑焘之逝，转而感喟一己身世的苍茫，国家之由盛而衰。光绪十年的颈联"愆阳或恐时多故，构衅仍忧计未全"，则忧虑中法或将因越南开仗。光绪十一年的颔联有云："四时舒惨无全势，半世疏闲是幸人。"显有生不逢时、岁月虚度之感，虽以疏闲为幸，实有遗憾。

　　光绪十二年元旦物华换新，但衰病颓唐，故尾联曰："伤臂未堪拘礼数，强扶衰病整冠巾。"大有来日无多之感。光绪十三年于衰病之中忽惊年已七十，古稀之年益感民生疾苦，颈联有谓："哀鸿转忆流民景，冻雀犹闻报晓声。"他在乡已深感民不聊生的危机。而光绪十四年元旦诗首联则是："郑州八月闻河决，历历忧危逼岁除。"言水灾使老百姓更无以为生，隐寄书空咄咄徒叹奈何之情，遂有尾联："时事正艰身病在，漫天风雪守吾庐。"光绪十五年元旦，他已逾古稀，更加怀念旧时，由于心情不佳，触景生悲，颈联曰："阴久如人无意绪，愁多视岁有乘除。"而此时又闻京师太和门失火，惆怅寄于尾联："太和庆典寒冬火，惆怅祯祥太史书。"光绪十六年的颔联是："饱看世事成今局，不道岁华犹往时。"岂不是江山依旧，人事全非？他对大局看得很清楚，只是人微言轻，无力回天，以致落到今日难以挽救的局面。他已衰老，感伤遍地饥寒，虽有心济世，实已乏力。光绪十七年，他度过一生最后的元旦，仍然照例赋诗，无意间为多年来的心情作了总结。诗曰：

　　　　六十年前辛卯日，人民和乐岁丰穰。
　　　　几经江海怀襄势，化作乾坤战斗场。
　　　　今日朝廷真有道，古来事变渺无方。
　　　　升沉饱历成衰病，回首人间忧患长。

　　六十年前还是道光时代。鸦片战争之前，人民生活仍然和乐丰穰。但历经外患内乱后，面目已非。天灾复为人祸增添历阶，颔联自注曰："道光十年辛卯大水，自嗣东南水患三四十年，中间事变多矣!"道光十年在他看来，实是中国由盛而衰的一个转折点，天灾人祸愈演愈厉，朝廷有道而应变无方，可称反讽。他个人亦历尽沧桑以至衰病，然而仍不能不忧虑来日方长的祸患。① 他的有心乏力感，尤其显露。

他的"有心"为国，颇具信心。他的主张虽然不被采纳，但绝不因社会上、政治上、以及心理上的压力而放弃或修改自己的看法。他在晚年仍然相当坚持己见，不随世俗转移，多少表现出知识上以及道德上的勇气。中俄伊犁事件、中法越南事件期间，他已是在野之身，原可不闻不问，以免沾惹是非。但他不肯自默，积极发表不讨时好的议论，甚至上疏朝廷，直言无忌。他不会不知道清流的权势与声势，却敢独排清流，责其虚骄，不能不说具有"虽千万人吾往矣"的气概。

马江之败后，清廷积极经营海军，但郭嵩焘并不赞成。乍视之，郭氏一生倡导自强，而竟反对建立强大的新式海军，似有矛盾。其实并非如此。他在英国时曾随维多利亚女王检阅舰队，对近代海军有极为具体的印象，当然知道海军的威力。但中国的自强一直没有上轨道，基础未固，即建海军，并不实际。而且海军的建立是要对付西洋，然而他认为西洋各国虽然"负强争胜，怀乐战之心"，但用兵"具有节度，非若前明倭寇豕突狼奔"，海军实非急需。何况中国即有海军，亦不足以

---

① 自光绪七年至十九年，郭氏元旦纪事律诗俱见《郭嵩焘日记》，册四。

抵拒洋人。所以他在致李鸿章函中，有"设防于不相应之敌，耀兵于无可用武之时，徒为戏耳"的话。他认为在那种情况下，花大钱建海军，乃是"徒资纷扰，终无裨益"，还不如保全长江水师，以扼制江河上的盗贼。如果要毁弃水师，营求海军，则在他看来无异"毁弃数十年之成效，营求茫无踪影之富强"，那就太不明理，太不识大体了。① 是以郭嵩焘不主张大治海军，并不是不知其威力与重要，而完全是从实际的观点来考量。譬如沙滩上建筑的城堡，再雄伟，亦必定徒劳无功，经营多年的北洋海军，于甲午一役全军覆灭。若郭地下有知，必有不幸言中之憾。

　　郭嵩焘晚年对于兴筑铁路的看法也趋向务实。他去英国前已主张大修铁路，到伦敦后亲自体会到火（轮）车的便捷，觉察到铁路带来的巨大利益。他的英国朋友斯谛文森极力释说中国急需筑路，并提出详尽的计划书。他自伦敦致李鸿章书中亦提到，英国士绅皆以彼国之富强实基于火车之便利，中国岂能不乘其利？何况中国幅员辽阔，铁路犹如人身血脉，声气相通，除官民不隔，通商利之外，调兵与救灾，皆可朝发夕至。他力斥筑路有害地方风水之说，以为"大谬"！他更指出中国若不及早为之，数十年后洋人必来兴修，将使权利全归于洋人，将无以自立。所以他希望朝廷为了国家的根本大计，断然行之。② 但"断然"并不是"骤然"，他晚年定居长沙时尤注

① 参阅郭寄李傅相书，见《养知书屋文集》，卷一二，页13—15。
② 参阅《伦敦致李伯相》，见《养知书屋文集》，卷一一，页1、5、6。

意及之。郭于光绪十五年（1889）致李鸿章书中赞同修建仅数百里的津通路，认为"深得机要"。他指出泰西铁路公司筑路也是"渐积以成"，中国更宜"渐次推广"，以行一段收一段之利。如果想一举就营治数千里，似乎是在力求富强，事实上是自取穷困。因大举筑路非借洋款不可，而洋债利息不赀，无以善后；更何况"造端宏大，浮费百出"。基于此，他反对张之洞拟修数千里长的芦汉铁路，认为"香帅大言炎炎"，其计划"无一语可为据依"。

立足国情

郭愈来愈感到求富强不能离本，本乃民生风俗。他不相信百姓穷困而国家可以自求富强之理。他也深感考求西法必先考求中国情势。所以他甚是担心张之洞的大举筑路，有违国情，反而乱本误国。① 于光绪十五年之中，他又先后写了《铁路议》与《铁路后议》两文，更系统地说明中国固然必须兴修铁路，但务必循序渐进，断不能急切，而且求"末"须顾"本"，求"利"须计"害"，宜有长远的计划，不能只顾一身一时之利。事实上，泰西各国也是从数十里、数百里到数千、万里，并非旦夕可期。而且西洋国家与人民互利，日渐推广，行之既久，遂为富强之基。若中国殚国家府库兴修铁路以为利，则利未兴而害先见；未睹其利，但见其费。因为只赖国

---

① 参阅《致李傅相》，见《养知书屋文集》，卷一三，页20—23。

家之力，则"力有所不能济，势有所不能周"；何况"通商贾之有无，非能专以国家之力任之"。是以他认为兴修铁路是一项难度较大的长程计划，只能慢慢来。这也就是为什么土尔机（土耳其）、波斯诸国能行较新的电报，尚不能行在电报发明之前的火车。① 郭氏的"铁路观"前后并没有根本的改变，他始终认为铁路是致富强之基，也就是说兴修铁路有其必要性，只是早年一意倡修铁路，晚年注意到修筑铁路的具体问题，认为需要谨慎从事，本末与利害兼顾，并不意味着反对筑路。他所反对的仅仅是竭国家财力，不计后果地大事兴修。

郭嵩焘晚年在思考上趋向稳健与低调，并不表示他思想有本质改变。他仍然深信中国必须走向世界，考求西法，但这一切都需要条件。他晚年触目所见，痛感风俗日益凋敝，民生日益艰苦，根本没有条件追踪西法以寻求富强，所谓"未有人心风俗流极败坏，而可与言富强者也"。② 他在英国时已看得很清楚，西方富强的源头是学问，因而对西方的学校制度特别留心，并请严复代为详拟章程带回中国。但回湘之后，知道要建立西式学校根本是不可能的，即使开办若干课程如数学等，亦遭大忌。士风如此，他晚年办思贤书院也只能着力于整顿风俗与转移风气，不能侈谈其他。光绪十五年（1889）年底，张之洞任湖广总督后，大行西法，开矿、织布、机器、轮船、

---

① 参阅郭嵩焘，《铁路议》与《铁路后议》，见《养知书屋文集》，卷二八，页11—15。
② 郭致瞿鸿禨函，见《中和月刊》，卷六，期一，页25—26。

铁路、办学，不一而足。郭嵩焘对于张氏之"发扬蹈厉"，颇
为赞佩，认为"能有豪杰之风，而所行亦实切要便民"，但是
指出仅仅取法西洋技器，而不考究中外情势与本末以及轻重缓
急之宜，仍非致富强的通途。他认为"泰西富强之业，资之
民商"。可见他虽尚不知资本主义以及资本家之名，已知其
实。换言之，国家的富强不可能只靠官方单干。至于利用机
器，则必须掌握西人机器之法，欲知其法又非广开西学馆
（即洋学校）不可，如此才算有本末次第。他曾明言："制造
之精，竭五十年之力为之，亦庶几什一望见其涯略，若此者，
其源皆在学校，学校之起，必百年而后有成。"① 这不能说是
他思想上的退却，而是必须与现实妥协。

治河献策

中国既尚不足以言治本，只能治标，很可说明郭嵩焘晚年
的心境；治标是济急，他晚年感到最急的是民不聊生，不仅仅
是苍生何辜，而且必将动摇国本。光绪十三年的黄河泛滥尤其
使他触目惊心，那不啻为已经艰苦的民生加雪添霜，他因而将
相当大的心力放在河务方面。他特于十月二十日过访湖南巡抚
卞宝第"谈河务机宜"，并代卞拟河务疏稿。他最担心泛滥的
河水，更将挟淮河以入长江，使江南财富之地也遭到糜烂。所
以他恳请朝廷明谕各督抚"通筹熟计，屏除意见，期使军民

① 参阅郭致李鸿章函，见《养知书屋文集》，卷一三，页17—19，另参阅页
37—39；《郭嵩焘日记》，册四，页19。

人等同怀救灾纾难之心，至诚恻怛，以答天变。开浚堵筑，通力合办，庶使工程尽归实际。亦可限立期程，以求迅速蒇功。东南大局，幸获保全"。

他提出的办法不是堤防而是疏浚，计划别开一河以引河水。[1] 他又四次致书曾国荃，两次致书李鸿章，三次致书曾纪泽，一再关怀河务，并提出很具体的建议。他认为可将漫水引出扬庄，修复黄河故道以出海，征发湘淮各防军以开浚河道，并招集被灾之民，以工代赈，庶可节省经费而致实效。他更进一步提出用西洋疏河机器如刮沙船（挖泥船）等来整治河道，并请曾国荃与善治水的西人计议疏浚的方法。他对于朝廷只知筹赈灾民与堵塞决口的做法，颇为焦虑，认为当局于治河方略必须通筹熟计，结合数省官民之力，以图补救，才是有效的长久之计。[2] 他远居湖南，又不在其位，而对黄河决口表示深切的关怀与忧虑，并竭力提供意见，无非是激于民生疾苦，不忍旁观的心情。

应酬之苦

光绪六年庚辰（1880）正月初二，郭嵩焘回长沙定居后不久，于答老友朱克敬（香荪）诗中有句："为语故人知老

---

① 参阅《郭嵩焘奏稿》，页412—415；《郭嵩焘日记》，册四，页746，另参阅页787、797、818。
② 参阅郭致李鸿章、曾国荃、曾纪泽函，见《养知书屋文集》，卷一三，页1—17。

态，焚香一室坐摊书。"① 其实他归来之后到逝世，并不能平静地坐拥书城，原因之一是应酬太多，上至巡抚、官绅，下至亲戚、朋友，无法摆脱日常的往来。他虽一再抱怨应酬之苦，却又不免从俗，足见他无论在心灵上或身体上仍不能超越时代的羁绊。此外，他还有不少自愿来往的朋友。远在天津的李鸿章常与他通信，屡及公私事务，可见他俩关系甚是密切，实不能以湘淮来区分李、郭。经常不在湖南的湘籍大员如曾国荃、刘坤一等，也与他音信互通，几无话不谈。郭嵩焘留下已刊、未刊函件不少，然按诸他的日记所载，可知留存的仍是少数，他一生花在写信的时间，显然十分可观，虽自知"终日会客，并复此无谓之信，人世如此，真是虚度岁月矣"，但亦无可奈何。

在长沙常与他来往的老友有朱克敬（香荪）、王闿运（壬秋）、张自牧（力臣）、黄彭年（子寿）、李元度（次青）、王先谦（益吾），较年轻而特别敬重的有陈宝箴（右铭）。他赴英前在湖南即已结识宝箴，自英返湘后过从更为密切，谈话甚是投缘。及宝箴的儿子三立（伯严）长大成人，也受到郭之激赏，尤推重其文才。郭尝谓："陈伯严、朱次江，皆年少能文，并为后来之秀，而根柢之深厚，终以陈伯严为最。"朱次江则是朱克敬的儿子。光绪十二年（1886）十一月，陈宝箴赴粤东就职，郭嵩焘为之饯行。宝箴虽行，三立仍住长沙，与郭成为忘年之交，经常会饮聚谈，时相通问。郭因而也结识了

① 见《郭嵩焘日记》，册四，页2。

陈三立的好友萍乡文廷式（道希）。瞿鸿禨（子玖）则是郭之门生，后来官至尚书、协办大学士，也是郭晚年的密友。郭嵩焘有许多颇有才具的年轻朋友，不仅来往无忤，而且彼此尊敬，可称佳话。

身家之厄

郭嵩焘回国定居长沙后，仍然经常在湖南省内旅行，尤其是往返于湘阴老家与省城长沙之间，但十多年间未再出湘境一步。他的晚年并不能说是寂寞，事实上他的活动不少，关心的事更多，但情绪总是郁结不展。陈宝箴无疑是郭之知己，故在回函中劝郭"借蒙庄达观之说以养太和，本孔孟救时之心以持正论，并行不悖为宜"①。宝箴知郭不能或忘救时之心，故劝他借道家的达观作为平衡。不过郭的心情不佳不仅是忧世感时，或叹息湖南省运的日蹙，而且也颇为忧伤一己的身家。

他的两个弟弟崑焘（志城）和崐焘（意城），与他很亲近，先后于光绪六年的正月与光绪八年的十一月逝世，而侄子健甫又先一月病逝，使他痛感家运的凋零。他的元配陈夫人早亡，留下三女一男，唯一的男孩长子刚基，才学受到曾国藩的赏识，并将女儿纪纯嫁与，而刚基却于同治八年二十多岁年纪突然得病去世，使得郭嵩焘在晚年仍然不能忘此伤痛，如光绪

---

① 见《郭嵩焘日记》，册四，页11。

六年十二月初四已是刚基第十二年忌日，仍然"念之凄然"。①
刚基虽遗下二子本谋（顺孙）与本含（多孙），但毕竟好像缺
了一代，呈青黄不接之势。郭嵩焘虽于同治十一年（1872）
与婢女冯氏生子立煇（炎生），光绪四年（1878）在伦敦时与
梁氏生子立瑛（英生），但这两个儿子的年龄比两个孙子还
小。英生年纪尤小，至光绪十五年的二月才行加冠之礼。以垂
老之年，还要照顾儿孙入学、应考诸事，其心情之焦虑不安可
以想见。故郭早将产业分为五份，自留一份，两子两孙各一
份，让他们"各自历练，知所循守"。②

　　郭嵩焘回国后称病乞休，并不是装病。他于出国之前已感
衰病侵寻，任职英法期间亦不时有病痛，但是这些病并无大
碍，亦未严重妨碍职务。他返国时的身体状况自亦不会严重到
不能赴京供职，主要还是"政治病"。他固然雅不欲与刘锡鸿
同列朝班，也极瞧不起权臣如李鸿藻、沈桂芬之流。既知郭氏
心境，不再出仕是必然的。他在长沙住下来，活动也不少，主
持讲舍，撰写志书，讨论时事，更有没完没了的应酬，身体时
好时坏，并无太大影响。光绪六年（1880）重九登高，虽觉
"吾衰世事百无营，但对黄花尚醋酒"③，仍时常会饮宴酌，出
访受访。较为严重的病症初发生于光绪七年七月的中旬，他突
感头昏目眩，通体为之不适。此时他的长媳曾纪纯初丧不久，

---

① 《郭嵩焘日记》，册四，页125。光绪九年又谓："是日为麓儿忌日，只益此心
　　之悲悼而已。"（页441）
② 见郭嵩焘，《玉池老人自叙》，页35—36。
③ 见《郭嵩焘日记》，册四，页111。

以衰病之躯不断为妻妾子辈营葬，于墓地上北望湖山，不禁大增凄恻，身心俱感不支。所幸此病并未转剧，翌年开春遂有岳阳楼之游，"多病微躯" 犹能 "清湘一棹"。

　　光绪九年重九，循例出游，游客已大都比他年轻，颇有 "客尽英年我白头" 之憾，但依然可与少年们一尽狂兴，乘春令寄讴。两年以后的十一月里，他的身体还允许主持宗祠大祭；然而就在这年年底，他不慎误触门限，跌倒于地，头额臂腕都受到伤害，休养了好几个月才复元。至光绪十二年五月，他已能携在伦敦出生的英儿到浩园夜酌，以及到城外的开福寺赏荷。开福寺在紫微山上，后有碧湖。这一年的重阳，寺僧召开碧湖诗会，到会的诗友席开三桌。除郭氏父子外，还有陈三立、文廷式、朱次江（克敬子）、曾重伯（纪泽侄）等人。[1]

多寿多辱

　　光绪十三年（1887）是郭嵩焘的七十岁大寿。他的生日是农历三月初七，历年都有庆贺，何况大寿。他虽不特别喜欢铺张，然亦无法免俗，故 "自笑生辰受贺，亦至不能自主"[2]。七十大寿自然更不能自主，三月初一已有亲友存问，并致送厚礼。初三日，陈三立邀集三十余人为碧湖修禊之会，分韵赋诗，以示庆贺。初五日，老友曾国荃送来十分厚重的寿礼。湘

---

[1]　参阅《郭嵩焘日记》，册四，页 200—237、280、353、374、420、596、603、632、659。

[2]　见同上，册四，页 29。

阴县小同乡来贺寿的更有数千人之多。初六暖寿，两宅席开八桌，女席亦有四桌，另外在玉池别墅布置了彩灯。初七寿辰，亲友相集称庆，又少不了准备宴席，招待来宾。贺客自巡抚卞宝第以下，官绅到者约有三百余人。翌日，巡抚以下文武官员又来登门贺生，郭嵩焘一一回拜，并顺道赴城里老辈处答谢。初九日仍治馔八席接待贺客。① 十二日那天，他在伦敦任公使时的部属姚岳望（彦嘉）专程从江南赶来拜寿。此日又治八席，答谢包括姚氏在内的宾客。

七十岁的郭嵩焘周旋于宾客之间，虽略感厌烦，然身心均还能应付。不久之后还有传言说他即将奉诏再度出山呢!② 在当时的环境与条件下，七十确已是古稀之龄。郭氏一门活到七十者似乎仅嵩焘一人，他的元配陈夫人、长子刚基、长媳纪纯、弟弟崑焘和嵛焘，以及出生不久就夭折的孙儿女等等，都先他而逝。他辞世前二十余年几乎不断地办丧事，常来往于长沙与湘阴之间，相地营葬，既伤感又烦人。郭嵩焘显然对墓地的选择十分重视——讲究风水，早已是当时社会的风俗习惯，不能简单地以迷信为说。

光绪十四年（1888）年底之前，郭嵩焘的健康情况仍然没有恶化，并无严重的病痛。四月间友人推荐一位有名相士，号称黄铁嘴。郭氏对算命这一套"极不谓然"，然而在家人的怂恿下，也就随俗让铁嘴批命。黄说是"此命终身劳碌，不

---

① 参阅《郭嵩焘日记》，册四，页694—695。
② 参阅同上，册四，页693—696、720。

为自己，专为他人。生平汲汲养老者，顾少者，专为人所倚
靠，不能依靠别人，此债恐未易了。尚须十余年劳心费力，无
有安享之日。若肯求功名，无难出将入相，却偏是恬淡不顾功
名"①。这不过是泛泛之词，更何况以郭门在当地的名望，铁
嘴岂能不知一二内情，至于说郭氏会再活十余年，事后看来显
然不准。当时郭嵩焘听到这一番话，不过是"怃然一笑"。怃
然者，心有戚戚焉——虽姑妄听之，自觉颇符合生平际遇，故
记下这一条。但到这一年的十二月二十三日他突然腰痛大作。
旧无此症，忽得之，大有"老态逼人之感"，己丑元旦遂有
"阴久如人无意绪，愁多视岁有乘除"之句。七十二岁生日前
又因伤风不愈，引发剧烈的咳嗽，生日实在病中度过。三月十
日咳了一晚上，不能入寐，在汗流浃背中，他作了这样一首诗：

> 成仁取义生平志，老死柴门亦数然。
> 岂分三医连四表，竟愁一药送余年。
> 惭无身后完存稿，尽有人间未了缘。
> 家国友朋多负负，来生犬马志犹坚。②

　　通篇充满自知不起的预感。他久咳不愈，自觉病症日深。
老友陈宝箴家学渊源，通中医之学，特来视疾，并为诊脉。郭
氏本人亦略通医术，认为"所言脉息，言人人殊，而右铭

① 见《郭嵩焘日记》，册四，页 782—783。
② 诗见《郭嵩焘日记》，册四，页 845。

（宝箴）为最近理"。脉息言人人殊，乃诸医的意见不一，郭氏疑虑之余，遂决定听从陈宝箴的说法。宝箴于赴平江展墓之前，偕李冶凡同来诊脉多次。但病势似乎依然纠缠不已，孙子本谋的北行计划也遭搁置。郭于步和王先谦（益吾）的诗句中表达病愈的愿望："欲提铅椠从求字，愿向穷苍更假年。"六月初他的足心又肿烂，已完全不能应酬见客。六月二十五日夜半突发高烧，又因咳嗽结胸，竟夕昏迷，病势似甚危急。王先谦特荐邹瑞臣大夫来看病，郭氏颇感满意，认为较其他医生为好。此时陈宝箴自外地回省，当晚即到郭家探视，叙谈良久。此疾缠绵数月，到八月间才好转，孙子郭本谋遂于九月初三乘船北上。[①]

郭嵩焘这场病既久且险，屡濒于危。他自感"暮景日迫"。七十岁以后，恐没世而志事不彰，乃开始写遗言与自叙，即后来问世的《玉池老人自叙》。病后的九月中写自叙补记时，不免有死生难以捉摸之感。他还算想得开，自感平生无多遗憾，尽"当与草木之荣落、逆旅之去来等量齐观"[②]，颇具道家观空的胸怀。

他于病后，雇船赴湘阴老家看视；又恢复应酬与诗酒唱和，又对国事忍不住要关心。他先后写信给李鸿章讨论铁路；与湖南巡抚王文韶论轮船；与瞿鸿禨论财政。他又重新过晚年

---

① 参阅《郭嵩焘日记》，册四，页847—853、859、864、867、871、877。《郭筠仙手札》，《中和月刊》，卷三，期一，页15—16。
② 见郭嵩焘，《玉池老人自叙》，页1—2、32—33、42—43。

的正常生活。

天丧斯人

光绪十六年（1890）庚寅元旦，19 世纪 90 年代的开始，郭嵩焘再度亲自前往曾文正公（国藩）与王船山（夫之）的祠堂去行礼如仪。这一年七十三岁生日，依然是致贺者纷至沓来。三月初七那天，贺客盈门约二百余人，郭嵩焘"倥偬竟日"，显然尚能周旋应付，并无病象。就在他生日前几天，听到五十多岁的曾纪泽在京病故，大出他意料之外。几个月之后，与他有数十年交谊的朱克敬（香荪）亦突然逝世，使他更不胜伤感。他本人恶疾复发则始于光绪十六年的六月下旬，他的额与鼻生了恶疮，牵及两眼，导致头顶昏痛。他自觉"老年患此，恐非佳兆"，果然疮不仅未消且有剧增之势。在枕上吟诗，有"七十二龄吾数定，支持岁月要工夫"之句，感到此病较去年之大病更加沉重，念及"膝前两稚零仃甚，地下知吾瞑目不"，则既惧复悲矣。七月十日晚上，养知书屋奉接祖先，郭嵩焘满面膏药，已不能行礼，只好由儿子立辉代替。至中秋节前夕，病情虽未痊愈，但略有好转。十月为孙子本谋办婚事时，仍然不敢接见宾客。十月十一日为曾国藩八十冥诞，他参加了公祭，并留浩园与王先谦等友人会饮，可见体力已逐渐恢复。两天之后雇船往湘潭一趟，十八日回到长沙，听到曾纪泽的枢船刚到，还亲自登舟吊问。二十七日又北上湘阴展墓，率儿辈至祠堂行礼。十一月初九返长沙时，欣闻刘坤一（岷庄）补授两江总督，陈宝箴放湖北臬司。十二月初七日刘坤一来长沙，郭访之于舟次。十四日访陈三立，知乃父宝箴已接印视事。到光绪十七年的元旦，郭嵩焘虽然衰病不堪，还能主持元宵家宴，并筹备儿子立辉的婚事。[①]

但二月一开始，病情即恶化，而且日见沉重，遂写定遗言。这一年的三月初七生日，亦以病谢客。虽设寿堂，但不准贺客入内面祝。初十日下午他忽患寒厥，惊惶不已。此后在咳嗽剧增下，为立辉完了婚。到三月底，他的体重已由去年的一百八十斤降为九十斤，正好瘦了一半，已到药石罔效的地步。他的家人于束手之余，只好去求广济真人的神方，服用神水，推荐道士。儿子立瑛还去充龙王出巡的护卫。这些事不能简单地以迷信视之，原是在无可奈何之中，表达一番心意，希望精诚所至金石为开。郭嵩焘岂信神方可以治病，只是不愿拂家人的孝心而已。至五月中旬干咳气喘，已成痼疾，群医束手。他亦略知医理，在他看来，群医的医理实在并不高明。五月二十七日，他已无复求生之望。他的《枕上作》："命在须臾病已深，医家首难祸侵寻。强持残骨侵晨起，要识坚强笃老心。"可作临终诗读。六月初六已不能写信，只好口授孙子。躺在床上，虽是夏天，仍着重棉，可见虚弱之甚。他在十二日写完最后几行日记后，于六月十三日（1891 年 7 月 18 日）一瞑不视。遗言："三日成服，传知本家及一二至亲，并于灵前行

① 参阅《郭嵩焘日记》，册四，页 907、912、918、924、942、945—948、951、955、957、965、967、968、972、973、975、979、980、988。

礼，其他亲友概不通报。"①

　　由于不通报，王闿运迟至六月二十一日才知筠仙之丧。②
郭氏死后，知郭颇深的直隶总督李鸿章于七月二十五日奏上郭
嵩焘学行政绩，请宣付史馆立传，并请赐谥。鸿章推重备至，
特别表彰郭平定太平天国的功劳，有谓："勘定以来，论武勋
者，盛称曾国藩、左宗棠，而二臣之起，则该侍郎实推挽之。
至创'厘捐'以济师，练战船以剿贼，尤为兵饷大政所系，
皆事成而不居其功。"③ 即此军功，就应立传赐谥，何况李鸿章
更以其身份地位赞誉不遗余力。然而朝廷仍诏不准立传赐谥，
理由是："郭嵩焘出使外洋，所著书籍，颇滋物议。"④ 清廷立
传赐谥是要提供行为的楷模，郭氏不合时宜的议论，遭到广泛
而恶毒的攻击，朝廷又何敢立他为楷模？郭嵩焘要走向世界，
但出世过早，没有跟从的人。但他颇有自信："流传百代千龄
后，定识人间有此人！"⑤ 其实，不到百年已有人识，何必千龄？

　　光绪十七年的重九那天（1891 年 10 月 11 日），郭嵩焘葬
于湘阴县东七十里老冲坡之飘峰。他生于湘阴，葬于湘阴，活
了七十三年两个月零两天。

---

① 参阅《郭嵩焘日记》，册四，页 991—994，996—1003，1006—1011；郭嵩焘，
　　《玉池老人自叙》，页 1—3；《养知书屋诗集》，卷一五，页 16—17。
② 王闿运，《湘绮楼日记》，册八，页 2090。
③ 详阅李鸿章，《李文忠公奏稿》，卷七二，页 25—28。鸿章所言，与郭氏《玉
　　池老人自叙》，基本相同，唯《玉池老人自叙》中谓李鸿章之出任将相，亦
　　由郭"为之枢纽"，见《玉池老人自叙》，页 6—7。
④ 见《清德宗实录》，卷二九九，页 17。
⑤ 见郭嵩焘，《养知书屋诗集》，卷一五，页 9。

第二十九章　走向世界的挫折

中日异同

19世纪西力东侵，欧美人挟其坚船利炮以及商业资本，打开亚洲的门户，其势如惊涛骇浪，莫之能御。亚洲国家仓猝应变，无论在武备与心理上均不足以应对此一史无前例的巨变。今日回顾历史，东亚二国——中国与日本——虽同在外力侵逼下起而应变，日本的应变能力显然大大超过中国。咸同中兴尚在明治维新之前，然而明治维新三四十年后日本跻身于世界强国之林，而同光自强运动三四十年后却是甲午惨败以及庚子国变。中、日同被西方势力逼向世界，追求富强，日本的成功，更衬现中国挫败之甚。

无论成败，各有原因可说。德川日本虽然锁国二百余年，但兰学一线从未中断，故明治之前西学已有基础。而其封建制度亦有利于应变，如德川幕府应变不利，而长州、萨摩诸藩应变较顺，卒于美国兵舰示威江户湾，受辱之余，发动尊皇攘夷的倒幕运动，明治天皇收还版籍，中央一统，开创了明治维新，走向世界的新局。中国情况则正好相反，西洋教士虽早于明末来华，然自雍正禁教之后，中西文化实已隔绝，至鸦片战争，中国对西方的认识仍甚浮浅，而满清中央集权颟顸无能，既难应变，又无可资应变的地方势力。太平天国之起，固无助于应变，内乱更助长外患。所谓中兴，实在有名无实，无论宗旨与规模，全不能与明治维新相提并论。中、日之间一败一成，诚非无故。

郭嵩焘一再感叹中国自鸦片战争以来，由于不明洋情，不知如何应付洋人，以致屡次延误，使洋务愈来愈难办，国家也愈来愈艰危。这也就是说，中国应变愈早，自强的胜算愈大：不仅仅是因中国的国势日绌，而且是因列强的侵略性日增。这个"时机"问题，颇值得一究。1848 年（道光二十八年，鸦片战后五六年），欧洲革命导致三十三年西方旧秩序的解体；革命虽不成功，但列强必须重组均势。洪秀全金田起义时，英国仍是唯一的世界性工业国，法国的工业力限于欧陆，俄国尚落后，美国更不足道，日本仍在闭关，而中国正遭遇到空前的内乱，坐失应变自强的良机。同治中兴尚未为晚，但已力不从心，见识亦不够。及光绪初年以后，德国崛起，危及均势，引发列强争霸，英、法、德、俄诸国分向海外扩张，争夺殖民地，以充实一己的资源与声威。日本约同此时维新，效法列强，不仅免于受害，反而有余力伙同西洋侵略，而中国正首当其冲。

郭嵩焘出使英、法时，颇注意俄、土战争，知道西方列强中，英、法为友邦，德、俄为友邦；回国途中更忧虑日本之起，类此都可见他对世界形势有基本的认识。他还注意到柏林会议，此一会议的结果又暂时恢复了列强的均势与国际和平。但郭氏回国后竟投闲置散，对世界的看法亦不被决策者重视，清廷的应变仍然无方，妄想与霸权力拼，以致藩邦与利权大量丧失，而又无可奈何。于郭嵩焘逝世前后，中国即将面临列强瓜分的危机，康有为正极力奔走呼号变法。变法之紧急，正可见国家之危急，已到崩溃的边缘。

近代化之惑

然中国之所以如此，论者每归咎于以天朝自居的政治立场，以及文化大一统概念下的拒外观点，而又以此政治与文化观点，来自两千余年的儒家传统。传统阻碍现代化，传统文化与现代文化不能并存之说，遂甚嚣尘上，认为非彻底打倒传统，全盘西化，中国不足以言现代化。此种议论自"五四"以来，余波荡漾，迄今未竭。

但是近三十余年来，世界各地学者研究传统社会的现代化，发现传统与现代化并不一定是对立的，有时传统因素颇有助于现代化的发展。就以日本而论，如德川时代儒学中的伦理价值，对于日本近现代的经济发展，大有助益。同一儒家传统何以有助于日本，而有碍于中国？两国政治社会环境不同，自有错综复杂的原因可探，然而中国走向世界的挫折仅以传统与文化为说，已显得空泛不实。

郭嵩焘生长于此一挫折时代，他以百无一用之书生对国家与人民的遭遇特为敏感，而且慧眼独具。我们不妨从他的眼光来探看此一问题。无论他的出身与教育，都属当时的主流。他亦以儒学自任，并对礼学有深入的研究。尽管许多保守派将他视为离经叛道之人，但他从未自认为儒家叛徒，事实上亦从未向儒学挑战。至少深厚的儒家背景并未阻碍他认识西方，走向世界。在他看来，向西方学习的主要障碍是南宋以来虚骄的士风。南宋以来的士大夫阶层，固然大都信奉儒教，但虚骄之气显然是一种社会风气，未必扎根于儒家经典。风气之形成，有其时代背景。自两宋以后，中原与草原之间的关系日益密切；元、清两朝，即由边疆民族入主中原而兴建。士大夫高唱夷夏之辨，引发情绪性的反应，一反汉唐时讲究理（接之以礼）、势（备而守之）的政策，而"务为夸诞"，竟侈言用兵于靖康、绍兴积弱之后。

士风之弊

郭氏指出，史家班固曾说，文人多主和亲，武人则多主征伐；但宋、明以来，言战者却大都出于文人，议论繁多而不切实际，甚至轻易开启衅端，使曲在我而不在彼。所以他撰写《绥边征实》一书，以检讨从秦汉到明代的"边防战守之宜"，突现其得失成败，以明"兴衰治乱之大原"，"砭南宋以后虚文无实之弊"。[1] 惜《绥边征实》书稿未出，仅存序文。

---

[1] 参阅郭嵩焘，《养知书屋文集》，卷三，页15—17。

郭写此书，显然有借古讽今的意思。杨联陞指出，郭嵩焘从未把洋人比作牲畜；古人将夷狄视若牲畜，因夷狄野蛮而无文明，而郭氏认为洋人的文明实已出中国之上。[①] 杨氏又说郭氏主张传统的羁縻政策，其实郭氏曾一再明言，洋人绝非传统的夷狄之比，西洋文明固高，其各国之主要目的在于通商，不似旧时夷狄的狼奔豕突，是以他有"西洋之入中国，诚为天地一大变"之说。情势既然大异，古代的政策无论攻伐与羁縻，都不足有为。他之所以要征实过去的绥边政策，正欲揭出南宋以来的虚骄士风。那种虚骄在宋、明时代，已足招祸，何况与坚船利炮的洋人对抗？势必每况愈下。

然而他亲见的士风，其虚骄较宋、明有过之而无不及。明明弓箭不敌枪炮，在朝的官吏、在野的士大夫仍然轻易言战，而郭之剀切避战之论则被视为大逆不道。郭氏逐步发现好战与排外的士论并非单纯的忠愤之气，且兼有迎合当时国人因列强侵略而导致的仇外心理，以自鸣高，以博取时誉。士论不惜动用一切可资利用的传统资源，诸如《春秋》大义、华夷之分、君父之仇、国体等等，以气势慑人，压制理势（郭氏特别强调理势），甚至挟制朝廷，影响决策。这似乎是传统文化在作祟，其实是虚骄之辈利用了传统文化。这种虚骄，既不明理势，亦不讲是非，甚至只为了个人的名利，在郭氏看来，真可说是具有叵测的居心。

---

① 参阅杨联陞，《国史探微》，页 18—19。

传统之累

在此又牵涉到一般官吏与士大夫的品质问题。他们在郭嵩焘眼中，只能代表传统中国的衰落，正可与当时日见败坏的吏治相印证。他因而颇怀念康乾盛世，哀伤道咸以降的式微。他接触甚广，自感衰世的景象触目皆是，最具体的表现，乃是整个风俗的堕落。郭氏所谓风俗，与人心是紧密相系的。人心变得险诈、自私、不明是非，蔚然成为社会风气，便会影响风俗的纯正。风俗是整体的，一旦败坏，官贪民穷，盗贼四起，社会上一片乱象，又何以面对三千年未有的巨变？

郭嵩焘被称为洋务派。的确，他对于洋务的识见高人一等，但他对"内务"更是洞若观火。当时的保守派耻谈洋务，洋务派忽视内政，而郭氏不仅将洋务与内政连接起来，而且认为内政若不能整顿与振作，花力气搞洋务亦是枉然。他赞同知交良友刘蓉所谓："非英夷之能病中国，而中国之自为病耳。"[1] 他晚年愈来愈感到悲观，即有鉴于人民风俗日恶，吏治益坏，百姓愈贫之故。换言之，自强大业要由烂摊子来撑，无论如何是撑不起来的。就此而论，以郭氏之见，中国走向世界的挫折除因对西方世界的认识不足外，更由于传统政体与社会之衰弱，以致无力应变。言及无力应变，李鸿章于复郭嵩焘函中提供了最显明的证词：

---

[1]　见刘蓉，《养晦堂文集》，卷三，页1。

自同治十三年海防议起，鸿章即沥陈煤、铁矿必须开挖，电线、铁路必应仿设，各海口必应添洋学、格致书馆，以造就人才。其时文相（祥）目笑存之，廷臣会议皆不置可否，王孝凤、于莲舫独痛诋之。曾记是年冬底，赴京师叩谒梓宫，谒晤恭邸，极陈铁路利益，请先试造清江至京，以便南北转输，邸意亦以为然，谓无人敢主持。复请其乘间为两宫言之，渠谓两宫亦不能定此大计，从此遂绝口不谈矣。①

连垂帘听政的太后以及恭亲王都无办法，可见传统政治中的腐败力量已达到足以遏制改变以求自存的地步。所谓阻力，乃系传统中的腐败力量，而非传统中的积极因素。挫折亦因而是双重的。

内部的腐败与对外的无知又互为因果，虚骄很容易一泄无遗，成为泄气，清流如张佩纶诸辈于中法战争前后的表现可为明证。这些士大夫"始则视之（洋人）如犬羊，不足一问；终又怖之如鬼神，而卒不求其实情"②。而仇外与排外亦很容易转化为惧外与媚外，因同属无知的情绪化表现。郭嵩焘目击平昔排外的总督瑞麟见到洋人倒地便拜，可借此一叶而知秋。郭氏肯定甚至赞美西洋文明的言论，固易被本国人斥为媚外，其实颇具胆识。我们从郭氏一生可知，他冒大不韪向国人称道西洋，原想要国人认清西洋，以知彼知己；而与洋人交涉时却

---

① 见李鸿章，《朋僚函稿》，卷一九，页12。
② 赵烈文语，见陈乃乾，《阳湖赵惠甫（烈文）先生年谱》，页29。

表现得不惧不媚，且常据理力争。无论据理力争或赞美外国都
出之于理性，与出于情绪化的言行恰恰相反。他一再要求国人
循理，但国人一直无法摆脱情绪的纠缠。走向世界之路，亦就
步步荆棘。

孤勇者

郭之循理思想主要来自传统，甚至可以说是受儒家教育的
影响，足见传统其一，用之迥异而已。郭之生平际遇自有助于
其识见。他亲身体验到鸦片战争，洞察西洋的坚船利炮，及见
洋人主要目的在于通商，乃警觉到大变局的来临。所谓变局，
就是通商之局。中国正宜迎合此局而谋求自强，不应以力拒
之，实亦无力拒之。是以他早于咸丰年间即已获致"战无了
局"的结论。他一意主和，引起当时以及后世的误解最多，
甚至被讥为怯懦的投降主义者。但是主战的结果又如何？如英
法联军之役、中法越南战争，以及中日甲午战争，只会使中国
损失更重、屈辱更深，尚需割地赔款。

郭嵩焘并非不知帝国主义的侵略性，他只是看准列强重
商，为了商业利益，并不想轻易开启战端，中国正可尽量维持
和局，从中把握自强的时机。此种考虑的确是很理性的，但是
由于外国侵略在中国所产生的激情，国人很难接受理智的引
导，而郭氏生平的逆遇即多与此有关。郭嵩焘同时代人中，当
然还有一些颇能以理智看清时局者，认为中国必须走向世界，
如年龄较长的冯桂芬，同辈中的王韬、郑观应，以及晚辈严

复，都能洞悉西洋长处。王、郑、严等见解较郭尤为激进，但由于人微言轻，在当时并未受到注意，王、郑尤被视为通商口岸的"边民"（Marginal Men），自远不如兵部侍郎以及驻英、法公使之一言一行，受到士大夫们的重视。因重视而受到强烈的抨击，在当时可说绝无仅有，郭几乎难于自存。不过从另一个角度看，亦正见其在当时的一点影响力——反弹的强度应与冲击的强度成正比！从长远看，中国终于走向世界，郭氏所发的一点冲击，应多少有些贡献。

与郭嵩焘同时的政府中人，如李鸿章、沈葆桢、丁日昌等，均以洋务见称，官位甚至比郭更大，影响力比郭必然有过之而无不及。但是他们的洋务仅止于坚船利炮的自强，一意欲以洋枪洋炮来巩固既有体制。郭则进一步涉及体制的改革，并且批评到传统士大夫的灵魂深处。他又不避赞美西方之讳，而且择善固执，于私函中自谓，虽"谤毁遍天下，而吾心泰然"，因自觉"所犯以骂讥笑侮而不悔者，求有益国家也"。于此可见李、沈、丁辈虽亦遭世诟骂，远不如郭之甚，并非偶然。而郭氏执着之深，正见其信心之坚。当时人觉其独醉而众醒，但今日视之，实众醉而斯人独醒！

郭嵩焘确是那个时代中，最勇于挽澜之人。我们追踪其人，印证其时、其地，很可觉察到此人的孤愤与无奈。他的思想过于先进，同时代人鲜能接受；他的个性貌似恭俭，实甚自负与固执，以至于被视为易遭物议、性格褊狭之人，终身受挫。其实他一生有很好的人际关系，不仅与曾国藩、左宗棠有亲密的关系，而且得到咸丰皇帝、慈禧太后，以及恭亲王奕䜣的赏识。但这些关系，由于他的思想与个性，对他没有多大的帮助，左宗棠更极力相倾。至于一挫于僧格林沁，二挫于毛鸿宾，三挫于刘锡鸿，更与他的思想与个性有关。唯一欣赏他而且想帮助他的是李鸿章，但即使以鸿章之显赫，亦有爱莫能助之憾，无法用其才，只能维持较为密切的私人关系。总之，郭嵩焘作为一挽澜者，不仅未能起中流砥柱的作用，反被浪潮席卷以去。今日过了一个世纪，寻看古人遗迹，不能不欣赏这个当时的弄潮儿。这个弄潮儿的挫折，很可说明那个挫折的时代。

参考书目

一、郭嵩焘本人著作

《郭嵩焘日记》，四册，长沙：湖南人民出版社，1981—1983。

《使西纪程》，二卷，小方壶斋舆地丛钞本，第十一帙，页146—159，清光绪十七年。

《养知书屋遗集》，三函，台北：艺文印书馆仿印光绪十八年木刻本，内含诗文集与郭侍郎奏疏。

《郭嵩焘奏稿》（杨坚校补），长沙：岳麓书社，1983。

《郭筠仙侍郎书札》，一册，散原老人旧藏，台北：故宫博物院印，1979。

《郭嵩焘致张自牧等函》，载《清代名人手札》，上册，北京师范大学出版社，1987。

《郭筠仙手札》，载《中和月刊》，一卷一二期，1940；六卷一期，1945。

《郭嵩焘伦敦致总署函札》（十六通），未刊，北京：中国社会科学院近代史研究所收藏。

《玉池老人自叙》，一卷，光绪十九年养知书屋锓板，台北：文海出版社影印。

《大学章句质疑》，一卷，光绪十六年思贤讲舍刊本。

《中庸章句质疑》，二卷，光绪十六年思贤讲舍刊本。

《史记札记》，五卷，台北：世界书局排印本，1974。

《礼记质疑》，四十九卷，光绪十六年思贤讲舍刊本。

《湘阴县图志》，光绪六年湘阴县志局刊印。

《湘阴郭氏家谱》，咸丰七年本。

二、论述郭嵩焘作品

尹仲容创稿，郭廷以编定，陆宝千补辑《郭嵩焘先生年谱》，二册，台北：中央研究院近代史研究所专刊，1971。

曾永玲《郭嵩焘大传》，清史研究丛书，沈阳：辽宁人民出版社，1989。

黎志刚《郭嵩焘的经世思想》，载《近世中国经世思想研讨会论文集》，台北：中央研究院近代史研究所编，1984，页509—530。

钟叔河《论郭嵩焘》，载《历史研究》，1984 年 2 月，总167 期，页117—140。

马春庆《郭嵩焘思想评价》，载《文史哲》，1987 年 7 月，总181 期，页59—93。

马惠莉《论郭嵩焘的中西文化比较观》，载《学术月刊》，1987 年 10 月，总221 期，页61、69—74。

黎泽济《郭嵩焘和肃顺的关系——对清史稿的一点质

疑》，载《学术月刊》，1988 年 9 月，总 232 期。

熊月之《论郭嵩焘与刘锡鸿的纷争》，载《华东师范大学学报》，1983 年 12 月，页 67、75—81。

熊月之《论郭嵩焘》，载《近代史研究》，1981 年 4 期。

杨坚《关于郭嵩焘日记》，载《中国历史文献研究集刊》，2 期，1981 年 12 月，页 222—234。

王栻、孙应祥《论郭嵩焘的洋务思想》，载《南京大学学报》（社科版），1981 年 8 月，页 59—67。

陆宝千《郭嵩焘》，载《中国历代思想家》，第四十四册，台北：商务印书馆，1979。

汪荣祖《咸丰年间郭嵩焘的江南之旅》，载《历史月刊》，7 期，1988 年 8 月，页 112—117。

柳定生《郭嵩焘传》，载《史地杂志》，1937 年 5 月，页 35—41。

陆宝千《郭嵩焘之洋务思想》，载《广文月刊》，卷一，3 期，1968 年 12 月，页 16—33。

陈华《郭嵩焘之出使英法》，载《历史政治学报》，1947 年 6 月，页 57—65。

彭泽益《郭嵩焘之出使西欧及其贡献》，载《中国近代史论丛》，第一辑，第七册，台北：商务印书馆，1959，页 62—78。

沈云龙《首届出驻英法公使郭嵩焘》，载《传记文学》，十二卷 1 期，1968 年 1 月，页 31—36；十二卷 2 期，1968 年 2 月，页 28—33；十二卷 3 期，1968 年 3 月，页 41—45。

余长河《郭嵩焘与中国外交》，载《逸经》，1937 年 5 月，总 31 期，页 21—24。

杨鸿烈《记郭嵩焘出使英法》，载《古今》，11 期，1942 年 11 月，页 11—15；12 期，1942 年 12 月，页 29—32。

夏泉《郭嵩焘出使英国时的矛盾心态》，载《近代史研究》，57 期，1990 年 5 月，页 288—293。

三、郭嵩焘同时代人撰述

郭崑焘《云卧山庄尺牍》，丙辰秋九月，湘阴郭氏清闻山馆印本。

郭仑焘《萝华山馆遗集》，光绪十年初刊，收入沈云龙辑，《近代中国史料丛刊》，第一辑，总二九六号。

刘蓉《养晦堂文集》，光绪丁丑，思贤讲舍校刊本。

曾国藩《曾文正公书札》，光绪三年刊本；《曾文正公家书》，台北：世界书局，1958；《曾国藩与弟书》（钟叔河选编），北京：文化艺术出版社，1991；《曾文正公手书日记》，宣统元年刊本；《曾文正公文集、诗集》，台北：世界书局，1952。

李鸿章《李文忠公奏稿》，台北：文海出版社，1962；《朋僚函稿》，二十卷，收入全集第二函；《译署函稿》，收入全集第三函；《李文忠公全集》，光绪乙巳至戊申刊本。

左宗棠《左文襄公全集》，含奏稿，台北：文海出版社影印本，1979。

江忠源《江忠烈公遗集》，同治癸酉刊本。

曾国荃《曾忠襄公书札》，光绪癸卯刻本。

朱克敬《儒林琐记》《雨窗消意录》（岳衡等校点），长沙：岳麓书社，1983；《暝庵杂识》《暝庵二识》（杨坚点校），长沙：岳麓书社，1983。

沈葆桢《沈文肃公政书》，光绪庚辰刻本。

刘坤一《刘忠诚公遗集》，宣统元年刻本；《刘坤一遗集》，中华书局，1959。

李元度《天岳山馆文钞》，光绪六年刻本；《国朝先正事略》，四部备要本。

曾纪泽《曾惠敏公遗集》，光绪癸巳江南制造局印本；《曾侯日记》，二卷，收入遗集；《出使英法日记》，小方壶斋舆地丛钞本；《曾惠敏公手写日记》，第五册，台北：学生书局，1960。

陈澧《东塾集》，光绪壬辰菊坡精舍木刻本。

罗汝怀《绿漪草堂集》，光绪九年刻本。

黄彭年《陶楼文钞》，民国二十年排印本。

俞樾《春在堂杂文》，光绪二十五年刻本。

王闿运《湘绮楼日记》，台北：商务印书馆重影 1927 年铅印本；《湘绮楼尺牍》，民国二十四年印本。

王先谦《虚受堂文集》，光绪庚子刻本。

黎庶昌《西洋杂志》（俞岳衡、朱心远校点），长沙：湖南人民出版社，1981；《拙尊园丛稿》，光绪癸巳刻本。

张德彝（德明）《随使英俄记》（钟叔河主编），长沙：岳麓书社，1986。

刘锡鸿《英轺私记》（朱纯校点），长沙：湖南人民出版社，1981；《刘光禄遗稿》，光绪年间刻本。

李凤苞《使德日记》，江氏刻本，载《灵鹣阁丛书》，第九册。

毛鸿宾《毛尚书奏稿》，宣统二年刻本。

翁同龢《翁文恭公日记》，上海：商务印书馆，1925。

周家眉《期不负斋全集》，光绪乙未刻本。

冯桂芬《校邠庐抗议》，光绪丁酉聚丰坊版。

李慈铭《越缦堂日记》，上海：商务印书馆，1936；《桃花圣解庵日记》，台北：商务印书馆影印本，1973。

罗泽南《罗山遗集》，同治二年刊本。

马建忠《适可斋纪言纪行》，台北：文海出版社影印光绪丙申刻本，1968。

严复《严复集》（王栻主编），北京：中华书局，1986。

王韬《弢园文录》《弢园尺牍》《尺牍续钞》，光绪乙丑刻本。

赵烈文《能静居日记》，台北：学生书局影印本，1924。

林则徐《林则徐书简》（杨国桢编），福州：福建人民出版社，1981。

张之洞《张文襄公全集》，含奏稿，台北：文海出版社影印本，1970。

张佩纶《涧于集》，张氏原刊本。

胡传钊《盾墨留芬》，光绪戊戌刻本。

薛福成《庸庵文别集》（施宣圆、郭志坤标点），上海古籍出版社，1985；《海外文编》《庸庵笔记》，收入《庸庵全集》，上海书局，1901。

　　王庆云《石渠馀记》，北京古籍出版社，1985。

　　杨恩寿《坦园日记》（陈长明标点），上海古籍出版社，1983。

　　陈康祺《郎潜纪闻四笔》（褚家伟等整理），北京：中华书局，1990。

　　张集馨《道咸宦海见闻录》，北京：中华书局，1981。

　　刘体智《异辞录》，台北：中新书局，1977。

　　朱孔彰《咸丰以来功臣别传》，光绪戊戌刻本，台北：广文书局影印本，1978。

　　《道咸同光名人手札》，二集，八册，上海：商务印书馆，1924。

　　《陶风楼藏名贤手札》，柳诒徵编，台北文海出版社影印本，1967，影印本又名为《咸同名贤手札》（陶风楼藏）。

　　《八贤手札》，郭庆藩编，台北：武学书局，1957。

　　《清代名人手札》，上册，北京师范大学出版社，1987。

　　《何桂清等书札》，苏州博物馆编，江苏人民出版社，1981。

　　《申报》，台北：学生书局影印本，1965。

四、官书档案文献

　　《廿五史》，北京：中华书局标点本：《汉书》《晋书》《隋书》《清史稿》。《清实录》，台北：华联出版社影印本：

《宣宗成皇帝实录》，文庆等修；《文宗显皇帝实录》，贾桢等修；《穆宗毅皇帝实录》，宝鋆等修；《德宗景皇帝实录》，世续等修。

《大清会典》，清光绪二十五年刊本。

《皇朝经世文续编》，盛康辑，光绪丁酉刊本。

《皇朝掌故汇编》，张寿镛编，扬州：江苏广陵古籍刻印社，据光绪壬寅本缩印，1987。

《道咸同光四朝奏议》，台北：国立故宫博物院清代史料丛书，台北：商务印书馆，1970。

《读史方舆纪要》，顾祖禹编，台北：新兴书局，1956。

《沅陵县志》，许光曙纂修，光绪二十八年刊本。

《清朝续文献通考》，上海：商务印书馆万有文库本，1936。

《清季外交史料》，王彦威、王亮辑，北平：外交史料编纂处，1932。

《筹办夷务始末》，台北：文海出版社影印本：道光朝、咸丰朝、同治朝。

《总理衙门外交清档》，台北：中央研究院近代史研究所藏。

《四国新档》，台北：中央研究院近代史研究所编，1966。

《海防档》，台北：中央研究院近代史研究所编，1957。

《中法越南交涉档》，台北：中央研究院近代史研究所编，1962。

《英法联军史料》，谢兴尧等编，台北：文海出版社影印本。

《清光绪朝中法交涉史料》，故宫博物院编，1933 年排印本。

《伊犁交涉的俄方文件》，袁同礼译，台北：中央研究院近代史研究所，1966。

《近代中国外交史资料辑要》，上卷，蒋廷黻编，台北：商务印书馆，1972。

《中国近代对外关系史资料选辑》，五册，上海：复旦大学历史系中国近代史教研组编，上海人民出版社，1977。

《近代中国对西方及列强认识资料汇编》，第一辑，第二分册，台北：中央研究院近代史研究所编，1972。

《中外旧约章汇编》，王铁崖编，北京：三联书店，1959。

《光绪朝东华录续》，朱寿朋辑，上海：集成图书公司刊本。

《洋务运动》，八册，中国史学会主编，上海人民出版社，1959。

《清史集腋》，八册，广文编译馆主编，台北：广文书局，1972。

《钦定日下旧闻考》，四册，于敏中等纂，北京古籍出版社，1985。

《帝京景物略》，刘侗、于奕正编，北京古籍出版社，1983。

《琉璃厂小志》，孙殿起辑，北京古籍出版社，1982。

《新嘉坡风土记》，李钟珏，载《灵鹣阁丛书》，长沙：湖南使院刻本，1895。

《使西书略》，孙家毂，《小方壶斋舆地丛钞》，一一辑。

《湘乡曾氏文献》，台北：学生书局影印本，1965。

五、近人相关著作

郭廷以（编）《近代中国史事日志》，二册，台北：正中书局，1963。

郭廷以《近代中国的变局》，台北：联经出版事业公司，1987。

魏秀梅（编）《清季职官表》，二册，台北：中央研究院近代史研究所，1977。

魏秀梅《陶澍在江南》，台北：中央研究院近代史研究所，1985。

黄濬《花随人圣庵摭忆全编》，三册，许晏骈、苏同炳新编，台北：联经出版事业公司，1979。

金毓黻《清史大纲》，台北：学海出版社，1977。

金梁《近世人物志》，台北影印本，1955。

孟森《明清史论著集刊》，北京：中华书局，1959。

戴逸、林言椒主编《清代人物传稿》，四册，沈阳：辽宁人民出版社，1984。

陆宝千《刘蓉年谱》，台北：中央研究院近代史研究所，1979。

苑书义《李鸿章传》，北京：人民出版社，1991。

窦宗一《李鸿章年（日）谱》，香港：友联书报发行公司，1968。

吕实强《丁日昌与自强运动》，台北：中央研究院近代史研究所，1972。

罗正钧《左文襄公年谱》，光绪丁酉刊本。

董蔡时《左宗棠评传》，北京：中国社会科学出版社，1984。

朱东安《曾国藩传》，成都：四川人民出版社，1985。

李宗侗《李鸿藻先生年谱》，二册，台北：中国学术著作奖助委员会，1969。

李恩涵《曾纪泽的外交》，台北：中央研究院近代史研究所，1966。

朱尚文《曾纪泽先生年谱》，台北：商务印书馆，1975。

王玉棠《刘坤一评传》，广州：暨南大学出版社，1990。

王栻《严复传》，上海人民出版社，1976。

王蘧常《严幾道年谱》，台北：商务印书馆，1977。

马东玉《张之洞大传》，沈阳：辽宁人民出版社，1989。

李国祁《张之洞的外交政策》，台北：中央研究院近代史研究所，1970。

梅英杰《胡文忠公年谱》，台北：广文书局，1971。

朱尚文《翁同龢先生年谱》，台北：商务印书馆，1971。

夏东元《郑观应传》，上海：华东师范大学出版社，1981。

邵镜人《同光风云录》，台北：文海出版社，1983。

高阳《同光大老》，台北：南京出版公司，1980。

郑海麟《黄遵宪与近代中国》，北京：三联书店，1988。

钟叔河《走向世界：近代中国知识分子考察西方的历史》，北京：中华书局，1985。

沈云龙《近代外交人物论评》，台北：传记文学出版社，1968。

王曾才《清季外交史论集》，台北：商务印书馆，1972。

杨联陞《国史探微》，台北：联经出版事业公司，1984。

何汉威《光绪初年华北的大旱灾》，香港中文大学出版社，1980。

伍承乔（编）《清代吏治丛谈》，台北：文海出版社影印本，1966。

罗尔纲《绿营兵志》，北京：中华书局，1984。

陈乃乾《阳湖赵惠甫（烈文）先生年谱》，台北：文海出版社影印本，1983。

张朋园《中国现代化的区域研究：湖南省》，台北：中央研究院近代史研究所，1983。

汪荣祖《晚清变法思想论丛》，台北：联经出版事业公司，1983。

湖南省哲学社会科学联合会编《王船山学术讨论集》，二册，北京：中华书局，1965。

谭其骧（主编）《中国历史地图集》，八册，上海：中国地图学社，1975。

陈育菘《新加坡中国领使设置史》，载《南洋杂志》，一卷六期，1947 年 4 月，页 122—123。

马子华《玛嘉理案中的岑毓英》，载《逸经》，1937 年 6 月，总三二期，页 34—35。

黄逸峰《中国洋务运动与日本明治维新在经济发展上的比较》，载《历史研究》，1963 年 2 月，页 27—47。

李恩涵《清季同光自强运动与日本明治维新运动的比较》，载《思与言》，五卷一期，1966 年 5 月，页 13—23。

大谷孝太郎《近百年中国の西力応待と受害》，载《彦根经专论丛》，第一册，1949，页 91—106。

王栻《老帝国与新世界》，载《文史杂志》，三卷七期，1944 年 4 月，页 48—60。

王德昭《同治新政考》，载《文史杂志》，一卷四期，1941 年 1 月，页 21—38；一卷五期，1941 年 2 月，页 33—46。

六、英文史料与近著

（一）史料

Blackwood's Magazine（October，1901）.《黑木杂志》。

British Foreign Office Archives（F. O），Public Record Office（London），F. O. 17（China）.《英国外交档案》。

The International London News（February 24，1877）.《伦敦国际新闻》。

The North China Daily News（April 4，1879）.《字林西报》。

Punch（February 10，1877）.《喷奇杂志》。

The Times （February 2，1877；August 28，1877；August 31，1877；May 8，1878）.《泰晤士报》。

China's Response to the West. Teng Ssu－yu and John K. Fairbankeds，（Cambridge，Mass.；Harvard University Press，1954）.《中国对西方反应资料选辑》。

（二）一般论著

Banno，Masataka，*China and the West*，1858—1861：*the Origins of the Tsung-liya-men*，（Cambridge，Mass.；Harvard University Press，1964）.《总理衙门源流考》。

Biggerstaff，Knight，"*The Establishment of Permanent China Diplomatic Mission Abroad*"，in The Chinese Social and Political Science Review，vol. 20，no. 1 （April，1936），pp. 1—41.《中国长期驻外使馆的建立》。

Boulger，Demetrius C.，*The Life of Sir Halliday Macartney*，（London：John Lane Co.，1908）.《马格里之生平》。

Eastman，Lloyd E.，*Throne and Mandarins：China's Search for a Policy dunng the Sino－French Controversy*，1880—1885，（Cambridge，Mass.；Harvard University Press，1967）.《中法越南纠纷时的中国政策》。

Folsom，Kenneth E.，*Friends，Guests and Colleagues：the mu-fu System in the Late-Ch'ing Period*，（Berkeley：University of California Press，1968）.《晚清幕府制度》。

Frodsham，J. D.，*The First Chinese Embassy to the West：the Journals of Kuo Sung-t'ao，Liu Hsi-hung and Chang Te-yi*，

（Oxford：Clarendon Press，1974）.《郭嵩焘、刘锡鸿、张德彝使西纪录》。

Hamilton，David，"*Kuo Sung-tao：A Maverick Confucian*"，in Papers on China，vol. 15，PP. 1—29.《不受羁的儒者郭嵩焘》。

Hsu，Immanuel C. Y.，*China's Entrance into the Family of Nations：the Diplomatic Phase* 1858—1800，（Cambridge，Mass.：Harvard University Press，1960）.《中国走向世界》。

Hsu，Immanuel C. Y.，*The Hi Crisis：A Study of Sino-Russian Diplomacy*，1871—1881，（Cambridge，Mass.：Harvard University Press；Oxford：Oxford University Press，1965）.《中俄伊犁外交》。

Kiernan，E. V，G.，*British Diplomacy in China*，1880—1885，（London，1939）.《晚清英国对华外交》。

Lai Chi Kong，"*In Search of Weahh：Kuo Sung-tao and His Economic Thought*"，in Chinese Culture（September，1984），vol. 25，no. 3，PP. 53—71.《郭嵩焘的经济思想》。

Legge，Hen Edith，James Legge，*Missionary and Scholar*，（London，1905）.《理雅格传》。

Liu，Kwang-ching，"*Politics，Intellectual Outlook and Reform：the T'ung-wen kuan Controversy of* 1867"，in Paul Cohen and John Schrecker eds.，Reform in Nineteenth Century China，（Cambridge，Mass.，Harvard East Asian Research Center，1976），pp. 87—100.《同治六年的同文馆之争》。

Martin, W. A. P. , *Cycle of Cathay, or China South and North with Personal Reminiscence*, (New York, 1896). 《中国漫游录》。

Morse, Horssa Ballou, *The International Relations of the Chinese Empire*, 3 Vols. , (London, 1918). 《清帝国的国际关系》。

Spector, Stanley, *Li Hung – chang and the Huai Army*：*A Study in Nineteenth Century Chinese Regionalism*, (Seattle：University of Washington Press, 1964). 《李鸿章与淮军》。

Taylor, A. J. P. , *The Struggle for Moastery in Europe*, 1848—1918, (Oxford：Oxford University Press, 1954, 1991). 《19 世纪欧洲争霸史》。

Wang, S. T. , *The Margary Affair and the Chefoo Agreement*, (Oxford：Oxford University Press, 1940). 《马嘉理案与烟台草约》。

Wong, Owen Hong–hin, *A New Profile in Sino – Western Diplomacy*：*the First Chinese Minister to Great Britain*, (HongKong：Chung–hwa Book Co. , 1987). 《中国驻英首任公使》。

Wright, Mary C. , *The Last Stand of Chinese Conservatism*：*the T' ung–chih Restoration*, 1862—1874, (New York：Atheneum Book, 1966). 《同治中兴研究》。

图书在版编目（CIP）数据

走向世界的挫折：郭嵩焘与道咸同光时代/汪荣祖著．—长沙：岳麓书社，2023.7

ISBN 978-7-5538-1751-4

Ⅰ．①走…　Ⅱ．①汪…　Ⅲ．①郭嵩焘（1818—1891）—生平事迹

Ⅳ．①K827＝52

中国国家版本馆 CIP 数据核字（2023）第 002118 号

ZOUXIANG SHIJIE DE CUOZHE:GUO SONGDAO YU DAO XIAN TONG GUANG SHIDAI

走向世界的挫折:郭嵩焘与道咸同光时代

作　　者:汪荣祖

责任编辑:李郑龙　马瑞阳　牛盼盼

责任校对:舒　舍

封面设计:赤　祥

岳麓书社出版发行

地址:湖南省长沙市爱民路 47 号

直销电话:0731-88804152　0731-88885616

邮编:410006

版次:2023 年 7 月第 1 版

印次:2023 年 7 月第 1 次印刷

开本:890mm×1240mm　1/32

印张:13.5

字数:278 千字

书号:ISBN 978-7-5538-1751-4

定价:88.00 元

承印:湖南省众鑫印务有限公司

如有印装质量问题,请与本社印务部联系

电话:0731-88884129